ELOGIOS

TIERRA D[

«No se llama "manifiesto" porque sí. En seis capítulos breves, Ramos humaniza a los inmigrantes indocumentados, expone las razones por las cuales debería importarnos y explica por qué la reforma es necesaria ahora. Sobre todo, es un libro inspirador». —*Newsweek*

LA OTRA CARA DE AMÉRICA

«Sensato sin dejar de ser apasionado... Acepta una sociedad multicultural y la diversidad, dice Ramos, o date de golpes en la cabeza. Palabras más verdaderas no podrían haber sido dichas, a pesar de que siguen siendo palabras de lucha para muchísimos». —*Kirkus Reviews*

JORGE RAMOS

SIN MIEDO

LECCIONES DE REBELDES

A CELEBRA BOOK

CELEBRA
Publicado por New American Library,
Una división de Penguin Random House LLC
375 Hudson Street, Nueva York, Nueva York 10014

Este libro es una publicación original de New American Library.

Primera impresión: Marzo 2016

Para más información sobre Penguin Random House, visite a penguin.com

ISBN 978-1-101-98966-1

THE LIBRARY OF CONGRESS HAS CATALOGED THE ENGLISH-LANGUAGE EDITION OF THIS TITLE AS FOLLOWS:
Names: Ramos, Jorge, 1958–
Title: Take a stand: lessons from rebels/Jorge Ramos.
Description: New York : Celebra, 2016.
Identifiers: LCCN 2015038892 | ISBN 9781101989630 (hardback)
Subjects: LCSH: Ramos, Jorge, 1958– | Television journalists—Mexico—Biography.
| BISAC: BIOGRAPHY & AUTOBIOGRAPHY/Political. | BIOGRAPHY & AUTOBIOGRAPHY/Editors, Journalists, Publishers. | BIOGRAPHY & AUTOBIOGRAPHY/Rich & Famous.
Classification: LCC PN4973.R36 A3 2016 | DDC 070.92—dc23
LC record available at https://protect-us.mimecast.com/s/oX1gB6CLOgW4so

Impreso en los Estados Unidos de America
10 9 8 7 6 5 4 3 2 1

NOTA DEL EDITOR
En Penguin tenemos el compromiso del publicar obras de calidad y honestas. En ese sentido, nos sentimos orgullosos de poner este libro a disposición de nuestros lectores; en cualquier caso, la historia, la experiencias y las palabras en él contenidas son responsabilidad exclusiva del autor.

Penguin
Random
House

Para el rebelde
en ti.

A mi mamá,
la primera rebelde
que conocí.

ÍNDICE

ÍNDICE

«Debemos tomar partido. La neutralidad ayuda al opresor, nunca a la víctima. El silencio ayuda a quien atormenta, nunca al atormentado».
—ELIE WIESEL

TODOS LOS REBELDES tienen algo en común: enfrentan y confrontan. Enfrentan directamente los problemas y confrontan a quienes se oponen a sus planes. No se permiten el silencio, ni el miedo y no huyen. Sus principios son muy claros:

No te calles.

No te sientes.

No te vayas.

Los rebeldes toman partido. Deciden y actúan.

Lo primero que quisieran los poderosos (o quienes buscan el poder) es que los rebeldes y los periodistas nos calláramos. No hay nada más incómodo para ellos que nuestros retos y nuestras preguntas. Por eso no hay que callarse.

Quienes tienen el poder quisieran vernos sentados. O darnos la orden de sentarnos. Pero la inacción no es una opción. No hay nada más peligroso para una democracia que cuando nos sentamos ante el peligro de ideas discriminatorias y autoritarias. Por eso no hay que sentarse.

Lo primero que buscan los dictadores o líderes autoritarios es sacar del país, enviar al exilio o desaparecer en una cárcel a quienes los retan. La simple presencia es una forma muy poderosa de protesta. Sobrevivir en un ambiente adverso tiene un enorme mérito. Hay que estar convencidos de que, al final, vamos a ganar. Por eso no hay que irse.

Los rebeldes, en pocas palabras, escogen sus peleas y dejan a un lado la neutralidad.

No quiero ser neutral. Por ahí no va la cosa. La felicidad y el amor y el éxito no se encuentran en la neutralidad. Al contrario, esas son distintas formas de rebeldía.

No basta ser neutral, ni en el periodismo ni en la vida.

Todos necesitamos un poquito de rebeldía.

He aprendido de la rebeldía y de los rebeldes a través del periodismo. De hecho, el mejor periodismo es el que se rebela contra el poder y el abuso. Ser objetivo y neutral —solo «profesional»— no basta. El buen periodismo siempre es antagonista del poder.

Me encanta ser periodista. Es la única profesión del mundo cuya descripción incluye el ser rebelde e irreverente. En otras palabras, el periodismo te mantiene siempre joven. Como decía el escritor colombiano y Premio Nobel de Literatura, Gabriel García Márquez, este es el mejor oficio del mundo. Pero podemos y debemos usar el periodismo como un arma para un propósito más alto: la justicia social.

La vida no es nunca un balance perfecto entre dos puntos de vista. No es blanco y negro. La vida no es un montón de datos verificables. La vida no es progresiva, lineal, ni sigue un destino. Tampoco está dividida entre buenos y malos, gobernantes y gobernados, ricos y pobres. La vida no es equidistante, ni justa. Nunca se nos presenta en equilibrios perfectos.

Un argumento no siempre tiene una contraparte moral. La verdad no se alcanza, necesariamente, presentando los dos puntos de vista. La verdad no está en el método. Eso sería muy fácil. La verdad está en otra parte. Y esa es la que, valientemente, tomando partido, tenemos que buscar.

Lo mejor en el periodismo —y en la vida— ocurre cuando tomamos partido: cuando cuestionamos a los que tienen el poder, cuando confrontamos a los políticos que abusan de su autoridad, cuando denunciamos una injusticia. Lo mejor de nosotros surge cuando tomamos partido con las víctimas, con los más vulnerables, con los que no tienen derechos. Y lo mejor del periodismo se da cuando, a propósito, dejamos de pretender que somos neutrales y reconocemos que tenemos la obligación moral de cantarle la verdad a los que están en el poder.

«El periodismo —escribió el novelista Truman Capote— nunca puede ser algo totalmente puro... Las percepciones personales, los prejuicios y nuestro sentido de selectividad contaminan la pureza de la verdad».[1]

La vida no es pura. Sí, estoy argumentando a favor de practicar el periodismo con un punto de vista. Esto significa ser transparente y reconocer ante la audiencia, ante nuestros lectores, que tenemos opiniones y, también, un código de ética. No vivimos en un vacío. Todo el tiempo tenemos que tomar decisiones morales antes de una entrevista, antes de una investigación y antes de una cobertura. Es perfectamente correcto no ser neutral y tomar una posición. Una de las mejores entrevistadoras del mundo así lo cree.

«Yo no me siento, ni lograré jamás sentirme, un frío registrador de lo que escucho y veo —escribió la periodista Oriana Fallaci en su libro *Entrevista con la Historia*—. Sobre toda experiencia profesional dejo jirones del alma, participo con aquel a quien escucho y veo como si la cosa me afectase personalmente o hubiese de tomar posición (y, en efecto, la tomo, siempre, a base de una precisa selección moral)... y [ante los entrevistados] no me comporto con el desasimiento del anatomista o del cronista imperturbable».

Cuando lidiamos con los que tienen el poder, debemos tomar postura. Sí, tenemos que tomar una decisión ética y estar del lado de los que no tienen el poder. Si tenemos que decidir entre ser amigo o enemigo de un presidente, de un gobernador o de un dictador, la decisión debe ser fácil: soy un reportero y no quiero ser tu amigo.

Estoy abogando por el periodismo con un punto de vista.

Hay seis áreas en las que siempre debemos tomar partido: racismo, discriminación, corrupción, mentiras públicas, dictaduras o gobiernos autoritarios y derechos humanos. No es posible ser neutrales cuando se ataca a una minoría, cuando alguien es relegado por cuestión de género u orientación sexual, cuando un político o empresario aprovecha su posición para enriquecerse, cuando un personaje público miente o engaña, cuando un gobernante realiza un fraude o impone su voluntad sobre la mayoría, o cuando se violan los derechos humanos más básicos.

No tomar partido en esas circunstancias sería, en la práctica, apoyar una conducta poco ética de quien abusa de su poder. El silencio suele ayudar a quienes están arriba, no a quienes están abajo. «Si un elefante tiene su pata en la cola de un ratón y tú dices que eres neutral, el ratón no va a apreciar tu neutralidad»,[2] apuntó con agudeza el arzobispo sudafricano Desmond Tutu.

Tomar partido no significa ser partidista. Eso sería propaganda o algo mucho peor: usar nuestra profesión para que otros lleguen al poder y se queden ahí.

Tomar partido, más que cualquier otra cosa, significa no quedarse callado ante una injusticia. Lo peor en nuestra profesión es cuando escogemos el silencio.

«No cooperar con los malos es una obligación, tanto como cooperar con los buenos»[3], dijo Mahatma Gandhi durante un juicio en su contra en 1922. Lo acusaban de crear animosidad contra el gobierno británico en la India[4]. Ante la injusticia y la ocupación, Gandhi creía que había que resistirse sin violencia y nunca quedarse callado. Ni siquiera en el juicio en tu contra.

El silencio es particularmente preocupante entre periodistas. Nos quedamos callados antes de la guerra de Irak en 2003 y miles de soldados estadounidenses y decenas de miles de civiles iraquíes murieron innecesariamente. Tenemos que aprender de eso. El silencio ante una injusticia es el peor pecado en el periodismo. (De esto hablé precisamente en un discurso en Nueva York ante el Comité para la Defensa de los Periodistas —CPJ—. Al final del libro está el discurso[5]).

El profesor Jeff Jarvis de la escuela de periodismo de City University en Nueva York es uno de los más influyentes y razonables exponentes de la necesidad y obligación de los periodistas de tomar partido. «Si no tomas partido, no es periodismo», escribió en su libro *Geeks Bearing Gifts: Imagining New Futures for News*. Jarvis argumenta que cuando cubrimos un fraude en Wall Street, a los pobres y más desfavorecidos, e incluso cómo evitar el cáncer y bajar de peso, ya estamos tomando partido. Juntar datos, publicar lindas fotos de gatos o reportar chismes de celebridades no es verdadero periodismo, argumenta Jarvis. Tiene razón.

Tomar partido es una decisión ética y exige de nosotros, los periodistas, un comportamiento específico. Y hay que empezar por llamar las cosas por su nombre.

Un dictador es un dictador es un dictador. Y hay que llamarlo así y tratarlo como tal. No se puede tratar igual a un tirano que a las víctimas de su dictadura. No puedo darle el mismo peso en un reportaje a un sacerdote violador que al menor a quien abusó sexualmente.

El holocausto, las masacres de civiles y las violaciones a los derechos humanos no tienen justificaciones éticas. Por lo tanto, podemos describirlas y explicar los turbios motivos de los victimarios, mas no presentarlas como una realidad que tiene dos versiones moralmente comparables.

Como muchos otros lo han dicho antes, el problema no son los malos sino la indiferencia de los buenos.

La inspiración de este libro vino de una cita del escritor y sobreviviente del holocausto, Elie Wiesel. «Debemos tomar partido —dijo Wiesel durante su discurso en 1986 en Oslo al aceptar el Premio Nobel de la Paz—. La neutralidad ayuda al opresor, nunca a la víctima. El silencio ayuda a quien atormenta, nunca al atormentado. Hay veces en que debemos intervenir. Cuando vidas humanas están en peligro, cuando la dignidad humana está siendo acosada, las fronteras y los nacionalismos deben ser irrelevantes. En cualquier lugar donde hombres y mujeres sean perseguidos por su raza, religión o posiciones políticas, ese lugar —en ese momento— debe convertirse en el centro del universo».

Wiesel lamenta que el mundo haya sabido de los horrores del holocausto y de que, a pesar de saberlo, se haya mantenido en silencio. «Por eso —dijo— me prometí nunca quedarme callado cuando y donde los seres humanos sufran y sean humillados».

Esa convicción de no quedarse callado, de denunciar las injusticias, es lo que me alentó a escribir este libro. A lo largo de mi carrera he conocido a muchas personas —algunas de ellas verdaderos rebeldes— que no se han quedado en silencio y que lo han arriesgado todo, incluso su propia vida, para defender lo que ellos consideran moralmente correcto y verdadero.

La rebeldía se ha convertido, no en algo que hay que evitar y reprimir, sino en un elemento esencial para el avance del humanismo en nuestro mundo.

Rebeldes somos mejores.

DIOS Y LA REBELDÍA

Crecí con un padre tan fuerte y tan imponente —¿qué niño no ve a su papá como un ser todopoderoso?— que solo tuve dos opciones en la vida: aceptar y seguir sus reglas al pie de la letra o rebelarme.

Escogí rebelarme.

Uno de mis primeros actos conscientes de rebeldía fue no ir a misa los domingos con el resto de mi familia. Lo sé, suena como un incidente minúsculo. Pero para mí, de niño y en un México mayoritariamente católico, fue un verdadero desafío. (Mucho más tarde en la vida, mi padre y yo hicimos las paces y lo recuerdo cambiado y amoroso).

Luego vendrían otros actos similares. Me rebelé en la escuela primaria y secundaria contra los sacerdotes católicos que nos pegaban en las manos y en las nalgas como castigo. El propio encargado de disciplina era uno de los religiosos con quien nos teníamos que confesar todos los viernes. A él —que nos golpeaba por mínimas infracciones y nos atemorizaba levantando frente a nuestra cara una suela de zapato— había que confesarle todos mis pecados.

Me resistí. Muchas veces inventé pecados —como una especie de cuenta de ahorro en el cielo— y otras, sencillamente, le mentí al confesor. Fueron, para mí, dos maneras de rebelión.

Pero más allá de los sacerdotes abusivos que enfrentamos en la escuela, estaba el tema de dios. ¿Cómo era posible que un ser tan perfecto tuviera representantes en la tierra tan deleznables y violentos? ¿Cómo explicas las guerras, las enfermedades mortales de los niños, la brutalidad de los dictadores y las muertes de los buenos? Ningún dios bondadoso y todopoderoso podría permitir algo así.

De niño le tuve que rezar innumerables oraciones a un dios lejano, inalcanzable y, francamente, imposible de comprobar. Las misas y los rezos colectivos eran, para mí, un ejercicio hipócrita, inútil y aburrido. Nadie me podía probar la existencia del cielo, del infierno y de un ser superior, que todo lo dictaba o sugería. Pero nos pedían —nos exigían, a veces a golpes— que le dedicáramos nuestra vida.

Yo no pude.

Crecí sin fe. Es, simplemente, algo que se tiene o no se tiene. La fe es algo que no se puede imponer. Hubiera querido tener fe. Mi vida, supongo, habría sido más fácil. Pero no fue así.

No, las cosas no pasan por algo. Hay que darle sentido a la vida.

La imposibilidad de comprobar la existencia de dios, su poder y su absoluta bondad, me lanzó al terreno de los escépticos. Aún de niño me daba cuenta de que la religión, para mí, era un cuento bien contado. Me correspondía, por lo tanto, creerlo o no. Decidí no creerme el cuento.

Respeto absolutamente a los que creen, siguen y promueven una religión. Es muy posible que ellos tengan la razón. Pero, en mi caso, me convertí en agnóstico incluso antes de conocer la palabra.

Así, retando a mi padre, a los sacerdotes de mi escuela y al dios que me trababan de imponer, no tuve más remedio que escoger una profesión basada en cuestionarlo todo: el periodismo.

El periodismo, en el fondo, es una conducta frente a la vida: te empuja a cuestionarlo todo; filosóficamente te enfrenta a los poderosos; moralmente te obliga a denunciar abusos; y, en la práctica, te convierte a ti en un rebelde.

El periodista cotidianamente vive con el «¿por qué?» en la boca.

El periodismo, pongámoslo en términos religiosos, fue mi salvación. No me prometía una vida eterna pero sí, al menos, una existencia terrenal más honesta e intensa. El resto es imposible de saber.

Desde niño aprendí que la rebeldía me acercaba más a la verdad y a la justicia que la obediencia. Por eso, creo, escogí una profesión que obliga a desobedecer y a dudarlo todo.

Antes de lanzarlos a la aventura de leer este libro, quería explicarles de dónde salió esa admiración que tengo por los que cuestionan las cosas y son antisistema. Pero también es preciso hacer una aclaración.

Este no es un libro sobre mí. Este es un libro sobre las lecciones que como periodista he aprendido de rebeldes y de actos de rebeldía. Pocas cosas me alegran más que escuchar —y reportar—, historias de gente que se rebeló y ganó.

LOS NUEVOS REBELDES

Aquí utilizo el término «rebelde» en su significado más amplio: alguien que rompe las reglas establecidas y marca un nuevo camino. Debemos desarmar la palabra «rebelde» para usarla sin miedo en nuestras vidas diarias. La definición clásica de «rebelde» sugería un individuo armado que se alzaba por igual en contra de una dictadura o de un gobierno elegido democráticamente. Su propuesta era, muchas veces, un cambio violento para tomar el poder.

Tenemos que reconocer que nos hemos desilusionado de muchas revoluciones realizadas por antiguos rebeldes. La revolución cubana culminó en una terrible y sangrienta dictadura, y la primavera árabe —con la excepción de Túnez— dejó en el poder a regímenes aún más represivos e intolerantes que los que derrocaron.

Hoy en día es posible quitar la connotación de violencia y destrucción al término «rebelde». Es posible trastornar y transformar sin destruir y matar. Todo exitoso acto de rebeldía presupone que algo muere. Pero la propuesta de muchos nuevos rebeldes es dejar atrás los autoritarismos, los estereotipos y las imposiciones político-religiosas para dar lugar a mayor democracia, libertad e igualdad.

Los rebeldes que aquí incluyo no son, necesariamente, revolucionarios ni tienen motivaciones políticas. Pero en todos los casos sus palabras y actos han tenido un efecto perturbador y transformador (*disruptive*, dirían en inglés) en la sociedad donde viven.

En esta época en que los «milenios» —jóvenes de dieciocho a treinta y cuatro años— están reescribiendo las reglas en los trabajos, en las industrias y en las relaciones interpersonales, ha surgido una nueva ideología de la transformación (*ideology of disruption*). Las viejas reglas ya no aplican.

Nacido en la segunda mitad del siglo pasado, a mí me tocó avanzar muy lentamente en el mercado laboral; pasé de ayudante de redacción a redactor, luego fui reportero y, mucho más tarde, conductor de un noticiero. Mis aumentos salariales fueron muy graduados y penosos. Había un camino a seguir. Miles antes habían tomado los mismos pasos. Primero un empleo poco remunerado en la ciudad donde creciste. Más tarde, un mejor puesto en un mercado más importante. Ese juego me tomó al menos una década y a otros mucho más.

Hoy ya no es así. La meritocracia se ha impuesto. Los jóvenes periodistas con quienes trabajo todos los días ya no quieren esperar ni seguir los caminos tradicionales para avanzar. Su propuesta es que las mejores ideas son las que deben dominar y que la audacia debe estar por encima de la experiencia. Gana quien tenga la mejor idea y sepa desarrollarla. La edad no determina nada. Eso es secundario.

Errar no importa porque lo puedes intentar una y otra vez. Hasta tener éxito.

El expresidente estadounidense Franklin Delano Roosevelt lo dijo hace décadas mejor que nadie: «Es de sentido común el probar un método y ver cómo funciona. Si falla, hay que admitirlo francamente y buscar otro. Pero lo más importante es buscar algo distinto».

Vivimos en una naciente cultura que recompensa al rebelde, al que se arriesga, al que no tiene miedo, al que decide romper las reglas. Obedecer —que era la actitud del que pacientemente esperaba para avanzar— es ahora visto con recelo. Las grandes compañías y los jefes no quieren empleados serviles; buscan líderes, gente que tome responsabilidad —de lo bueno y de lo malo— y que encuentre soluciones.

Las ideologías han perdido peso. Izquierda y derecha, comunismo y capitalismo, significan poco en un planeta donde el consenso es encontrar soluciones concretas a problemas concretos. Los rebeldes son los que logran poner a un lado ideas trilladas y encuentran nuevas maneras de ver el mundo. No se trata de tener gobiernos o empresas grandes o pequeñas sino eficaces e influyentes.

Los avances tecnológicos democratizaron la rebeldía. Más que revoluciones armadas —como las de Cuba y Colombia, por poner solo dos ejemplos—, las revoluciones que estamos viendo hoy en día son digitales.

Las recientes rebeliones estudiantiles en Venezuela y en Hong Kong fueron posibles gracias a las redes sociales. Los gobiernos autoritarios de Caracas y Beijing se vieron obligados a usar la represión y la negociación frente a actores no gubernamentales cuya arma principal era sus teléfonos celulares.

Rebelarse ya no requiere reuniones clandestinas en la selva o en la montaña. Las rebeliones a principios de este siglo XXI se dan en cafés, en salones de clase, en las recámaras, en garajes y en cualquier lugar donde haya señal de teléfono o internet. Son «iRevoluciones» forjadas en la nube cibernética.

La democratización de la rebeldía, sin embargo, no se ha limitado al aspecto político. La rebeldía se ha convertido en un elemento esencial de nuestra sociedad. Los gobiernos, las empresas, las organizaciones no gubernamentales, las instituciones filantrópicas, museos y pequeños comercios —todos— están buscando rebeldes e incitando a la rebeldía dentro de sus propios límites. A veces, esa rebeldía convierte al gobierno y a la empresa en líder. Otras veces, esa misma rebeldía explota hacia dentro y obliga a transformaciones radicales.

Pero, sea como sea, la rebeldía (no violenta) se ha convertido en un elemento indispensable en nuestra vida. De nuevo, no estamos hablando de rebeldes revolucionarios cuyo objetivo es derrocar gobiernos e instituciones sino de gente que rompe las reglas con el objetivo de avanzar y vivir mejor.

TODAS LAS ENTREVISTAS que aparecen aquí —una treintena— las realicé en mis últimos treinta años de carrera en Estados Unidos como conductor del *Noticiero Univision* y *Al Punto*, y del programa *America* de la cadena Fusion. Estas entrevistas, en su gran mayoría, fueron realizadas primero para la televisión.

Fue el lunes tres de noviembre de 1986 a las seis y media de la tarde que hice mi primer noticiero para la cadena Spanish International Network (SIN) y que más tarde sería Univision. Apenas sabía leer el teleprompter y nunca había entrevistado a un presidente. Tenía veintiocho años de edad.

Por mucho tiempo pensé que sería un trabajo temporal y que regresaría a ser reportero o corresponsal internacional, que era lo que realmente me gustaba. Siempre supuse que mis jefes tenían las mismas dudas que yo. Por eso cada vez que me iba de vacaciones dejaba perfectamente limpio mi escritorio. Treinta años después sé que en la televisión no hay nada seguro. Lo único que te mantiene al aire es que la gente te vea y te crea. Nada más.

Estas tres décadas me han dado la oportunidad de entrevistar a la gente más interesante del mundo; a algunos rebeldes y poderosos que han cambiado nuestras vidas. Llevo muchos años recabando el material para este libro y exprimiendo las lecciones que he extraído de mis entrevistados. Esto es, al final de cuentas, lo que he aprendido de mi trabajo en tres décadas.

Algunos casos y lecciones que aquí presento son verdaderamente dramáticos, de vida o muerte. Otras veces se trata, simplemente, de líderes que dejaron a un lado la neutralidad y que, con su ejemplo, nos alientan a tomar riesgos y a defender nuestro punto de vista.

De los Dreamers aprendemos a perder el miedo, de la jueza Sonia Sotomayor a no dejarnos, del cineasta Spike Lee a usar nuestra voz contra lo que es injusto, de la periodista Barbara Walters a estar preparados ante las grandes oportunidades, de los disidentes cubanos la importancia de decir no al poder, de los opositores venezolanos a no cansarnos ante la adversidad, del subcomandante Marcos que la paciencia es la virtud del guerrero, de la colombiana Ingrid Betancourt el enorme costo personal de rebelarse, de los billonarios que el dinero no es lo más importante y del arzobispo sudafricano Desmond Tutu el saber que, al final, vas a ganar.

No todos los rebeldes llegan al poder ni todos los poderosos fueron alguna vez rebeldes. Pero en el libro incluyo también a los poderosos: presidentes y líderes políticos que en algún momento tuvieron gestos de rebeldía o que se enfrentaron al status quo y fueron obligados a resolver enormes dilemas morales.

Así, me adentro en la elección del primer presidente afroamericano, Barack Obama, y en la promesa que hizo para ganar el voto latino; en las circunstancias que llevaron a los dos presidentes Bush a iniciar una guerra; en las precisas y temidas operaciones del equipo de seguridad del dictador cubano Fidel Castro; en los graves errores y falta de preparación del presidente mexicano Enrique Peña Nieto; en las críticas e inusuales formas de operar del villano favorito de México, Carlos Salinas de Gortari; en el estilo tan peculiar de ejercer el poder del expresidente colombiano, Álvaro Uribe; en la terrible ironía del líder sandinista, Daniel Ortega, quien luchó contra los Somoza pero terminó pareciéndose a ellos; y en las diferencias y similitudes —las hay— entre el primer ministro de Israel, Benjamín Netanyahu y la líder palestina, Hanan Ashrawi.

Lo que todos ellos tienen en común es que, en un momento dado de sus vidas, decidieron no ser neutrales, tomaron una posición y no han dejado de luchar por conseguir lo que quieren. Hay, sin duda, mucho que aprender. Estas son las lecciones de los rebeldes.

Su mensaje es claro: la vida es muy corta para vivirla en la tibieza y en la ambigüedad. Explora y atrévete. No seas neutral.

UNO

Defendiendo lo nuestro en el 2016

«¿Eres un activista o un periodista?».

Me han hecho esta pregunta muchas veces —sobre todo ahora que estamos a punto de escoger un nuevo presidente en Estados Unidos— y entiendo por qué lo hacen. Cuando un periodista toma una posición —como yo lo he hecho sobre el tema de migración y derechos humanos— y confronta a personajes públicos —como he hecho con presidentes, candidatos presidenciales y todo tipo de políticos— entonces la línea que separa al activismo del periodismo es un poco más difícil de definir. Pero hay claras diferencias.

Dejar de ser neutral no implica ser partidista. No seas un Republicano o un Demócrata; sé un periodista. Dejar de ser neutral simplemente reafirma mi convicción de que el rol social más importante que tenemos como periodistas es denunciar el abuso de los que tienen el poder y, así, prevenirlo. El ofrecer siempre dos puntos de vista —como ocurre en muchos noticieros de televisión, diarios y revistas— no es ninguna garantía de que la verdad va a prevalecer.

La campaña presidencial del 2016 nos ha dado muchas oportunidades de poner a prueba los límites éticos de los periodistas. Así que permítanme, primero, contestar la pregunta al principio de este capítulo: sí, soy un periodista que hace preguntas. Eso es todo.

A pesar de lo anterior, eso no significa que me he mantenido neutral respecto al debate migratorio ni sobre la importancia de los latinos en Estados Unidos. He tomado una posición al respecto. No he sido neutral. Y eso es perfectamente aceptable en el periodismo. Los mejores ejemplos que tenemos de un gran trabajo periodístico en Estados Unidos —Edward R. Murrow, Walter Cronkite y los reporteros del diario *The Washington Post*, Bob Woodward y Carl Bernesein— siempre han involucrado a periodistas tomando importantes decisiones éticas y evitando la neutralidad.

Tomar postura no evita que escriba, analice, haga entrevistas y reporte con absoluta independencia como cualquier otro periodista. Eso lo hago todos los días en el Noticiero Univision y semanalmente en el programa América de la cadena Fusion en inglés. Pero el hecho de ser un inmigrante latino tiene mucha influencia en las cosas que hago como periodista (y soy totalmente transparente al respecto). Ningún periodista trabaja en un vacío. «Yo soy yo y mi circunstancia», escribió en 1914 el filósofo español José Ortega y Gasset.

Así que déjenme darles algunos ejemplos de cómo he tomado postura durante la campaña presidencial en Estados Unidos en el 2015 y 2016. Durante el increíblemente intenso verano del 2015 —cuando hubo 17 candidatos presidenciales del partido Republicano y cuatro del partido Demócrata— Estados Unidos experimentó uno de los momentos más xenofóbicos y anti-inmigrante que yo recuerdo desde que llegué como estudiante a este país hace más de tres décadas.

Los inmigrantes son un blanco de ataque muy fácil para los candidatos presidenciales, para los analistas en la televisión y para la multitud de expertos en las redes sociales. La razón es sencilla: los indocumentados generalmente no se pueden defender. ¿Cuándo fue la última vez que viste por televisión a un indocumentado respondiendo las críticas de un candidato que busca la Casa Blanca? Ese escenario sería extraordinariamente raro. La gran mayoría de los inmigrantes sin documentos prefieren mantenerse en silencio, sin problemas con la justicia, para no ser deportados.

Muchos candidatos Republicanos han atacado a los indocumentados durante la campaña presidencial, llamándolos «ilegales» y tratando, así, de ganar más puntos en las encuestas. Su estrategia consistía en abusar de un segmento de la población que, por definición, no tiene representación política. En algunas ocasiones parecía que competían para ver quién insultaba más a los inmigrantes. Nada es más fácil —y más injusto— que culpar a los inmigrantes de los principales problemas de un país. Muchos han querido ligar el crimen, el desempleo y los déficits de las escuelas y hospitales —entre muchas otras acusaciones absurdas— con la presencia de las personas más vulnerables e indefensas de la población. Eso es falso e injusto.

En contraste con los candidatos Republicanos, todos los aspirantes del partido Demócrata sí estaban a favor de un camino a la ciudadanía para la mayoría de los 11 millones de indocumentados y ofrecieron también una protección temporal para aquellos inmigrantes que entraron ilegalmente y que ya estaban aquí (en caso que el Congreso no actuara al respecto). Pero lo hicieron de una forma casi silenciosa. Ciertamente, criticaron y respondieron las preguntas de los medios de comunicación sobre el tema. Aunque la estrategia pareció ser la de dejar que los Republicanos se destruyeran entre sí. Los Demócratas sabían que sin una parte importante del voto latino —al menos una tercera parte— ningún candidato Republicano podría llegar a la Casa Blanca.

La desinformación y los insultos sobre los inmigrantes latinoamericanos no se cuestionó consistentemente en los medios de comunicación. Tampoco lo hicieron los candidatos presidenciales o líderes de los partidos políticos. Muchas acusaciones falsas y denigrantes fueron presentadas como una verdad absoluta. Los ataques verbales, en particular contra los inmigrantes de origen mexicano, fueron muy violen tos, acusando a algunos de ellos de ser criminales, narcotraficantes y violadores.

Además de las falsedades y la falta de evidencia en las acusaciones presentadas por los candidatos, lo que me sorprendió fue el silencio del gobierno mexicano y la pasividad de los políticos electos en Estados Unidos. No es que fueran cómplices de esos ataques pero su falta de acción permitió que continuara sin resistencia esa campaña anti-inmigrante.

¿Dónde estaba la indignación? Estaba en las calles, en cualquier conversación entre inmigrantes, en las redes sociales, entre artistas, escritores y periodistas. Los latinos estaban muy enojados. Pero muchos políticos, la Casa Blanca, el congreso y el gobierno mexicano mantuvieron su distancia ante los ataques y prefirieron no involucrarse.

Siguiendo las prácticas del pasado, creyeron que al ignorar los ataques y no responder directamente, esas acusaciones prejuiciadas iban a desaparecer en el siguiente ciclo noticioso. Pero eso no ocurrió. Las falsas acusaciones seguían llegando y la opinión pública del país pareció irse hacia la derecha. Claramente la estrategia de apaciguamiento no estaba funcionando. Sin ninguna resistencia significativa, las fuerzas anti-inmigrantes seguían creciendo y atacando.

El péndulo se fue hasta el otro extremo. Atrás, muy atrás, habían quedado los días en que el Senado de Estados Unidos había aprobado un plan —por 68 votos contra 32— para realizar una reforma migratoria. Eso ocurrió en junio del 2013 pero parecía muy lejano. El plan bipartidista —que obtuvo el apoyo de 14 Senadores Republicanos— ofrecía un camino a la ciudadanía a millones de indocumentados, un nuevo sistema tecnológico para verificar el estatus migratorio de los empleados, un proceso para aceptar más inmigrantes legales y, como un gesto para los más conservadores, reforzar la seguridad en la frontera con México.

Ese plan, desafortunadamente, nunca se puso a votación en la Cámara de Representantes. A pesar de que muchos Republicanos estaban de acuerdo en impulsar este proyecto Demócrata, el líder de la cámara, el Republicano John Boehner, se rehusó a poner el plan a votación. Ese fue el momento en que más cerca estuvimos de reformar el disfuncional sistema migratorio en este país desde que Ronald Reagan le dio una amnistía a más de tres millones de personas en 1986.

En esta campaña ha habido tantas acusaciones, insultos y falsedades sobre los inmigrantes, que decidí dejar a un lado la neutralidad y hacer mi trabajo de periodista hasta las últimas consecuencias.

En el movimiento anti-inmigrante resaltaban varios temas: acusar de criminales a muchos inmigrantes, amenazar con deportaciones masivas, construir un muro en la frontera con México y quitarle la ciudadanía a los hijos de inmigrantes indocumentados nacidos en Estados Unidos. Así que la única manera de lidiar con esta agenda anti-inmigrante era enfrentar a los candidatos, denunciar sus ideas y reportar, con datos, la realidad.

Tras hacer una investigación a fondo, decidí tomar postura frente a esos ataques en entrevistas por televisión, en conferencias de prensa y en mis columnas semanales publicadas por *The New York Times Syndicate*. Así fue el contraataque:

Dato número uno: los inmigrantes no traen el crimen a Estados Unidos. Es un mito que los inmigrantes indocumentados incrementan la criminalidad en el país. La gran mayoría de ellos no son criminales ni violadores. De hecho, todas las investigaciones científicas demuestran que al mismo tiempo que aumentaba dramáticamente el número de indocumentados en Estados Unidos, bajaban las cifras de criminalidad.

De 1990 al 2013 el número de indocumentados en Estados Unidos aumentó de 3.5 millones a 11.2 millones, según el Pew Research Center y la Oficina del Censo. Y durante ese mismo período, de acuerdo con el FBI, los niveles de crímenes violentos bajaron 48 por ciento.

También es falso decir que los inmigrantes son más violentos y cometen más crímenes que los norteamericanos nacidos en Estados

Unidos. Los hombres entre 18 y 39 años de edad nacidos en Estados Unidos tienen una tasa en encarcelación de 3.5 por ciento frente a una tasa de solo 0.86 por ciento para aquellos que nacieron fuera del país, según cifras del Migration Policy Institute.

Asimismo, no hay ni una sola evidencia —¡ninguna!— de que existe una conspiración del gobierno mexicano para enviar criminales a Estados Unidos. Esa es una invención política.

Es muy injusto culpar a todos los inmigrantes por crímenes que unos pocos han realizado, de la misma forma en que sería muy injusto responsabilizar a todos los norteamericanos por la masacre de nueve personas en una iglesia de Charleston en el 2015, por la muerte de 12 personas en un cine de Aurora, Colorado, en el 2012, o por la matanza de 20 niños y 6 adultos en la escuela Sandy Hook Elementary en Connecticut en el 2012.

La conclusión es sencilla y contundente: los inmigrantes, legales o indocumentados, no cometen más crímenes que el resto de la población.

Dato número dos: los inmigrantes contribuyen mucho más a la economía del país de lo que toman de ella en servicios y beneficios. Vamos a usar un ejemplo respecto a los inmigrantes mexicanos en Estados Unidos.

En el año 2012 había 33.7 millones de Mexicanos o personas de origen mexicano viviendo en Estados Unidos (es decir, el 65 por ciento de la población hispana) de acuerdo con el Pew Research Center. Desde luego, la gran mayoría de estos inmigrantes no son narcotraficantes ni violadores. Al contrario, la razón por la que hay tantos inmigrantes aquí es por trabajo. De hecho, los 570,000 negocios cuyos dueños son mexicanos en Estados Unidos generan más de 17 mil millones de dólares cada año, según cifras del gobierno mexicano.

Respecto a la economía a nivel nacional, los inmigrantes indocumentados contribuyen mucho más de lo que obtienen en salud, servicios sociales y educación para sus hijos. Ellos pagan impuestos. Ellos crean empleos. Cosechan nuestra comida, construyen las casas y apartamentos donde vivimos y cuidan a nuestros hijos. En pocas palabras, hacen los trabajos que nadie más quiere hacer.

La realidad es que si les ofreciéramos un camino a la ciudadanía, como propuso el Senado en el 2013, generarían más de 700 mil millones de dólares para el producto interno bruto del país en los primeros 10 años, de acuerdo con la Oficina de Presupuesto del Congreso (o CBO según sus siglas en inglés).

Desde luego, los activistas y políticos anti-inmigrantes ni siquiera consideran esos datos e insisten en que los indocumentados deben ser castigados por el simple hecho de haber roto la ley para estar aquí. Pero seamos claro. Sí, los indocumentados rompieron la ley al llegar sin documentados a Estados Unidos o al quedarse después de que se expiró su visa. Eso es cierto. Pero no lo hicieron solos. Lo hicieron porque hay miles de empresas norteamericanas que los contratan y porque hay millones de norteamericanos que se benefician de su labor.

Dato número tres: es absurdo construir una muralla de 1,954 millas en la frontera con México. Construir muros es un mal negocio. Todos los muros se burlan. Es un mal negocio porque son muy caros y no evitan que la gente los cruce. Punto. De acuerdo con un reportaje del diario *The New York Times* cada milla de muro cuesta al menos 16 millones de dólares. (Ya hay muros y bardas en 670 millas, así que construir una muralla en las 1,284 millas que faltan costaría, por lo menos, 20 mil millones de dólares.)

También es importante decir que las fronteras de Estados Unidos ya están bastante seguras. El número de indocumentados en el país bajó de 12.2 millones en el 2007 a 11.3 millones en el 2014, y más de 18 mil agentes de la Patrulla Fronteriza vigilan la frontera sur.

Además, no podemos olvidar que el número de indocumentados mexicanos arrestados en la frontera sur ha bajado de 1.6 millones en el 2000 a 229,999 en el 2014 —la cifra más baja en cuatro décadas— de acuerdo con el centro Pew.

De hecho, en el 2013 hubo más inmigrantes provenientes de China

(147,000) y de la India (129,000) que de México (125,000) de acuerdo con un reportaje del diario *The Wall Street Journal*. Un muro no tiene ningún sentido sin una sólida y realista política migratoria.

Si todos estos datos no te convencen, aquí está el mejor argumento en contra de la construcción de un muro de más de 1,900 millas: casi el 40 por ciento de los inmigrantes indocumentados que hay en Estados Unidos entraron legalmente, con una visa, y es muy posible que muchos de ellos hayan llegado por avión. ¿Cómo va a parar eso un muro?

Dato número cuatro: es imposible deportar a 11 millones de indocumentados en 24 meses. Esto no tiene ningún sentido y, más bien, parece un mal guión de una película de ciencia ficción. Esta no es una propuesta política seria.

Vamos a analizar cómo se haría semejante barbaridad. Solo el considerar un plan como este generaría un reino del terror en Estados Unidos. Imagínense a las autoridades en todo el país haciendo redadas en casas, en lugares de trabajo, en escuelas, violando los derechos humanos de millones de hombres, mujeres y niños. El gobierno tendría que enviar soldados, policías y todos sus agentes del servicio de inmigración para detener a los inmigrantes indocumentados. Después de estas brutales redadas, los indocumentados tendrían que ser detenidos en estadios o en grandes lugares mientras los deportan en autobuses y aviones a sus lugares de origen.

¿Cuándo costaría este horror? Un cálculo del servicio de inmigración (ICE) estableció que cada deportación cuesta unos 12,500 dólares, así que el gasto de deportar a 11 millones de indocumentados sería aproximadamente de 137 mil millones de dólares.

Ahora bien, la logística de deportar a tanta gente es, simplemente, una operación monstruosa. El gobierno de Estados Unidos tendría que deportar a 458,333 inmigrantes cada mes, es decir, 15,277 inmigrantes cada día. Esto sería equivalente a llenar 30 aviones Jumbo 747 o más cada día durante dos años seguidos. Absurdo.

¿Qué pasaría con el debido proceso legal para deportar a una persona? ¿Qué pasaría con las familias que tienen algunos miembros que son legales y otros no? El sistema legal se paralizaría ante tantos casos.

La utopía terrible de un país de muros, odio y deportaciones masivas es totalmente desconocida para mí. Ese no es el Estados Unidos que yo conozco. Esta visión no nos va a llevar a ser una mejor nación. Por el contrario. Solo va a generar más prejuicios, xenofobia y división. ¿Es este el tipo de país en el que queremos vivir? No. Se parecería a los regímenes que tantos norteamericanos han criticado en el pasado.

Dato número cinco: no se le puede quitar la ciudadanía estadounidense a los hijos de indocumentados nacidos en Estados Unidos. Ese derecho está protegido por la Enmienda 14 de la Constitución. Esos niños son tan americanos con los candidatos a la presidencia. Estamos hablando de 4.5 millones de niños que tendrían que irse del país si esta medida se aprobara de manera retroactiva. Esto afectaría tanto a bebés como a jóvenes estudiantes a punto de ir a la universidad.

Además de los enormes problemas legales y éticos, en la práctica esto sería una pesadilla burocrática. ¿A dónde se deporta a un niño si su padre es, por ejemplo, de México y su esposa de Honduras? ¿Cómo se deporta a un niño que no tienen nacionalidad ni pasaporte?

Es cierto que la mayoría de los países del mundo no le otorgan la ciudadanía automáticamente a todos los que nacen dentro de su territorio. Pero Estados Unidos es un país único fundado, creado y construido por inmigrantes. En ese sentido es un país excepcional con una larga tradición de protección a los inmigrantes y a sus descendientes. La Enmienda 14 de la Constitución ha ayudado a construir este país y no debe ser modificada por cuestiones electorales.

Dato número seis: las palabras importan. Es muy peligroso cuando los candidatos presidenciales utilizan sus plataformas para promover odio y prejuicios en contra de un grupo étnico. Algunos de sus seguidores podrían seguir sus lecciones y, peor aún, actuar con violencia.

Muchos candidatos presidenciales han usado la palabra «ilegal» para referirse a los candidatos presidenciales. Pero eso demuestra una doble moral. Por principio, ningún ser humano es ilegal. Además, no le llamamos «ilegales» a las compañías que los contratan ni a los millones de estadounidenses que se benefician de su trabajo.

Lo mismo ocurre con el término despectivo «anchor babies», utilizado durante la campaña electoral, y que se refiere a hijos nacidos en Estados Unidos de padres indocumentados. Sí, hay un mejor término que «anchor babies» y ese es «ciudadanos estadounidenses»".

Aquí hemos tenido ayuda del Vaticano. Cuando el Papa Francisco —nacido en Argentina de padres italianos— dio un discurso en el Congreso de Estados Unidos en septiembre del 2015, enfrentó directamente el tema y lo puso en un maravilloso contexto: «Nosotros, la gente de este continente, no tememos a los extranjeros porque la mayoría de nosotros alguna vez fuimos extranjeros. Se los dice a ustedes un hijo de inmigrantes y sabiendo que muchos de ustedes son también hijos de inmigrantes.»

No hay nada más cruel que cuando un inmigrante o un hijo de inmigrantes le cierra la puerta a los que vienen detrás buscando las mismas oportunidades que él recibió.

No DEJARSE, TOMAR una posición y no ser neutral durante la campaña presidencial en el 2016 significó hablar por los que no tenían voz y cuestionar a quienes estaban buscando el poder. Los candidatos no son los únicos participantes en una campaña electoral. Los periodistas tenemos la gran responsabilidad de separar los hechos de los mitos y de denunciar a los candidatos que tratan de ganar votos, y puntos en las encuestas, atacando a los inmigrantes con falsedades.

Al final de cuentas, la migración en Estados Unidos es un problema económico, social y binacional que requiere una solución política. Tenemos que darnos cuenta que es absurdo, inhumano e imposible deportar a 11 millones de indocumentados y separar a miles de familias.

Hay que estar conscientes de que las palabras llenas de odio y los discursos cargados de mentiras y prejuicios no ayudan para nada en esta situación.

Tristemente, cada vez que hay una elección importante en Estados Unidos, se presenta a los indocumentados como el enemigo público número uno. Pero esa es una estretegia equivocada. Solo espero que, en esta ocasión, el debate genere un sentido de urgencia y nos ayude a resolver con seriedad este problema.

Los candidatos presidenciales tienen que saber que los votantes latinos reconocen perfectamente el valor de los inmigrantes, legales e indocumentados, y que no van a votar masivamente por nadie que los ataque. La mitad de la población latina, mayor de 18 años de edad, es extranjera. Es decir, para nosotros esto es personal.

Es un concepto muy sencillo: los latinos no van a votar por ningún candidato que diga que va a deportar a sus padres, a sus hijos, a sus vecinos, a sus colegas de trabajo, a sus hijos y a sus estudiantes. Más de 26 millones de latinos son elegibles para votar el 8 de noviembre del 2016. Esa cifra es más que suficiente para decidir una elección. Pongámoslo en perspectiva. El presidente Barack Obama ganó la elección del 2012 con menos de cinco millones de votos. La nueva regla en la política es que nadie puede llegar a la Casa Blanca sin el voto latino.

Las grandes naciones se definen, no por la manera en que tratan a los ricos y poderosos, sino por la forma en que tratan a los más vulnerables. Y hoy, en Estados Unidos, los más vulnerables son los inmigrantes indocumentados y sus hijos.

Es imposible ignorar la injusticia. Solo soy un reportero que hace preguntas. Pero, si no cuestionamos a los que tienen el poder, entonces ¿cómo vamos a lograr los grandes cambios?

DOS

La promesa (incumplida):
Barack Obama

«Soy el presidente; no soy el rey». —BARACK OBAMA

T ODO COMENZÓ CON una promesa. Y, como muchas veces ocurre con las promesas, la de Obama no se cumplió.

Esta promesa no se dio en el vacío. Este es el contexto. En mayo de 2008, Barack Obama iba en camino a convertirse en el candidato del Partido Demócrata a la presidencia. Hillary Clinton aún no se daba por vencida. Era matemáticamente posible que ella ganara la nominación y mantenía, desde luego, la esperanza. Pero los milagros no son del ámbito de la política y las cifras claramente favorecían a Obama. Su campaña había sido mucho más disciplinada que la de Hillary y su ventaja en el número de delegados lo ponía a un paso de la nominación.

Barack Obama, a finales de mayo, ya estaba pensando en la elección presidencial del 4 de noviembre de 2008. Y tenía dos serios problemas: uno, que las encuestas sugerían que muchos de los votantes de Hillary no votarían por él; y dos, que la mayoría de los latinos habían votado por ella, no por Obama, y sin una amplia mayoría del voto latino no podría llegar a la Casa Blanca.

Por eso, yo creo, decidió hablar conmigo en una escuela de Denver, Colorado, el 28 de mayo de 2008. Obama necesitaba que los latinos que habían votado por Hillary Clinton decidieran votar por él en noviembre. Pero era una estrategia complicada.

Históricamente siempre ha existido tensión entre afroamericanos y latinos. El rápido crecimiento de la comunidad hispana permitió que en solo unas décadas los latinos sobrepasaran a los afroamericanos como el grupo minoritario más grande del país. En la práctica esto significó que algunos trabajos que antes tenían los afroamericanos ahora pasaran a los latinos. Además, en las calles de las grandes ciudades de la nación —me tocó vivirlo en Los Ángeles—, pandillas o *gangs* de ambos grupos étnicos tenían una violenta y constante lucha territorial. ¿Podría el primer candidato afroamericano obtener el apoyo de millones de votantes latinos?

Había precedentes, pocos, a nivel local. Por ejemplo, el alcalde de Los Ángeles, el afroamericano Tom Bradley, siempre disfrutó de un amplio apoyo de la comunidad latina y de sus líderes en el sur de California. Pero Bradley gobernó al principio de la llamada ola latina —esa revolución demográfica basada en millones de nuevos inmigrantes de América Latina y en una alta tasa de natalidad— y no existía el precedente de un candidato afroamericano a la presidencia por ningún partido.

Lo que Barack Obama estaba tratando de hacer era nuevo y su llegada a la presidencia dependía, en parte, de que obtuviera una abrumadora mayoría del voto latino. Sin los latinos, no podría llegar a la Casa Blanca. Los latinos, según el Pew Hispanic Center, eran al menos cuarenta y cinco millones y conformaban el quince por ciento de la población. En una elección muy cerrada, los cerca de diez millones de latinos que irían a las urnas en 2008, podrían definir al ganador.

Ya en ese 2008 la nueva regla de la política en Estados Unidos era que nadie podía llegar a la Casa Blanca sin el voto latino. Para ganar, un candidato Republicano necesitaba al menos una tercera parte del voto hispano, mientras que el Demócrata necesitaba dos terceras partes.

La gran duda en ese 2008 era si el significativo avance de los Republicanos en las últimas dos elecciones presidenciales se iba a sostener. El mantra de los Republicanos era que sí, que el voto hispano estaba prácticamente dividido y que, gracias a eso, ganarían la elección presidencial. Se basaban en los altos porcentajes del voto latino que George W. Bush había obtenido en 2000 (35 por ciento) y en 2004 (44 por ciento).

George W. Bush había hecho lo que ningún otro candidato Republicano. Contrató en 2000 a una asesora hispana, Sonia Colín, que lo ayudó enormemente con su español y gastó cantidades sin precedentes en publicidad en medios de comunicación latinos. Durante sus entrevistas siempre trataba de decir algunas frases en español y, a pesar de que el resultado no era del todo exitoso, se notaba el esfuerzo y la estrategia de comunicación detrás de ese esfuerzo.

No solo eso. Como exgobernador de Texas, Bush entendía bien a los latinos y desde un principio apoyó la idea de ayudar a los inmigrantes indocumentados. Y fue más allá que cualquier otro Republicano al iniciar pláticas con el gobierno de México sobre un acuerdo migratorio.

Todo, por supuesto, se desmoronaría con los ataques terroristas del 11 de septiembre de 2001. Pero durante la campaña presidencial de 2000, George W. Bush supo cómo acercarse a los latinos. Eso, finalmente, le dio la elección. La ventaja de unos cuantos votos cubanoestadounidenses en la Florida —y la ayuda de la Corte Suprema de Justicia— lo puso en la Casa Blanca. Cuatro años después, Bush incrementó en nueve puntos el voto latino para alcanzar el 44 por ciento, sin precedentes en la historia política del Partido Republicano.

Ante eso se estaba enfrentando Barack Obama en 2008. Nadie sabía con certeza si el candidato Republicano —el senador John McCain se enfilaba como ganador— tendría a su disposición la base de apoyo entre los hispanos de que disfrutó Bush. Ese era, de hecho, el gran temor de los Demócratas. ¿Podrían los Republicanos obtener en 2008 entre el 35 y el 44 por ciento del voto latino o eso fue únicamente por la excepcional campaña hispana de George W. Bush?

El senador John McCain de Arizona comprendía perfectamente la importancia del voto latino y, desde un principio, apoyó una reforma migratoria que legalizaría a millones de indocumentados. Él esperaba que esa postura le diera, al menos, una tercera parte del voto latino. McCain no hablaba español, ni intentaba hacerlo como Bush, pero su experiencia en asuntos fronterizos era indisputable. Muchos latinos, sin duda, estarían dispuestos a votar por el senador de Arizona y no por el de Illinois.

Barack Obama, desde un principio, tuvo un serio problema con los latinos. Cuando estuvo en el Senado votó a favor de una ley para extender la construcción del muro que divide a México de Estados Unidos. (De hecho, se trata de varios muros construídos a lo largo de las 1954 millas de frontera). Eso lo enfrentaba con muchos latinos que no creían que más muros fueran la solución para los problemas fronterizos de Estados Unidos. Y se lo dije:

RAMOS: Algunos latinos están preocupados con su posición respecto al muro fronterizo. Usted votó a favor de un nuevo muro en la frontera con México. Sin embargo, varios expertos creen que el muro no disminuirá la inmigración. Y no solo eso. Hay gente muriendo en la frontera debido al muro. Si usted llega a ser presidente ¿ordenaría la suspensión de la construcción de un nuevo muro?

OBAMA: Esto es lo que quiero hacer. Quiero saber qué es lo que funciona. Yo he sido un líder de la reforma migratoria.

RAMOS: ¿Pero usted cree que un muro funciona?

OBAMA: No lo sé todavía. Y por eso creo que...

RAMOS: Pero usted votó a favor del muro.

Es cierto, muchas veces interrumpo a mis entrevistados. Pero solo lo hago cuando es necesario resaltar un punto, cuando caen en una contradicción o cuando su respuesta no tiene mucho sentido. ¿Cómo era posible que el senador Obama hubiera votado a favor de la construcción de un muro en la frontera y que me dijera, en la entrevista, que no sabía si un muro funcionaba? Eso tendría que haberlo investigado antes de votar. La otra interpretación es que, de verdad, creyó que el muro sí funcionaba al momento de votar, pero que no quería decirlo ante un medio de comunicación en español.

OBAMA: Claro, lo entiendo. Voté para autorizar la construcción del muro en ciertas áreas de la frontera. Creo que hay áreas en que tiene sentido y que puede salvar vidas si podemos prevenir que la gente cruce en zonas desérticas donde es muy peligroso.

RAMOS: Pero cuatrocientas personas mueren cada año [cruzando por la frontera].

OBAMA: Esa es una de las razones por las que debemos resolver este asunto migratorio.

Obama, a sus cuarenta y seis años, no había visitado nunca México. Tampoco ningún país de América Latina. Es decir, conocía el problema migratorio exclusivamente desde este lado de la frontera. Cuando trabajó como líder comunitario en Chicago, sin duda, estuvo en contacto con muchas familias inmigrantes y conoció de cerca los retos que enfrentaban. Pero, por distintas razones, nunca tuvo el tiempo o la curiosidad de viajar al sur de la frontera.

Sin duda, Obama tenía un problema de percepción y de credibilidad entre los hispanos. ¿Cómo era posible que alguien que votó a favor de un muro en la frontera con México y que nunca ha viajado a Latinoamérica dijera ahora que va a defendernos? Los Republicanos sabían que no podrían ganar el voto hispano en 2008, pero creían que Obama era vulnerable entre los latinos. Obama lo sabía también. Y fue precisamente en este contexto que lanzó su promesa para los latinos.

RAMOS: La senadora [Hillary] Clinton prometió que enviaría su propuesta de una reforma migratoria al congreso durante sus primeros 100 días [como presidenta]. ¿Puede usted hacer la misma promesa?

OBAMA: Inicialmente ella dijo que lo haría en su primer término de gobierno. Luego, cuando yo dije que lo haría en el primer año, ella cambió de posición y dijo que lo haría en los primeros 100 días.

RAMOS: ¿Lo podría usted hacer en 100 días?

OBAMA: No puedo garantizar que lo voy a hacer en los primeros 100 días. Pero lo que sí puedo garantizar es que tendremos en el primer año una propuesta migratoria que yo pueda apoyar, que yo pueda promover, y que quiero hacerlo lo más rápido posible.

Esta es la promesa de Obama: «Lo que sí puedo garantizar es que tendremos en el primer año una propuesta migratoria». Eso es lo que me dijo el 28 de mayo de 2008 en una escuela de Denver, Colorado.

Todos sabíamos que sería muy difícil de cumplir. Y se lo dije. Esa era su oportunidad para corregir, ajustar o, incluso, condicionar su respuesta. Pero él insistió en que sí se podía hacer.

RAMOS: Mucha gente cree que eso va a ser muy difícil, no solo por la cuestión económica, sino también por la guerra en Irak. Esas son otras prioridades.

OBAMA: Lo sé, y por eso es que no quiero hacer la promesa de cumplirlo en 100 días.

No había duda de lo que Obama me acababa de prometer. Presentar una propuesta migratoria en el Congreso durante su primer año de gobierno. No, no presentarla ante el Congreso en los primeros 100 días —como había propuesto Hillary Clinton—, pero sí hacerlo en su primer año. Esa promesa definiría su relación con la comunidad latina y sería motivo de enormes conflictos y tensiones durante sus ochos años en la presidencia.

Otro asunto serían las deportaciones. Antes de terminar la entrevista pregunté a Obama si suspendería las deportaciones y las redadas contra inmigrantes hasta que se aprobara una reforma migratoria en el Congreso. En este caso, no se quiso comprometer. Pero sí me dijo: «No es nuestra manera de hacer las cosas en Estados Unidos, el arrancar a una madre de su hijo y deportarla sin pensar en las consecuencias». Años después de decir esa frase, Obama se convertiría en el presidente estadounidense que más inmigrantes ha deportado —y más madres y padres ha arrancado de sus hijos— en la historia del país.

Antes de la elección, el 27 de septiembre de 2008, tuve la oportunidad de entrevistar a Obama junto al candidato Demócrata a la vicepresidencia, Joe Biden, en Greensboro, Carolina del Norte. Fue la entrevista típica un días después del primer debate presidencial. Obama se veía agotado pero satisfecho. Conversamos durante varios minutos y Obama, en ningún momento, quiso renegar de la promesa que me había hecho cuatro meses atrás. El plan seguía en pie.

La promesa migratoria de Obama dio resultado. Obtuvo el 67 por ciento del voto hispano en las elecciones de noviembre de 2008. Muchos latinos que apoyaron a Hillary Clinton en las elecciones primarias votaron después por Obama. El Republicano, John McCain, apenas consiguió del 31 por ciento del voto latino. Se quedó corto.

La toma de posesión de Barack Obama el 20 de enero de 2009 fue un evento mundial. La victoria de Obama fue interpretada por muchos como un gran avance social en Estados Unidos. Un país que había sufrido décadas de esclavitud, seguidas por décadas de discriminación oficial y de racismo, escogía como presidente a un afroamericano. Estados Unidos —era el sueño— podía entrar en una era postracial en la que no importara el color de la piel.

El sentimiento de optimismo en el mundo era tal que nada parecía imposible. Barack Obama se había convertido en Super Obama. Era el ser humano más famoso del planeta. Las expectativas eran gigantes: terminar con la crisis económica mundial, ponerle fin a las guerras de Irak y Afganistán, encontrar una fórmula para la paz entre israelíes y palestinos, lograr un acercamiento con el mundo árabe, limitar la proliferación de armas nucleares, eliminar los ataques terroristas, reducir el calentamiento global, conectar tecnológicamente al mundo, eliminar la pobreza extrema y la inequidad, promover la democracia y terminar con las dictaduras...

La agenda del mundo para Obama era interminable. Era un vendedor de esperanzas. Si había logrado lo imposible en Estados Unidos —venciendo el racismo y los prejuicios raciales—, podría hacer lo mismo en el resto del mundo. Tanto así que le fue otorgado el premio Nobel de la paz cuando apenas llevaba ocho meses en la presidencia.

En este clima de inagotable optimismo y esperanza es que la promesa de Obama hacia los latinos se veía como algo factible en 2009. Más aún cuando el Partido Demócrata contaba con el control de ambas cámaras del Congreso. No, no todos los congresistas Demócratas votarían por una reforma migratoria, pero había suficientes Republicanos dispuestos a ayudar en la causa. Era solo cuestión de proponerlo. O por lo menos eso creíamos algunos.

En 2009 tuve dos entrevistas con el presidente Obama en la Casa Blanca. En la primera, el 15 de abril, Obama todavía sonaba optimista.

RAMOS: ¿Va a cumplir su promesa a pesar de los difíciles momentos económicos que estamos viviendo ahora?

OBAMA: Absolutamente. Voy a cumplir con mi promesa de empujar por una reforma migratoria integral. Ya me reuní con los líderes hispanos del Congreso y les confirmé mi compromiso. Gente de mi gobierno y líderes clave del congreso ya se han reunido a trabajar en una propuesta que tenga la oportunidad de ser aprobada por la Cámara de Representantes y por el Senado. Ahora bien, tienes razón, la crisis económica significa que le hemos enviado muchas cosas al Congreso...

RAMOS: ¿Pero usted va a tratar de hacer algo?

OBAMA: Tendremos una propuesta y avanzaremos en el proceso, porque estoy convencido de que esto importante para todos.

Eso fue el 15 de abril de 2009. Pero cuando volví a hablar con Obama en la entrevista que salió al aire el 20 de septiembre del mismo año, el tono del presidente había cambiado. Ya no era de absoluta certeza. Incluso, abrió la posibilidad de no cumplir su promesa.

RAMOS: ¿Va a cumplir su promesa? ¿La podrá cumplir antes del 20 de enero [de 2010]?

OBAMA:... Ya sea que la propuesta pase el 15 de noviembre, el 15 de diciembre o el 15 de enero, no es lo importante. Sería fácil presentar una propuesta [migratoria]. El reto es que la propuesta pase. Y en eso he sido realista... No me estoy retractando de lo que dije pero, hay que reconocer, he tenido algunas cosas que hacer: hemos tenido una crisis económica que casi destruye el sistema financiero y el cambio en el sistema de salud ha tomado más tiempo del que me hubiera gustado.

Por fin, la verdad. El presidente no iba a cumplir su promesa migratoria.

El debate sobre el sistema de salud —Obamacare— había demostrado lo difícil que era para él obtener sesenta votos en el Senado. (Esa es la cantidad mínima de votos de senadores para iniciar cualquier debate). A pesar de que el Partido Demócrata tenía la mayoría en ambas cámaras, la muerte del senador Edward Kennedy en agosto 25 de 2009 complicó enormemente las matemáticas de su partido. Las elecciones para escoger al reemplazo de Kennedy las ganó Scott Brown, un Republicano. Con su triunfo era ya imposible para los Demócratas obtener sesenta votos en el Senado.

Con una serie de maniobras legislativas, «Obamacare» fue aprobado en ambas cámaras y fue firmado como ley por el presidente el 23 de marzo de 2010. Pero, con esa misma firma, se esfumó la reforma migratoria.

El debate sobre Obamacare dejó totalmente dividido al Congreso. Los Republicanos resintieron enormemente la maniobra legislativa para aprobar el nuevo sistema de salud y no estaban dispuestos a cooperar en nada más con el presidente Obama. La reforma migratoria estaba muerta.

Hillary Clinton tenía razón. Había que proponer una reforma migratoria durante los primeros 100 días de gobierno. Si Obama lo hubiera hecho así, es posible que hubiera obtenido el apoyo de varios congresistas y senadores Republicanos. Ese apoyo era fundamental.

De hecho, Obama tuvo desde enero hasta agosto de 2009 para hacer su propuesta migratoria, con un voto casi asegurado en ambas cámaras para su aprobación, y aun así no lo hizo. Esperó demasiado y su capital político se desgastó. La aprobación de Obamacare —y la elección del Republicano Scott Brown para el Senado— terminó con cualquier posibilidad de cumplir su promesa migratoria.

Obama nunca reconoció públicamente su error. Su estrategia fracasó. Retrasar la presentación de una propuesta migratoria en el Senado y en la Cámara de Representantes fue un terrible cálculo político.

Poco después de la aprobación del nuevo sistema de salud —Obamacare—, el lenguaje de la Casa Blanca cambió. En lugar de reconocer su gravísimo error estratégico en la aprobación de la reforma migratoria, empezaron a culpar a los Republicanos por oponerse a debatirla. Cierto, los Republicanos bloquearon cualquier posibilidad de una legalización de inmigrantes indocumentados en el congreso. Esa fue su responsabilidad y los votantes hispanos no lo iban a olvidar. Pero la verdad era que el presidente Obama y los Demócratas cometieron un error garrafal en su estrategia para cumplir con su promesa migratoria en 2009. Obama pasaría el resto de su presidencia intentando enmendar ese error.

El presidente creyó, ingenuamente, que tendría algún campo de maniobra para presionar a los Republicanos. Pero, de nuevo, se equivocó. La estrategia del presidente para convencer a los Republicanos fue aumentar dramáticamente el número de deportaciones. El argumento era que si podía demostrar que estaba cumpliendo la ley y deportando a cientos de miles de inmigrantes cada año, los Republicanos estarían más dispuestos a negociar.

Los Republicanos no cambiaron. Mientras tanto, miles de familias hispanas estaban siendo separadas y destruidas por el presidente Obama. En 2009, el primer año de Obama como presidente, fueron deportados más de 392 000 inmigrantes, según cifras del Departamento de Seguridad Interna. (Muchos más que los 360 000 deportados en 2008, el último año de George W. Bush como presidente).

Las deportaciones siguieron creciendo y el enojo de la comunidad latina también. En 2010 el presidente Obama deportó a 382 000 inmigrantes y en 2011 a 387 000. Ningún presidente estadounidense había deportado a tantos inmigrantes.

Obama viajó a Brasil, Chile y El Salvador en marzo de 2011. Su promesa migratoria había quedado olvidada. El tema, ahora, eran las deportaciones, y se lo dije en una entrevista el 22 de marzo en San Salvador.

RAMOS: Usted ha deportado a más inmigrantes que nunca a América Latina. ¿Consideraría usted detener las deportaciones, particularmente las de estudiantes?

OBAMA: Antes que nada, Jorge, no siempre te puedo ver por televisión, pero sé que me has estado criticando, y eso se vale [...] Respecto a las deportaciones, he sido muy claro. Hemos concentrado nuestros esfuerzos en aquellos involucrados en actividades criminales, no estamos haciendo redadas a estudiantes. Eso es totalmente falso.

No totalmente falso. Tomemos ese mismo año 2011. Según cifras oficiales del Departamento de Seguridad Interna, Obama deportó ese año 387 000 inmigrantes, de los cuales 189 000 sí tenían antecedentes criminales y 198 000 no. Es decir, ese año deportó a más inmigrantes inocentes que a criminales.

Una semana después, el 28 de marzo de 2011, volví a retomar el tema de las deportaciones con el presidente Obama durante un encuentro con estudiantes en la escuela secundaria Columbia Heights, en Washington, D.C. El foro —*Town Hall Meeting*, en inglés— se basó en el tema de la educación, y varios estudiantes hicieron preguntas al presidente. Pero como moderador del debate, también tuve la oportunidad de preguntar. La reforma migratoria no se iba a aprobar. Los dos partidos estaban peleados. Eso ponía, de nuevo, la presión para que el presidente actuara de forma unilateral.

RAMOS: ¿Podría usted suspender las deportaciones de estudiantes con una orden ejecutiva?

OBAMA: [...] Respecto a la noción de que yo simplemente puedo detener las deportaciones con una acción ejecutiva, ese no es el caso. Hay leyes aprobadas por el Congreso que hay que cumplir [...] Ignorar con una orden ejecutiva las órdenes del Congreso no sería apropiado en mi rol como presidente.

Tras el rompimiento de la promesa de Obama y el fracaso de una negociación en el Congreso para presentar una reforma migratoria, miles de estudiantes indocumentados en Estados Unidos —mejor conocidos como Dreamers— comenzaron una serie de acciones muy radicales para exigir protección por parte de la Casa Blanca y de congresistas. El movimiento comenzó el primero de enero de 2010 con una marcha de cuatro estudiantes desde Miami hasta Washington: Gaby Pacheco, Felipe Matos, Carlos Roa y Juan Rodríguez. Otras marchas, protestas y plantones en oficinas de congresistas se realizaron en todo el país. El argumento era el siguiente: ya que no se pudo aprobar una reforma migratoria, al menos había que ayudar legalmente a los estudiantes indocumentados —aquellos que fueron traídos ilegalmente de niños a Estados Unidos por sus padres— a través de la llamada Dream Act.

A pesar de varios intentos legislativos durante 2010, el Dream Act nunca obtuvo los votos necesarios para ser aprobado en ambas cámaras del Congreso. El golpe fue doble. La reforma migratoria estaba muerta y el Dream Act también.

Sin embargo, los Dreamers no se dieron por vencidos. Cambiaron de estrategia. Pondrían su presión en la Casa Blanca. Su objetivo era convencer al presidente Obama de que sí tenía la autoridad para protegerlos de una deportación, y permitirles estudiar y trabajar.

El presidente no estaba convencido. En varias oportunidades había dicho públicamente que no tenía el poder legal de detener las deportaciones. Insistía en que estaba obligado a cumplir las leyes aprobadas por el Congreso y que no podía evitar las deportaciones de ningún grupo en particular.

Los Dreamers creían otra cosa e incrementaron su campaña y sus protestas. Se aparecían en casi todos los lugares donde estaba el presidente y los principales líderes del Congreso. Tomaron como propio el grito que usó Obama en su campaña electoral: «Sí se puede».

Obama se encontraba en una disyuntiva. Muchos hispanos estaban enojados con él: había roto su promesa migratoria y estaba deportando a más inmigrantes que cualquier otro presidente. Además, los Republicanos le bloquearon la aprobación de una reforma migratoria y hasta de la Dream Act. Pero al mismo tiempo, necesitaba el apoyo de los latinos para las elecciones del 6 de noviembre de 2012.

Su contrincante, el Republicano Mitt Romney, torpemente, había dicho que estaba a favor de la «autodeportación» de millones de indocumentados. Eso le garantizaba perder el voto latino. Sin embargo, Obama necesitaba un apoyo contundente de los latinos para lograr la reelección.

Lo que en un momento fue un «no» rotundo de Obama se transformó en la decisión migratoria más importante de su primer mandato. Tras consultar durante meses a su equipo de abogados, y seguir sintiendo la presión de los Dreamers, Obama anunció el 15 de junio de 2012 un programa de acción diferida (conocido como DACA) que beneficiaría potencialmente a 1.7 millones de estudiantes indocumentados, según cálculos del Pew Hispanic Center.

La decisión tuvo un rechazo casi completo entre los Republicanos del Congreso y un apoyo casi absoluto entre los hispanos, de acuerdo con varias encuestas. A nadie extrañó que Obama obtuviera el 71 por ciento del voto hispano en las elecciones presidenciales de noviembre de 2012 y que Romney apenas alcanzara el 27 por ciento. Los hispanos, una vez más, habían mostrado su lealtad a Obama y querían más a cambio.

La ayuda a los Dreamers fue bienvenida pero no era suficiente. Además, si Obama había encontrado los argumentos legales para ayudar a cientos de miles de estudiantes, podría aplicar los mismos principios para proteger a millones más. El temor de Obama era que el DACA generara falsas y enormes expectativas entre los hispanos. Y en eso tenía razón.

De nuevo, los primeros en presionar a la Casa Blanca fueron los Dreamers. Ahora querían que el presidente ayudara a sus padres con una acción ejecutiva. Otros, buscaban protección legal para los padres indocumentados de niños nacidos en Estados Unidos y para todos aquellos que llevaban varios años viviendo ilegalmente en el país. Las esperanzas de once millones de indocumentados estaban en manos del presidente.

Pero él, rápidamente, se puso a la defensiva. «No soy un rey», dijo en una entrevista. «No soy el emperador de Estados Unidos», dijo en otra. Nos aseguraba que no tenía la autoridad para ir más allá de la ayuda migratoria que había dado a los Dreamers. Ese era su límite.

Obama, mientras tanto, esperaba que un proyecto de reforma migratoria —que había sido aprobado en el Senado en junio de 2013— pasara también por la Cámara de Representantes. Ese proyecto legalizaría a la mayoría de los indocumentados en el país. Pero el líder de la Cámara de Representantes, el Republicano John Boehner, se negó durante más de 500 días a poner el proyecto del Senado a votación.

A finales de 2014 —luego de que los Republicanos tomaron el control del Senado en las elecciones legislativas— quedó claro que no habría una votación en el Congreso sobre una reforma migratoria. Fue entonces, y solo entonces, que Obama decidió actuar.

El 20 de noviembre de 2014 el presidente Obama tomó la decisión migratoria más importante en casi cincuenta años. Anunció la protección de casi cinco millones de inmigrantes indocumentados (en un programa conocido como DAPA). La mayoría de los beneficiados —con suspensión de deportación y un permiso de trabajo— serían padres indocumentados de niños nacidos en Estados Unidos. Esta medida era más amplia que la amnistía promovida por el presidente Ronald Reagan en 1986 y que benefició a tres millones de personas.

El presidente Obama hizo, exactamente, lo que por mucho tiempo dijo que no podía hacer. Cambió de opinión. ¿Por qué? Sin duda, tenía una deuda pendiente con la comunidad latina. Esa es mi interpretación. Al no cumplir su promesa migratoria y ver que la reforma migratoria moría en el Congreso, el presidente se vio muy presionado para hacer algo por los indocumentados. DACA y luego DAPA fue su respuesta. Después de todo, Obama sí tenía la autoridad para tomar una acción ejecutiva que evitara la deportación de millones. El problema es que, cuando se dio cuenta de eso, ya había deportado a más de dos millones de indocumentados y destruido miles de hogares. Algún día se lo tendría que decir.

EL PRESIDENTE OBAMA, claramente, hizo algo que los latinos querían. El 89 por ciento de los hispanos, según una encuesta de Latino Decisions, apoyó la acción ejecutiva de Obama para evitar la deportación a casi cinco millones de indocumentados. Obama, de alguna manera, había cumplido.

Unos días después del anuncio de su acción ejecutiva, el 9 de diciembre de 2014, Obama viajó a Nashville, Tennessee, para celebrar con la creciente y pujante comunidad latina de esa ciudad. Luego del evento, conversé con él. El presidente, supongo, esperaba casi una fiesta.

Ciertamente, había mucho que agradecerle. Se atrevió a hacer lo que por tanto tiempo dijo que no haría. Las vidas de millones de personas se habían transformado de un momento a otro. Atrás quedaban años de angustia y oscuridad. No tendrían que volverse a esconder. Por fin, esos padres podrían despedirse de sus hijos en la mañana y decirles, con absoluta certeza, que los verían en la noche. Eso, todo eso, logró la acción ejecutiva de Obama. No, no era permanente. Pero pocas veces se revoca en Estados Unidos un permiso de protección temporal.

La entrevista, sin embargo, tomó un extraño rumbo y estuvo muy lejos de ser una celebración. El presidente no parecía estar de buen humor y, sin duda, estaba preocupado por las repercusiones del informe sobre la tortura que había difundido el Senado esa mañana. Estados Unidos, concluía el informe, sí había torturado a decenas de combatientes extranjeros. Pero yo quería hablar de otras cosas.

La discusión sobre el tema migratorio fue así:

RAMOS: Diecisiete gobernadores acaban de presentar una demanda contra usted para bloquear su decisión ejecutiva. Dicen que usted no cumplió con su responsabilidad de cumplir las leyes y que ha violado su deber constitucional ¿Teme ser destituido?

OBAMA: No, porque lo que hicimos es legal —basado en las evaluaciones de mi Oficina de Consejos Legales— y es el mismo tipo de acción que han tomado presidentes Demócratas y Republicanos en los últimos veinte, treinta años.

RAMOS: Lo entiendo. Pero muchas veces usted dijo que no tenía la autoridad legal para hacer eso. Usted dijo que no era el rey o el emperador de Estados Unidos.

OBAMA: Sí.

RAMOS: Incluso en marzo de 2011 en un foro de Univision, usted dijo: «Respecto a la noción de que yo simplemente puedo detener las deportaciones con una acción ejecutiva, ese no es el caso». Bueno, eso es exactamente lo que usted hizo.

OBAMA: No, no, no.

RAMOS: ¿Por qué cambió de opinión?

OBAMA: No, Jorge... Lo que he dicho clara y consistentemente es que tenemos que cumplir nuestras leyes migratorias pero que, también, tenemos discrecionalidad sobre la manera en que se cumplen esas leyes. No podemos deportar a once millones de personas.

RAMOS: ¿Así que usted no cambió su manera de pensar?

OBAMA: Lo que pasó...

RAMOS: ¿O será que lo convencieron de otra cosa?

OBAMA: Lo que estaba claro es que íbamos a restablecer nuestras prioridades para enfocar nuestros limitados recursos en la frontera y en detener criminales...

RAMOS: Pero, si como usted dice, siempre tuvo la autoridad legal para detener las deportaciones, entonces ¿por qué deportó usted a dos millones de personas?

OBAMA: Jorge, no hicimos eso.

RAMOS: Durante seis años usted hizo eso.

OBAMA: No. Escucha Jorge.

RAMOS: Usted destruyó miles de familias. Lo llamaron «Deportador en jefe».

OBAMA: Tú me llamaste «Deportador en jefe».

RAMOS: No fui yo. Fue Janet Murguía, de La Raza.

OBAMA: Sí, pero déjame decirte algo, Jorge.

RAMOS: Usted pudo detener las deportaciones.

OBAMA: No, no, no.

RAMOS: Claro que pudo.

OBAMA: Eso no es cierto. Escucha. Estos son los hechos.

RAMOS: Usted las pudo detener.

OBAMA: Estos son los hechos. Como presidente de Estados Unidos siempre soy responsable de problemas que no se pueden resolver inmediatamente... La pregunta es si estamos haciendo las cosas correctamente, si estamos llevando al país en la dirección correcta. Y algunos, como tú, Jorge, sugieren que hay respuestas rápidas y fáciles a estos problemas.

RAMOS: Yo nunca dije eso.

OBAMA: Sí, claro que sí. Es la manera en que tú lo presentas.

RAMOS: Pero es que usted tenía la autoridad.

OBAMA: Cuando lo presentas de esa manera estás haciendo un mal servicio. Haces creer que el proceso político se puede manejar fácilmente, dependiendo de la voluntad de una sola persona, y no es así como funcionan las cosas.

RAMOS: Lo que estoy diciendo es que...

OBAMA: Pasamos mucho tiempo tratando de aprobar una propuesta de reforma migratoria que resolviera los problemas para toda la gente. Ahora, a pesar de las acciones que he tomado, todavía tengo a cinco millones de personas que podrían ser deportadas...

LA LECCIÓN DE OBAMA

Las cosas no terminaron bien. Al finalizar la entrevista, mientras nos tomábamos unas fotos con todo el equipo de camarógrafos y productores de las cadenas Univision y Fusion, el presidente siguió diciendo que estaba muy molesto por la forma en que yo le había planteado mis preguntas. Obama sentía que él había hecho algo muy positivo por la comunidad latina —proteger de la deportación a millones de personas—, mientras que yo me estaba concentrando en asuntos más negativos, como su cambio de postura y sus más de dos millones de deportaciones.

Ninguna entrevista debe ser una celebración del entrevistado. Siempre hay que hacer las preguntas difíciles, incómodas. Pero el presidente claramente suponía que este era un momento para celebrar y para destacar los avances alcanzados en materia migratoria.

Este había sido un largo camino para Obama. No había podido cumplir su promesa migratoria en 2009. A cambio, le había dado a los hispanos cinco años después una acción ejecutiva para proteger a millones de inmigrantes sin papeles. Y él quería, él esperaba —con razón—

que se lo reconociera públicamente durante la entrevista. Nunca pude llegar a ese punto. Nos pusimos a discutir de otras cosas. Al final, el ambiente estaba muy enrarecido como para decir palabras bonitas.

Yo, a nivel personal, estaba totalmente de acuerdo con la decisión ejecutiva del presidente. Pero eso no importaba. Como periodista tenía que resaltar el contraste y el conflicto entre las declaraciones previas del presidente —negando tener la autoridad para suspender las deportaciones de ciertos grupos— y la acción ejecutiva que había tomado después —suspendiendo dichas deportaciones—. La contradicción entre sus declaraciones y sus acciones era clara.

Además, estaba el doloroso tema de las deportaciones. Si siempre tuvo la autoridad para detenerlas, ¿por qué separó a tantas madres y padres de sus hijos? Ningún presidente había deportado a tantos inmigrantes como él. ¿Por qué espero hasta 2014 para hacer lo que pudo haber hecho en 2009? El dolor —y la destrucción de miles de hogares— causado por esas deportaciones parecía inútil. Imposible reparar ese daño.

Es terrible pensar que todo ese sufrimiento ocurrió por pura politiquería, por un absurdo deseo de continuar un equívoco proceso político. Obama pudo suspender las deportaciones de miles en 2009 mientras el Congreso trabajaba en una reforma migratoria. Hubiera sido una presión extra para los congresistas. Pero no quiso.

Obama, al final de cuentas, corrigió rumbo, hizo lo correcto e hizo las paces con la comunidad latina. Pero para las miles de familias separadas fue demasiado tarde. Por tantas deportaciones, muchos inmigrantes latinos lo recordarán por su promesa incumplida.

Lección aprendida: no prometas lo que no puedes cumplir. «Una promesa es una promesa», le dije a Obama en el 2012, «y, con el debido respeto, usted no la cumplió».

TRES

No confíes en quien te envía a la guerra: los presidentes Bush

«No quiero que se dispare un solo tiro».

—GEORGE H. W. BUSH

«Yo tengo los ojos de mi padre, pero la boca de mi madre».

—GEORGE W. BUSH

LOS DOS PRESIDENTES Bush me llevaron a la guerra. El primero, George H. W. Bush, a la guerra del Golfo Pérsico; y George W. Bush a las de Afganistán e Irak.

He entrevistado a todos los presidentes estadounidenses desde 1990 a la fecha y lo que más me impresiona es el enorme poder que tienen en sus manos para decidir sobre la vida —y la muerte— de miles, quizás millones, de personas. Entiendo que un soldado dependa de las decisiones de su comandante en jefe. Pero es más extraño cuando un reportero nacido en México, como yo, termina en una guerra por las decisiones tomadas en la oficina oval de la Casa Blanca.

Esta es la historia de mis entrevistas con los dos presidentes Bush y de cómo ellos, sin proponérselo, me enviaron a la guerra.

GEORGE H. W. BUSH

Mi primera entrevista con un presidente estadounidense fue el 20 de noviembre de 1990 en la Casa Blanca. George Bush, padre, se preparaba para atacar Irak. Sadam Husein había invadido Kuwait el 2 de agosto de ese mismo año y Estados Unidos (junto a una amplia coalición internacional) no lo iba a permitir.

El director de Noticias Univision en ese momento, Guillermo Martínez, sabía que yo tenía un fuerte acento en inglés. Pero, aun así, me ofreció la entrevista. «Si te sientes preparado para hacerla, es tuya», me dijo generosamente. Lo tomé como un reto personal, memoricé la pronunciación de todas mis preguntas y reservé mi vuelo a Washington.

La entrevista nos la habían dado para promover el viaje del presidente Bush a Latinoamérica. Viajaría en diciembre de 1990 a Venezuela, Brasil, Uruguay, Argentina y Chile. La intención era promover el libre comercio y la democracia en la región. Pero, la verdad, la gira —planeada con meses de anticipación— cayó en un mal momento. El presidente Bush no tenía la cabeza puesta en Sudamérica; toda su atención estaba en Irak.

Al planear la entrevista, mi director de noticias me dio un consejo que siempre he guardado desde entonces: «Primero sacamos la noticia y luego todo lo demás». Eso implicaba concentrarnos en el conflicto con Irak y no en el viaje a Sudamérica. Y así lo hice.

La Organización de Naciones Unidas había aprobado trece resoluciones en contra del gobierno de Sadam Husein. La guerra se avecinaba a pasos agigantados y no se veía una solución diplomática. Irak consideraba a Kuwait parte histórica de su territorio y el mundo consideraba a Sadam Husein como un dictador dispuesto a aprovecharse de una nación más pequeña y débil.

A pesar de todo, muchos en el congreso de Estados Unidos creían que había que darle más tiempo a las sanciones para obligar a Sadam

Husein a salirse de Kuwait. En Washington no había apetito para una guerra. Bush, sin embargo, ya estaba listo.

Comencé y terminé la entrevista hablando de Irak.

RAMOS: ¿Por qué insiste usted en ponerle una fecha límite a Sadam Husein? ¿Por qué apresurar la guerra?

H. W. BUSH: La organización de Naciones Unidas ha definido lo que Sadam Husein debe hacer. Hemos impuesto sanciones durante cuatro meses. Estamos dispuesto a darles un poco más de tiempo. Pero él se debe ir de Kuwait. No hemos logrado hacerle ver lo que ha hecho. El mundo va a prevalecer. Él no va a prevalecer.

RAMOS: ¿Por qué no se sienta con Sadam Husein a negociar una solución?

H. W. BUSH: Se puede argumentar eso. Pero hay que ver toda la gente que lo ha intentado sin éxito. Él quiere presentar este conflicto como si fuera Irak contra Estados Unidos. Pero no lo es. Es Irak en contra del mundo.

La guerra estaba anunciada. Sadam solo saldría de Kuwait por la fuerza. Bush no lo decía pero se estaba preparando para lo inevitable. Al final, solo quedaba una pregunta.

RAMOS: ¿Vamos a ir a la guerra?

H. W. BUSH: Sigo abrigando la esperanza de que se llegue a una solución pacífica. Este es un problema internacional... Sigo con la esperanza de que Sadam Husein reconozca el hecho de que no puede permanecer en Kuwait y que salga pacíficamente de ahí. Yo no quiero que se dispare un solo tiro. Seguiremos tratando de hacerlo por medios diplomáticos, pero la embajada estadounidense [en Kuwait] está asediada. Ciudadanos estadounidenses están siendo detenidos. Esta brutal situación con los rehenes tiene que terminar, y tiene que terminar ahora.»

En el noticiero de esa noche del 29 de noviembre de 1990, desde los jardines de la Casa Blanca, dije que mi impresión era que la guerra estaba a la vista: «la cuenta regresiva está en marcha y solo Sadam Husein la puede parar».

Sadam no la paró. Estados Unidos y la alianza internacional iniciaron sus primeros ataques aéreos contra las tropas de Sadam Husein el 17 de enero de 1991. Luego, una rápida ofensiva terrestre de solo 100 horas, iniciada el 24 de febrero, terminó con las ambiciones territoriales de Irak en Kuwait.

Yo llegué a la guerra un día después en un avión militar C-130 que casi se cae; le falló uno de los motores y tuvimos que hacer un aterrizaje de emergencia en Jeddah, Arabia Saudita. De la frontera saudí, en caravana con otros periodistas, llegamos hasta la ciudad de Kuwait. Estaba destruida, oscura, olía a humo y a muertos. Los últimos soldados de Sadam, en venganza, habían incendiado varias construcciones antes de huir.

Pero aun así se notaban las primeras señales de liberación. Algunos kuwaitíes salieron a la avenida principal de la ciudad-puerto a celebrar con disparos al aire el fin de sus seis meses de ocupación. «*Thank you, thank you*», decían a cualquier extranjero que vieran.

Era mi primera guerra en Medio Oriente. Estaba temeroso y emocionado a la vez. Nada era normal. Los cadáveres sin identificar se amontonaban en improvisadas morgues mientras distintos grupos armados intentaban imponer cierto orden en las calles. Una tensa noche logré que un combatiente kuwaití dejara de apuntarme al pecho regalándole un chocolate. Quería ver mi identificación de periodista y yo no la encontraba. La vida no valía nada en Kuwait. Bueno, valía un chocolate.

En un angustioso y tardío retiro, miles de soldados de Sadam trataron de huir por la carretera que conectaba la ciudad de Kuwait con el sur de Irak. No pudieron. Fueron bombardeados por la fuerza aérea de Estados Unidos y sus aliados. Ahí, en la llamada «carretera de la muerte», recogí del piso unos casquillos de bala, una placa de un auto y un collar de piedras negras. Aún guardo esos recuerdos de la guerra a la que me envió George H. W. Bush sin saberlo.

GEORGE W. BUSH

Su hijo George W. Bush, dos décadas más tarde me enviaría a Afganistán y, poco después, a Irak.

Conocí a W, como todos le decían, en Austin cuando aún era gobernador de Texas. Entró cojeando al salón donde lo entrevistaría en noviembre de 1999. Todo le dolía. No era para menos. Tres días antes de nuestra entrevista, un camión sobrecargado se salió de la calle y casi lo atropelló cuando él estaba trotando.

W, de cincuenta y tres años, quería ser el candidato Republicano a la Presidencia, pero tenía muchas cosas en su contra. En una entrevista no supo quién era el primer ministro de la India ni el dictador que gobernaba Paquistán. Eso acrecentó las dudas de los que no lo creían preparado para ser presidente.

Y a mí no me quiso hablar de su pasado. Le había dejado saber a la prensa que llevaba trece años sin probar gota de alcohol. Pero se negó a decir si alguna vez había probado la mariguana y la cocaína. «Yo ya contesté esa pregunta —me dijo—. Yo ya he dicho todo lo que voy a decir al respecto». Agregó que su pasado había sido completamente investigado, que no había ninguna evidencia en su contra y que los «periodistas respetables» no hacían ese tipo de preguntas.

La estrategia de Bush era no hablar de las cosas que le incomodaban y de cuestionar los motivos de los periodistas que no estaban de acuerdo con él. Esa es la misma estrategia que usaría como presidente antes de iniciar la guerra en Irak: no se cuestionan los motivos del comandante en jefe.

Era inevitable preguntarle sobre su padre. ¿Cuál es el principal error que cometió su padre y qué ha aprendido de él? Políticamente, el principal error, me respondió, fue decir: «*Read my lips, no new taxes*» (Lee mis labios, no habrá nuevos impuestos).

«¿Usted no va a hacer una promesa así, verdad?», le pregunté. «No —me dijo—, pero la historia juzgará a mi padre por haber sido un gran presidente y un gran hombre».

Durante toda la entrevista, Bush mantuvo un tono amigable. Ese era su fuerte. El cliché del momento era decir que daban ganas de irse a tomar una cerveza con él (aunque él, por supuesto, ya no tomaba alcohol). Más que un intelectual, Bush era un ser eminentemente social.

También noté algo distinto a otras entrevistas que había dado en inglés. Bush se la pasó diciendo palabras en español. Algunas le salían bien, otras no tanto. Comenzó la entrevista diciendo en castellano: «Puedo hablar un poquito pero no quiero destruir un idioma muy bonito. Por eso voy a hablar un poquito en español, pero mucho en inglés».

No era una cosa espontánea. Le costaba trabajo, pero aun así, lo intentaba. Y terminó la entrevista diciendo en español: «Yo tengo los ojos de mi padre, pero la boca de mi madre». Y después se echó una gran carcajada.

Su asesora de medios hispanos, Sonia Colín, estuvo presente en la entrevista y recuerdo que sonrió ampliamente luego de escuchar esa frase en español de su jefe. Sonia, todo el tiempo, le enseñaba nuevas palabras en castellano y Bush, sin ninguna pena, las repetía y las destruía.

Este no era el caso de un curioso estudiante de español. Bush había tomado clases de español en *high school*, pero había olvidado casi todo. Estaba frente a un plan estratégico para conseguir el voto hispano. Y la manera de hacerlo era en el idioma que hablaban en casa la mayoría de los votantes latinos.

Bush había sido gobernador de Texas durante dos períodos. Él y su asesor Karl Rove conocían perfectamente la importancia de los latinos en una elección a nivel estatal y suponían, también, a nivel nacional. Y esa era la época en que decir unas palabras en español, aunque fueran mal dichas, era suficiente para demostrar interés en los asuntos de la comunidad hispana. Era una forma de reconocimiento después de décadas de rechazo y discriminación. Un candidato que hablara español o *espanglish* era algo nuevo y bienvenido.

El gobernador no estaba de acuerdo en darle una amnistía a los seis millones de indocumentados que había en el país en el año 2000. «No por ahora —me dijo—, no lo haría. Quiero saber más al respecto».

Bush, en realidad, sabía todo lo que era necesario respecto a una amnistía. Sabía que el presidente Reagan había dado una amnistía en 1986 —con resultados mixtos— y sabía también que si él proponía una amnistía otra vez perdería la nominación de su partido a la presidencia. Así que su estrategia hacia los votantes latinos fue muy clara: les vamos a hablar un poquito en español, pero no les vamos a dar una amnistía.

Su estrategia funcionó. Lo que más llamó la atención de nuestra audiencia en Univision no fue el rechazo de Bush a una amnistía a indocumentados sino que hablaba español. La frase que me dijo —«Yo tengo los ojos de mi padre, pero tengo la boca de mi madre»— se repitió tantas veces en nuestros noticieros que terminó por definir a Bush entre nuestra audiencia. Sí, era un candidato que hablaba español o que, por lo menos, trataba.

Sin duda, los que trabajamos en medios de comunicación en español fuimos culpables de haber permitido que Bush se definiera de esa manera. En lugar de exigirle compromisos más concretos con la comunidad latina —amnistía, mejores programas de salud y educación, lucha contra la pobreza extrema y mejores relaciones con los países latinoamericanos— nos dejamos impresionar por una serie de palabras mal dichas en español. El mensaje de Bush no era lo que decía sino cómo lo decía.

La simpatía de Bush prevaleció por encima de una agenda extremadamente conservadora. Me dijo que entendía perfectamente por qué un padre de familia que gana cincuenta centavos al día en México quiere venirse a Estados Unidos con un salario de cincuenta dólares diarios. Aun así, no estaba dispuesto a darle ninguna protección a ese paupérrimo y anónimo inmigrante mexicano.

Bush perfeccionó el arte de decir «no» con una sonrisa. Más que su cuestionable preparación para ser presidente —nunca fue un estudiante brillante—, su campaña por la Casa Blanca se basó en su enorme capacidad de conectar con el votante común y corriente, sin ninguna pretensión intelectual.

Lo que nadie sabía en ese entonces es que estábamos escogiendo a un presidente que tendría que enfrentar los peores ataques terroristas de nuestra historia y que, eventualmente, nos llevaría a dos guerras.

Bush obtuvo, sin problemas, la nominación de su partido a la presidencia. Lo volví a entrevistar en un tren en California, mientras hacía campaña por todo el país. El candidato que unos meses atrás pronunciaba, nerviosamente, unas palabras en español, ahora las decía con absoluta confianza. No era un asunto personal. Era una clarísima estrategia para ganar el voto latino.

La mayor parte de los votantes latinos son de origen mexicano. Pero Bush y su asesor Karl Rove sabían que la elección contra el candidato Demócrata, el vicepresidente Al Gore, sería muy cerrada y podría definirse en la Florida. Ahí los que contaban era los votantes cubanoestadounidenses. Bush los entendió mejor que Gore.

El gobernador de Illinois, George Ryan, después de un viaje a Cuba, había propuesto el levantamiento del embargo estadounidense contra la isla. Es un fracaso, había dicho Ryan. Bush no estuvo de acuerdo.

El candidato Republicano a la presidencia se opuso al levantamiento del embargo, dijo que invertir en Cuba solo reforzaría la dictadura de los Castro, no apoyó la idea de permitir los viajes de estadounidenses a la isla y dijo que esperaría hasta ver cambios democráticos, la liberación de prisioneros políticos y la libertad de culto y expresión.

Bush estaba cerrando filas con las posiciones más tradicionales del exilio cubano. No estaba dispuesto a ceder en nada a los hermanos Castro. No le interesaba parecerse al expresidente Richard Nixon cuando fue a China. Lo que le interesaba a Bush era ganar, y contundentemente, el voto cubanoestadounidense en la Florida.

Efectivamente, la elección presidencial del 7 de noviembre de 2000 se definió en la Florida, un estado donde la campaña Republicana había gastado muchísimo más que la Demócrata en anuncios por televisión y radio en español. Tras más de dos semanas de recuento de votos y demandas, el estado de la Florida dio como ganador a Bush por solo 537 votos. La Corte Suprema de Justicia, poco después, confirmaría (por cinco votos contra cuatro) ese resultado.

Esos 537 votos con los que Bush ganó la Florida y la Casa Blanca pudieron haber sido, sin duda, de votantes cubanoestadounidenses. La estrategia latina de Bush y Rove —de hablar español a los hispanos, de gastar en anuncios en medios de comunicación en castellano y de apoyar sin reserva el embargo estadounidense contra Cuba— los puso en la Casa Blanca.

Bush, agradecido por el vital apoyo que obtuvo entre los hispanos —consiguió el 35 por ciento del voto latino—, me otorgó la primera entrevista de su presidencia. El presidente de México, Vicente Fox, lo había invitado a San Cristóbal, estado de Guanajuato, y conversé con Bush el 16 de febrero de 2001. Llegó sin corbata, con botas negras y sonriendo.

RAMOS: ¿Cree usted que ganó las elecciones presidenciales gracias al voto de los cubanoamericanos en la Florida?

W. BUSH: Sí. Creo que ellos tuvieron mucho que ver con mi triunfo. Estoy muy orgulloso y agradecido por su apoyo y, por eso, nunca voy a olvidarlos.

RAMOS: Durante su campaña usted dijo que quería ser un líder con compasión.

W. BUSH: Sí.

RAMOS: ¿Entonces no cree que sería una decisión muy compasiva el darle una amnistía a los seis millones de indocumentados en Estados Unidos, que son los más pobres y vulnerables del país?

W. BUSH: Jorge, creo que la mejor política para nuestro país es reconocer que hay gente que quiere trabajar, y hablar con nuestros empleadores para que puedan ofrecerles un empleo. Llamémosle a eso un «programa de trabajadores huéspedes».

Bush no llevaba todavía ni un mes en la presidencia. Sus posiciones sobre Cuba e inmigración no habían cambiado. Pero su verdadera obsesión —Irak— resaltó por primera vez.

Sadam Husein, según la evidencia recabada por agencias del gobierno estadounidense, había tratado de matar con un coche bomba al expresidente George H. W. Bush durante su visita a Kuwait en 1993. El plan fracasó pero el presidente en ese momento, Bill Clinton, ordenó una serie de bombardeos contra Irak como represalia.

Sadam Husein había tratado de matar a su padre —quien lideró la coalición militar contra la invasión iraquí de Kuwait— y ahora ya como presidente, W tenía al líder de Irak en la mira.

En una extrañísima decisión, W autorizó una serie de ataques aéreos contra Irak antes de llegar a México. ¿Por qué el presidente de Estados Unidos escogió el mismo día en que visitaba México para bombardear Irak? Los bombardeos fueron en respuesta a los ataques de Irak a aviones de la coalición internacional que protegían la llamada «zona sin vuelos» (*no fly zone*).

Poco antes de que dieran las doce del mediodía de ese 16 de febrero y George W. Bush besara en el cachete a Mercedes Quesada de Fox, madre del entonces presidente mexicano, veinticuatro aviones estadounidenses y británicos atacaron objetivos militares en territorio iraquí. Hubo decenas de víctimas.

Besos y bombas el mismo día. Besos para México. Bombas para Irak. El nuevo gobierno estadounidense de George W. Bush, tan gustoso de poner en la agenda presidencial el «tema del día», envió ese viernes un doble mensaje: a los amigos, con cariño; a los enemigos, a golpes.

«¿Su intención es acabar con Sadam Husein?», le pregunté a Bush. No me quiso responder directamente. Pero después me dijo que si sorprendía a Sadam «con armas de destrucción masiva», actuaría con fuerza.

Esa amenaza directa a Sadam y esa referencia específica a «armas de destrucción masiva» a solo veintisiete días de haber tomado posesión serían claves para entender el resto de la presidencia de George W. Bush.

Los ATAQUES TERRORISTAS del 11 de septiembre de 2001 lo cambiaron todo. El gobierno de George W. Bush fue sorprendido y rebasado. El presidente recibió la noticia en una escuela de la Florida y las imágenes de ese momento son terribles: un presidente paralizado, que no sabe qué hacer.

Casi tres mil estadounidenses murieron tras el ataque de Al Qaeda con cuatro aviones comerciales en contra de las Torres Gemelas en Nueva York, el Pentágono en Washington y en un campo de Pensilvania.

El presidente Bush ordenó un ataque fulminante contra el gobierno Talibán de Afganistán por haber apoyado y protegido a los terroristas de al-Qaeda. Eso me llevó a Afganistán en diciembre de 2001 en una de las mayores estupideces de mi vida. Ya que mis jefes en Univision no me habían dado permiso para ir a cubrir la guerra, pedí vacaciones y me fui solo. Volé a Paquistán, crucé la frontera con Afganistán y me dirigí con un traductor —Naim— a las montañas de Tora Bora.

Contraté por 100 dólares a tres guerrilleros bajo las órdenes del jefe tribal Haji Zaman y me llevaron en una vieja camioneta Toyota a Jalalabad, a casi cincuenta millas de la frontera entre Afganistán y Paquistán. A la mitad del camino, uno de los guerrilleros, de nombre Kafir y de apenas unos veinte años, me dijo en un muy rudimentario inglés algo que casi me paralizó: «*I am a follower of Osama*» (Soy un seguidor de Osama). Se refería, por supuesto, a Osama bin Laden, el líder de los ataques terroristas en Estados Unidos.

Kafir me vio directo a los ojos y siguió jugando con su fusil, un Kalashnikov. Entre los brincos de la camioneta, en un cruel juego, Kafir apuntaba su rifle de vez en cuando a mi barbilla. El juego parecía divertirlo. En realidad no era sorprendente que Afganistán estuviera lleno de seguidores de bin Laden. Durante años, el gobierno Talibán los había entrenado y protegido.

Cuatro corresponsales internacionales habían sido asesinados en una carretera afgana un mes antes y yo no quería ser el siguiente. Los guerrilleros sabían que los reporteros viajábamos con billetes en efectivo. Afganistán no era del reino de Visa o American Express. Con el estómago revuelto y sudando frío le dije a Kafir: «*If you take care of me, I'll take care of you*» (Si tú me cuidas, yo te cuido.)

No supe si me entendió, pero dejó de apuntarme a la cara. Al llegar al hotel en Jalalabad donde se estaban quedando varios periodistas internacionales, Kafir me hizo una señal con su rifle para que lo siguiera. Yo no me quise separar mucho del auto. Metí la mano en la bolsa de plástico donde llevaba escondido mi dinero, conté quince billetes y se los di. (Uno de los mejores consejos que me había dado una corresponsal antes de ir a Afganistán fue el de llevar billetes pequeños). Kafir los vio —quizás era la primera vez en su vida que veía un dólar— y con la mirada, y un gesto apenas perceptible de su rifle, apuntó a la entrada del hotel. Rápidamente me alejé y no volteé más. Quince dólares. No más. Eso es lo que valía mi vida en Afganistán.

De Jalalabad a las montañas de Tora Bora había que recorrer al menos otra hora en intransitables caminos rurales. «¿Dónde está Osama bin Laden?», le pregunté a un grupo de guerrilleros que se encontraba en la cima de una colina. Con sus rifles apuntaron al horizonte. Vi una gigantesca cordillera perforadas por cientos de cuevas. Era, sin duda, el escondite ideal.

AFGANISTÁN FUE UNA guerra necesaria, en represalia por los ataques terroristas en Estados Unidos. Pero la de Irak no. Esa fue una guerra que se inventó George W. Bush.

La vulnerabilidad tras los ataques terroristas del 11 de septiembre de 2001, aunado a un creciente patriotismo y militarismo, preparó el camino para que el presidente Bush decidiera atacar Irak.

Los ataques terroristas de 2001 habían generado una nueva doctrina, la doctrina Bush, de ataques preventivos. La idea era atacar antes de que te atacaran. Y Sadam Husein se convirtió en el objetivo perfecto.

El gobierno del presidente Bush acusó a Sadam Husein de tener armas de destrucción masiva —las mismas que había mencionado Bush en sus primeros días en la Casa Blanca— y de estar vinculado a los ataques terroristas de al-Qaeda. Las dos cosas resultaron ser falsas.

Pocos periodistas se atrevían a cuestionar la versión oficial. Había muchos discursos —el más importante fue el del secretario de Estado, Colin Powell, en Naciones Unidas en febrero de 2003—, pero no evidencias. A pesar de la resistencia y las dudas de muchos países, y de la solicitud de más tiempo de los inspectores de Naciones Unidas para demostrar que en Irak no había armas de destrucción masiva, Bush decidió atacar en marzo.

«Seremos recibidos como libertadores», dijo el vicepresidente Dick Cheney en un programa de televisión. Pero no fue así. Yo estuve en Irak en los primeros días de la guerra y Estados Unidos fue recibido como un invasor.

Yo no vi flores ni música para los soldados estadounidenses. Siguiendo un convoy que llevaba comida para refugiados iraquíes, crucé la frontera de Kuwait a Safwan, dentro de Irak. Caminamos muy adentro en territorio iraquí y ahí, con la gente, vi pasar los primeros vehículos militares de Estados Unidos. Silencio. Un silencio casi absoluto. Así es como recibieron los iraquíes a los «libertadores» estadounidenses.

Sadam Husein era un dictador brutal y asesino. Pero no tuvo nada que ver con los ataques terroristas del 11 de septiembre de 2001, ni tenía en 2003 armas de destrucción masiva. Todo fue un invento de Bush.

Un invento caro, muy caro. Más de 4000 soldados estadounidenses murieron innecesariamente en la guerra de Irak. Se calcula —según IraqBodyCount.org— que al menos 133 000 civiles iraquíes perecieron de 2003 a 2014.

LA LECCIÓN DE BUSH

George W. Bush es uno de los peores presidentes que ha tenido Estados Unidos. Sus errores fueron costosísimos en dólares y en vidas humanas. Dejó la más grave crisis económica desde la gran depresión de 1929. Involucró a Estados Unidos en dos guerras, en Afganistán y en Irak, esta última totalmente innecesaria. La crisis humanitaria en Nueva Orleans tras el paso del huracán Katrina reflejó la ineptitud de su gobierno para liderar en momentos históricos importantes. Y aunque no se le puede culpar personalmente, bajo su gobierno ocurrieron los más letales ataques terroristas de nuestras vidas. En pocas palabras, Bush nunca estuvo preparado para ser un gran presidente.

La culpa de todo esto es, en parte, nuestra. La lección es que los periodistas debimos haber hecho más preguntas a Bush. Muchas más. Cuestionarlo en todo. No dejarlo hacer cualquier cosa bajo el argumento de la seguridad nacional. No hubo contrapoder. Ese fue nuestro error. Y fue grave.

Tras mi regreso de la guerra en Irak, reporté lo que vi. No había manera de justificar esa invasión militar. Y supongo que mis críticas, por televisión y en mis columnas, no le gustaron a la Casa Blanca. A pesar de mis múltiples solicitudes, nunca pude entrevistar de nuevo al presidente Bush. Incluso, dejé de recibir invitaciones para los eventos sociales de la Casa Blanca, como el del 5 de mayo y las fiestas de navidad. Se acabó el acceso.

Bush, el simpático, se había convertido en un destructor. Sus bromas y sonrisas durante su primera campaña presidencial me sonaban, ahora, huecas y falsas.

A él, sin embargo, tengo que agradecerle el haber acelerado mi decisión para convertirme en ciudadano estadounidense. Esa es mi otra lección. Me propuse votar en las elecciones de 2008. Quería participar plenamente de la democracia en Estados Unidos. Quería contribuir, al menos con un voto, a que Estados Unidos no terminara otra vez en una guerra inútil.

La tercera y última lección fue la más dura y sencilla: no confíes en nadie que quiera enviarte a la guerra.

CUATRO

Un dictador es un dictador: Fidel Castro

«Nadie sabe hacia dónde marcha el mundo en este instante».

—FIDEL CASTRO

A FIDEL CASTRO LO matamos varias veces al año en Miami. Los rumores de su muerte son tan frecuentes que las estaciones locales de televisión ya tienen listo un plan de acción para cuando realmente ocurra. Pero, hasta ahora, Fidel ha sobrevivido a una decena de presidentes estadounidenses y, sin duda, pasará a la historia por su resistencia a todos los intentos para sacarlo del poder.

A Fidel Castro lo trataron de sacar por las malas; con la invasión de Bahía de Cochinos en 1961, con el embargo económico de Estados Unidos impuesto al año siguiente y, aparentemente, con múltiples intentos de asesinato. Todo fracasó.

Por eso, el presidente Barack Obama, en diciembre de 2014, hizo lo impensable: reestableció relaciones diplomáticas con el régimen de La Habana. Así rompió la creencia de más de medio siglo de que la única manera de lidiar con la dictadura castrista era a través de sanciones. El argumento de Obama al hacer el anuncio fue sólido: no podemos esperar resultados distintos con Cuba si seguimos haciendo lo mismo.

Poco después leí una encuesta en el diario *The Miami Herald* que demostraba que la comunidad cubanoestadounidense en el sur de la Florida estaba totalmente dividida; la mitad apoyaba las medidas de Obama (bajo el raciocinio de que más contactos con la isla generaría, a la larga, un cambio democrático) y la otra mitad las rechazaba contundentemente.

Después de vivir más de dos décadas en Miami, creo entender al exilio cubano. Aunque las medidas de Obama, en el mejor de los casos, terminaran con el régimen castrista, los que han sido sus víctimas no están dispuestos a cederle nada al dictador mientras eso sucede. Es sencillamente una cuestión de principios: a los dictadores se les pelea y se les resiste, no se negocia con ellos.

Para Obama, sin embargo, no era una cuestión de principios sino de resultados. El embargo no ha funcionado para sacar a los Castro del poder. Las sanciones tampoco. A principios de 2015 los precios del petróleo habían bajado tanto que la ayuda económica de Venezuela a Cuba se volvió un simple gesto simbólico. Eso dejó muy vulnerable a los Castro. Sin la Unión Soviética que los protegiera y sin Venezuela que los sacara a flote financieramente, el régimen corría un serio peligro de colapso o de parecerse a la paupérrima Corea del Norte. Ante estas circunstancias fue que Obama decidió actuar.

En un principio sacó poco a cambio. Dos prisioneros estadounidenses en cárceles cubanas —el contratista Alan Gross y el agente Rolando Sarraff Trujillo— a cambio de tres espías cubanos detenidos en Estados Unidos. Pero la apuesta a largo plazo es que un mayor contacto —de gente con gente y de gobierno con gobierno— contribuya al fin de la dictadura de los Castro. Obama trató, sin duda, algo distinto a todos los presidentes que lo precedieron desde el triunfo de la revolución cubana en 1959.

Algo que me llamó mucho la atención es que mientras se anunciaba el restablecimiento de relaciones entre ambos países, Fidel Castro se mantuvo en silencio. Él, oficialmente, entregó el poder a su hermano

Raúl en 2006. Pero él sigue siendo el líder histórico de la revolución cubana.

Los anuncios oficiales de las nuevas relaciones diplomáticas fueron hechos por Obama y por Raúl Castro. De Fidel, como siempre, solo hubo especulaciones: que su silencio significaba un rechazo al acuerdo con Estados Unidos, que estaba muy enfermo para hablar o que, incluso, estaba a punto de morir. Eso último yo no lo creeré hasta que lo pueda ver con mis propios ojos. Fidel ha enterrado a muchos que apostaban por su muerte.

De hecho, mi credibilidad como periodista depende de que no me equivoque cuando Fidel, realmente, muera. En varias ocasiones he contado la anécdota de una pareja cubana que compraba en un supermercado Publix de Miami y que, sin percatarse de que estaba detrás de ellos, discutían sobre la aparente muerte de Fidel. Ella aseguraba que el dictador cubano estaba muerto. Él no lo creía. Hasta que no lo diga Ramos en el *Noticiero Univision* no lo voy a creer, recuerdo que dijo. En eso no me puedo equivocar. Prefiero no ser el primero, pero estar seguro.

FIDEL ESTABA VIVO, muy vivo, cuando lo pude entrevistar en julio de 1991. Se realizaba la primera Cumbre Iberoamericana en Guadalajara, México, y los desorganizados organizadores pusieron a todos los presidentes y líderes asistentes en pequeñas cabañas en los jardines del hotel Camino Real, y a la prensa merodeando dentro de las instalaciones sin ningún tipo de control. Eso era como cazar dentro de una jaula.

Si querías entrevistar a cualquiera de los políticos participantes bastaba con que te fueras a su cabaña y tocaras la puerta. A veces hasta ellos mismos la abrían.

Acababa de entrevistar en su cabaña al presidente de Argentina, Carlos Menem, y tan pronto terminé me fui directo a la de Fidel. Esperé unos minutos, al igual que otros reporteros, y sin ningún anuncio salió el líder cubano rodeado de guardaespaldas. Conté seis, siete, ocho. Fidel quería ir a saludar al presidente de República Dominicana, Joaquín Balaguer, y sin mayor protocolo se fue caminando. Ahí lo agarré.

Le dije a mi camarógrafo, Iván Manzano, que no dejara de grabar, me acerqué a Fidel y, caminando, le lancé mi primera pregunta. Yo sabía que no iba a tener mucho tiempo, así que intenté provocarlo desde un principio. La manera de hacerlo era cuestionar el sistema que por tantos años él había defendido y que, en ese momento de la historia, se estaba desbaratando.

> RAMOS: Comandante, hablamos con el presidente de Argentina [Carlos Menem] y él dijo que el marxismo es una pieza de museo.

Fidel no contestó inmediatamente. Hizo contacto visual, se me acercó, rodeó con su brazo izquierdo mi espalda. Su mano tocaba mi hombro izquierdo. Se me quedó grabada mentalmente la imagen de esa larga mano con unas uñas inmensas, sin cortar, que rebasaban la punta de los dedos.

> CASTRO: Yo te dije que, en mi opinión [el marxismo], es demasiado nuevo para ser pieza de museo, mientras que el capitalismo tiene tres mil años.

Apenas me pude concentrar en su respuesta. Estaban pasando muchas cosas a mi alrededor. Tan pronto sentí el brazo de Fidel sobre mi espalda, me moví y me aparté de él. Él se dio cuenta de mi movimiento y bajó el brazo. Mientras tanto, sus guardaespaldas se empezaron a acercar, tanto que casi los tocaba.

Me tenía muy incómodo el lenguaje corporal de Fidel. Yo no podía hacer una entrevista con alguien que, por las razones que sean, me quisiera abrazar. Y segundo, si dejaba que Fidel me pusiera el brazo sobre la espalda sin ninguna resistencia de mi parte, el exilio cubano nunca me lo perdonaría. De los dictadores, nada. Menos un abrazo.

Pienso, también, que Fidel sabía esto —que yo trabajaba en Univision, en Miami— y que por eso, precisamente, trataba de poner su brazo sobre mí. Yo sé que parece muy improbable que uno piense tantas cosas en tan poco tiempo. Pero así fue. Era un fenómeno parecido al que dicen experimentar los agonizantes, viendo pasar su vida en un *flash*, antes de morir. Para mí, dejarme abrazar por Castro, también hubiera significado mi muerte; mi muerte como periodista. Mientras tanto, Fidel seguía hablando.

> CASTRO: Y las piezas que tienen tres mil años, esas sí son de museo.
>
> RAMOS: Pero todo indica que el mundo camina hacia otro lugar, comandante.
>
> CASTRO: Nadie sabe hacia dónde marcha el mundo en este instante.
>
> RAMOS: Claro que sí, comandante. Después de la caída del muro de Berlín hay una serie de cambios...
>
> CASTRO: Bueno, hay cambios. Hay unos, por ejemplo, grandes también. Por ejemplo, el muro que está entre México y Estados Unidos para impedir que crucen los pobladores.

Me di cuenta, obviamente, de que no quería hablar de la desintegración de la Unión Soviética, su aliado histórico, y de que me estaba cambiando el tema para concentrar sus críticas en su archienemigo, Estados Unidos. Pero en ese momento, intentó ponerme de nuevo el brazo sobre el hombro. Me volví a alejar.

> CASTRO: Hay muchos muros en el mundo. Y ahora tienen una gran preocupación de que se produzcan movimientos mi-

gratorios grandes. A lo mejor construyen un muro desde el Báltico hasta el Mediterráneo.

Traté de regresarlo al tema de Cuba y del fracaso del sistema comunista.

RAMOS: Pero estamos hablando ideológicamente, comandante. Muchos creen que este es el momento para que usted pida un plebiscito.

«Plebiscito» pareció ser la palabra clave. Un guardaespaldas metió su codo en mi estómago y se interpuso entre Fidel y yo.

CASTRO: Respeto la opinión de esos señores, pero realmente no tienen ningun derecho a reclamarle ningún plebiscito a Cuba.

En ese momento uno de los guardaespaldas me desplazó, perdí el balance y caí en el césped. Castro no dijo nada. Ni siquiera volteó a verme. El micrófono salió volando. No me importó, yo ya tenía mi entrevista con Fidel, el primer dictador que entrevistaba. Duró solo un minuto y tres segundos. Es todo lo que le pude sacar. Yo sabía que Fidel no aceptaría sentarse a conversar conmigo durante ese evento. De hecho, nunca lo hizo.

DURANTE DÉCADAS ME había quedado con la curiosidad sobre la manera en que había terminado mi entrevista con Fidel. Sus guardaespaldas, sin recibir siquiera una orden verbal de Fidel, se me acercaron y al escuchar la palabra «plebiscito» —que en Cuba, en ese momento, era equivalente a proponer un golpe de estado— me alejaron lo más rápido y efectivamente de su jefe. Fue una operación impecable. Solo yo sentí el golpe en el estómago y Fidel no tuvo que seguir respondiendo preguntas incómodas. Pero ¿cómo se vivió esa misma entrevista desde el círculo de seguridad de Fidel? Tendrían que pasar veinticuatro años para enterarme.

Uno de los guardaespaldas que esa mañana de 1991 protegieron a Fidel en el hotel Camino Real de Guadalajara fue Juan Reinaldo Sánchez. Durante diecisiete años, de 1977 a 1994, estuvo dispuesto a dar su vida por la de Fidel. Desde joven fue escogido para sacrificarse por la Revolución Cubana.

«Mi familia era una familia revolucionaria», me contó Sánchez en una entrevista en Miami en 2014. Desde la escuela secundaria lo identificaron para formar parte de la escolta personal del gobernante cubano.

«Era una de las mejores seguridades que existían en el mundo». Nunca, me asegura, Fidel sufrió una atentado en carne propia. Ninguna amenaza «llegó al anillo [de seguridad] de nosotros».

Su fidelidad era a toda prueba. «Yo creía ciegamente en Fidel, para mí Fidel era lo más grande, era un dios en un pedestal —me explicó—. Yo no solo estaba dispuesto a dar la vida por Fidel sino que deseaba dar la vida por Fidel [en caso de un atentado]».

Precisamente por esa cercanía que tenía con el líder cubano, a Sánchez le tocó ver cómo Fidel se enriqueció. «Él crea toda una serie de empresas [que no están supervisadas]». Luego me dio un ejemplo de cómo funcionaban. El director de Cubanacan —una empresa estatal de turismo— «le entregó a Fidel delante de mí un millón de dólares en utilidades. En dos ocasiones. En billetes, en billetes».

«¿Dónde está ese dinero de Fidel?», le pregunté. «Él tiene una parte del dinero en Cuba —me explicó, precisando que se encontraba en el Banco Nacional de Cuba—. [Se le] llamaba "reserva del comandante en jefe", donde no solo había dinero sino también bienes, autos, camiones». Y tenía además «cuentas cifradas fuera de Cuba».

Además, Fidel tenía muchas propiedades dentro de Cuba, incluyendo Cayo Piedra. «Fidel lo descubre en 1961 —me contó Sánchez—.

Hay una casa de visita con piscina, un delfinario, criadero de quelonios [...] con una exclusión de navegación de tres millas a la redonda solamente para que Fidel pesque».

Parte de la fortuna de Fidel, me explicó Sánchez, viene del narcotráfico. Él escuchó en 1989 —gracias a los micrófonos ocultos en la oficina de Fidel— una conversación privada en la que el entonces ministro del interior, José Abrantes, «le estaba rindiendo cuentas a Fidel sobre la droga [...] En ese momento a mí todo se me desbarató, se me cayó, se me derrumbó el ídolo que yo tenía. Yo pasaba más tiempo con Fidel que con mi familia».

Las cosas se le empezaron a complicar a Sánchez cuando su hermano salió en balsa a Estados Unidos y su hija consiguió una visa para irse a Venezuela. Él pidió su retiro de la escolta de Fidel —ya tenía la edad para jubilarse—, pero la respuesta fue un no fulminante y terminó en la cárcel en 1994. El guardaespaldas de Fidel había perdido su confianza.

Juan Reinaldo Sánchez me contó que, tras ser encarcelado dos años, hizo once intentos para escapar de la isla hasta que, por fin, en 2008 pudo llegar a Estados Unidos. Todo lo cuenta en el libro *La vida oculta de Fidel Castro*, publicado en 2014 en varios idiomas. ¿Por qué se tardó tanto tiempo en contar su historia? «En Cuba yo no podía hablar de esto —me dijo—. Y tardé mucho tiempo en recopilar todo este material que había traído a Estados Unidos por diferentes vías».

Sánchez, como guardaespaldas de Fidel, y yo, como periodista, coincidimos durante esa primera Cumbre Iberoamericana en México en 1991. Él protegía a Fidel cuando yo me acerqué a entrevistarlo.

Sánchez también recordaba ese momento, cuando me le acerqué a su jefe. «Si ya estás muy cerca [de Fidel] y están las cámaras ahí, hay que tener mucho cuidado —me contó—. Fidel era muy meticuloso con su apariencia, con las cámaras, en público.—Sin embargo, la orden era protegerlo, incluso con su vida y evitar que se le acercaran periodistas—. Entonces había que tener un poco de tacto —recordó—. Por eso te dieron el golpe, pero te lo dieron como a escondidas».

Días después de la reunión cumbre, ya con Fidel en La Habana, su equipo de seguridad hizo una evaluación de su desempeño y analizaron mi minientrevista. No les había gustado cómo me había acercado a Fidel, me confió Sánchez. Era, para ellos, un peligro inminente. Pero a la primera oportunidad, hicieron su trabajo. Y yo el mío.

Juan Reinaldo Sánchez murió de cáncer de pulmón poco después de nuestra conversación, en mayo de 2015.

LA LECCIÓN DE FIDEL

Después de vivir ese momentito con Fidel, nunca más lo volví a ver. Solicité innumerables veces una entrevista formal con él, en cualquier parte del mundo. No recibí respuesta, ni una sola vez. No es que me hayan respondido que no me iban a dar la entrevista. Es que ni siquiera dieron acuse de recibo de la solicitud. La burocracia cubana es experta en el arte de ignorar.

Cuba, por razones personales, ha sido una de mis obsesiones periodísticas. Mis dos hijos, Paola y Nicolás, nacieron en Miami, llevan sangre cubana y han heredado, inevitablemente, esa indignación familiar con la dictadura castrista que pasa de una generación a otra. Es más fácil entender lo que es la libertad cuando creces en una familia donde las cenas incluyen, muchas veces, historias personales de una Cuba represiva y brutal.

Ya que no podría nunca entrevistar a Fidel, me propuse conocer Cuba. Pero el reto era similar. Era, para mí, imposible conseguir una visa como periodista. Frecuentemente llamaba «dictador» a Fidel Castro en las transmisiones del *Noticiero Univision*, que se transmitía en Estados Unidos y en trece países de América Latina. Otros periodistas se rehusaban a llamarlo así. Argumentaban que calificarlo como «dictador» era tomar partido y perder objetividad en nuestra cobertura noticiosa. Sin embargo, yo siempre creí que Fidel era un dictador —se impuso por la fuerza, gobernó sin elecciones libres y pluripartidistas, reprimió a la oposición, eliminó la libertad de prensa...— y que había que llamarlo como tal.

El gobierno cubano nos tenía fichados a los periodistas de Univision —formábamos, para ellos, parte de un movimiento contrarrevolucionario— y su castigo era, simplemente, no darnos acceso. Punto. Hasta que se apareció el Papa Juan Pablo II.

Por alguna extrañísima razón, los guardianes de la revolución cubana creyeron que la visita del Papa a Cuba en 1998 disminuiría nuestra actitud crítica hacia la isla y, sorprendentemente, nos extendieron un visado para cubrir el evento. El régimen castrista consideró que la visita de Karol Wojtyla, lejos de ser una amenaza para el sistema, lo legitimaba. Y querían testigos. Bueno, consiguieron cerca de tres mil periodistas.

Estuve durante doce días en Cuba. Visité La Habana, Santa Clara, Camagüey y Santiago. Pero desde la llegada supe que nos estaban vigilando. Habíamos rentado un pequeño auto para movilizarnos por la isla. Pero al llegar a recogerlo me dijeron: «Señor Ramos, aquí está su auto». Frente a mí había un Mercedes Benz con chofer y dos pequeñas antenitas. Insistí en llevarme el auto que habíamos reservado pero, al final, no tuve más remedio que irme en el coche donde, seguro, seríamos escuchados.

Cada vez que hablábamos de Fidel, el chofer se ponía el dedo sobre la boca. Claramente alguien nos estaba escuchando. El chofer, prudentemente, jamás dijo la palabra «Fidel» en todo el viaje. Cuando se refería a él solo simulaba un triángulo con sus dedos bajo su boca, para representar la barba del dictador.

Por supuesto, cubrí la visita del Papa a Cuba como lo que fue: el tránsito de un líder religioso dentro de una férrea dictadura. Las esperanzas de cambio fueron aplastadas inmediatamente. Cualquier protesta o señal de disidencia durante las misas papales eran eliminadas por los «segurosos», miembros de la seguridad del estado (vestidos de civiles).

Durante mi visita a Cuba entrevisté a media docena de disidentes políticos y periodistas independientes. La historia de todos ellos era, de alguna manera, una sola: arrestos, amenazas, pérdida de empleo, golpizas, torturas, encarcelamientos, visitas sorpresivas a media noche, advertencias a sus familias... Y todo por pedir cosas que eran básicas en cualquier otro país: elecciones multipartidistas, prensa libre, libertad de reunion y de expresion. ¿Cómo no reportar eso?

Las paredes de la isla, sin embargo, estaban cargadas con los eslóganes oficiales:

Ser eficiente es vencer
Socialismo o muerte
Cuba, la tierra de la salud
Aquí no queremos amos
En cada barrio, revolución
Pioneros por el comunismo, seremos como el Che
Creemos en el socialismo
Tenemos que desarrollar un partido de acero
Creemos en Fidel
Listos para vencer
El socialismo es la ciencia del ejemplo
Aquí libres y sin amo
Señores imperialistas: no les tenemos absolutamente ningun miedo
Por la vida, no al bloqueo

Reporté lo que vi pero, también, lo que el gobierno cubano no quería que viéramos. Y, por supuesto, no les gustó mi trabajo. Estaban monitoreando todo lo que reportaba. Un alto funcionario del gobierno cubano, molesto por mis reportajes sobre los disidentes y periodistas independientes, me fue a visitar al hotel Habana Libre, muy formal, para recordarme que en un futuro podría tener problemas para conseguir otra visa de entrada a Cuba. La advertencia fue directa y el mensaje clarísimo: si sigues hablando de opositores al sistema, te quedas sin visa.

Luego me aseguró que los disidentes en Cuba eran solo el «0.02 por ciento de la población», y que por lo tanto, no se justificaba que ningún medio de comunicación hablara de ellos. No sé de donde sacó sus cifras. Yo seguí haciendo mi trabajo y cubriendo Cuba como lo hubiera hecho en cualquier otra dictadura.

Unos días después recibí mi segunda visita al hotel. En este caso se trataba de un viceministro del Ministerio de Relaciones Exteriores. «No vas a regresar a Cuba», me anunció. Su argumento era que mis reportajes sobre la disidencia no tenían nada que ver con la visita papal. Se lo debatí. Todas las voces deben ser escuchadas, le dije. Pero de nada sirvió. La decisión, aparentemente, ya había sido tomada.

Las dictaduras tienen larga memoria y viejos resentimientos. Varias veces solicité una visa para regresar a Cuba—en la Ciudad de México, en Lima, en Washington— y la respuesta fue igual que cuando pedí una entrevista con Fidel. Nada. «Aquí no hay ninguna solicitud de visa», era la respuesta cuando hablaba unos días después.

La lección es que los dictadores no cambian ni entregan el poder voluntariamente. Nunca lo hacen. Eso es lo que hemos aprendido después de más de medio siglo de dictadura en Cuba. Hay que derrocarlos o esperar a que mueran. Pero no hay nada más triste para un pueblo que cuando un dictador muere en el poder y no en una cárcel.

CINCO

El poder de decir «no»: Yoani Sánchez y los disidentes cubanos

«Lo más importante está ocurriendo de adentro hacia fuera: los cubanos están hartos». —YOANI SÁNCHEZ

«Cuba está en el siglo XVII». —GUILLERMO FARIÑAS

«La vida y la muerte es parte de la existencia, vivimos y morimos en las manos de Dios. Y yo voy a regresar a Cuba para vivir o morir en las manos de Dios». —OSWALDO PAYÁ

«Mi esposo ha trabajado durante todos estos años para que el pueblo pueda demandar sus derechos a través de plebiscitos». —OFELIA ACEVEDO DE PAYÁ

FIDEL CASTRO YA no cabe en este capítulo de rebeldes. No se puede negar la figura histórica de Castro en Cuba y en América Latina. Su influencia se siente, incluso hoy en día, en varios países. Sin duda, Fidel fue un importante líder rebelde al alzarse en contra de la dictadura de Fulgencio Batista en 1959. Pero poco después, esa rebeldía se convirtió en una de las más represivas dictaduras de nuestro continente.

Los rebeldes, muchas veces, se pueden transformar en dictadores. Hoy, sin temor a equivocarnos, la bloguera cubana Yoani Sánchez, el disidente Guillermo Fariñas y las ideas del desaparecido opositor

Oswaldo Payá, son mucho más rebeldes que los hermanos Fidel y Raúl Castro.

YOANI SÁNCHEZ EN LA ISLA DE LOS DESCONECTADOS

Yoani sabe cuál es su punto más débil.

La amenaza de la dictadura de los hermanos Castro contra la periodista y bloguera cubana Yoani Sánchez fue directa. Así me lo contó ella durante una entrevista en Miami en abril de 2013: «He sufrido arrestos, he sufrido golpes y eso no me ha dolido tanto. Pero la última vez que estuve detenida, una oficial de la seguridad del estado me dijo: "¿Tu hijo monta bicicleta? Que tenga cuidado". Eso me llegó al alma».

Yoani sabía que su mayor vulnerabilidad era su hijo Teo, que en ese entonces tenía ya dieciocho años, edad de cumplir el servicio militar obligatorio. «Sí, ese es mi punto débil —reconoció. Ella sabía que podía haber graves represalias por lo que decía. Pero seguía hablando. ¿Por qué?—: Claro que le temo a las represalias, pero ¿qué voy a hacer? Pienso que la mejor manera de protegerme es seguir hablando».

A pesar de estas amenazas tan directas, Yoani iba a regresar a Cuba después de un viaje por una decena de países en ochenta días. ¿Exiliarse? «Ni pensarlo», me dijo. Su vida es Cuba.

Su incansable gira era la de alguien que nunca había viajado y que, a la primera oportunidad, se quería literalmente comer el mundo. Tras años de que le fuera negado un permiso de salida, Yoani por fin pudo salir por primera vez. Y de ser una perseguida política dentro de la isla, de pronto —muy a su pesar y del régimen de La Habana— fuera de Cuba se había convertido en una especie de celebridad. A mí me tocó ser testigo de eso.

Cuando visitó la ciudad de Miami, el actor cubanoestadounidense y estrella de Hollywood, Andy García, quería conocerla. «Es una mujer muy valiente», me dijo Andy. Y él fue a buscarla antes de una presentación en un auditorio del *downtown* miamense. Se encontraron y comieron juntos. Pero los roles cambiaron: la estrella era Yoani. Andy, con mucha sencillez y apertura, la escuchó.

Eso es lo que pasa con Yoani. No puedes dejar de escucharla. Ella te cuenta cómo es la Cuba de hoy, no la que se han inventado fuera. Donde se presente, no importa el país, llena auditorios. Cientos de miles de personas la siguen por Twitter (@YoaniSanchez) y la dictadura cubana ha quedado desvestida y expuesta ante su valentía, fuerza y transparencia.

«Cuba es la isla de los desconectados —me dijo durante una rara pausa—. Cuba me ha parecido tan absurda desde lejos; vivo en una aldea medieval, porque no hay libertad, porque el gobierno mismo se comporta como un señor feudal; es triste y desde fuera se siente más».

«Cada vez hay más consenso de que vivimos en una dictadura», aseguró. «Pero ¿puedes decir que Cuba es una dictadura sin meterte en problemas?», le pregunté. «Digo la primera sílaba y ya me meto en problemas. Pero me levanto todos los días pensando que me voy a comportar como una ciudadana libre».

Yoani se describe a sí misma como una «cronista de la realidad». Nada más. Pero es mucho más. Ella se ha convertido en el símbolo del cambio en Cuba. Otros lo han intentado y han fracasado. Muchos han muerto intentándolo. Yoani, sin embargo, sigue golpeando con una lógica infalible una dictadura en pleno siglo XXI que no tiene elecciones multipartidistas, que limita ferozmente la libertad de expresión, que encarcela y asesina disidentes y que va en camino contrario al de la mayoría de los países del mundo.

Yoani constantemente se está definiendo: «Mi pelo es libre y yo también —me dijo, tocándose la negra cabellera que le llega hasta la cintura. Y luego soltó algo que parece impensable para alguien que no ha parado de hablar desde que salió de Cuba—: Soy una persona muy tímida».

Pero insistió en que su misión era explicar Cuba a los que nunca han estado ahí. Y un poco más adelante, nos dejó entrar, brevemente, a su mundo cotidiano en La Habana: «Yo soy hiperactiva. Desde que me levanto estoy haciendo cosas. Me involucro mucho con mi vida familiar».

Es frecuentemente hostigada. Su celular, un iPhone que le regaló su hermana —«un teléfono autista porque no tiene conexión de internet»—, está regularmente intervenido y en varias ocasiones ha sido detenida.

Ya está acostumbrada a que la dictadura castrista invente que es agente de la CIA, tanto así que su respuesta ante semejante ridiculez la da con una sonrisa: «Eso se llama matar al mensajero. No rebatas lo que dice: aniquílalo ética y moralmente. No, no trabajo para la CIA. Jamás podría trabajar para una entidad extranjera, nunca he militado ni siquiera en un partido político».

Yoani se gana la vida «resolviendo», como la mayoría de los cubanos. «Soy mecanógrafa y reparadora de ordenadores. Y trabajo de periodista en muchos medios fuera de mi país». Su primer viaje al extranjero fue financiado por diversas organizaciones no gubernamentales y por su hermana que vive en Estados Unidos.

«¿Algo está cambiando dentro de Cuba?», pregunté. «Lo más importante está ocurriendo de adentro hacia fuera: los cubanos están hartos». ¿Puede haber castrismo sin los Castro? «El carisma de estos líderes es intransferible. En Cuba, la silla presidencial se heredó por vía sanguínea [de Fidel a Raúl...] Es triste que una nación tenga que poner su esperanza en el fallecimiento de alguien para que la nación tenga vida, pero a eso nos han llevado».

A Yoani le gusta citar la frase de Gandhi de que tus enemigos primero te ignoran, luego se ríen de ti y luego te atacan. Cuando la entrevisté, Yoani estaba viviendo esa tercera fase. Ella asumió las amenazas a su vida y a su familia como parte de su profesión de periodista. Pero sabe, también, que se ha convertido en la mayor esperanza de un cambio democrático y de libertad en Cuba.

¿Puedes cambiar Cuba? «Yo sola no, pero somos multitud».

GUILLERMO FARIÑAS: MORIR POR CUBA

Guillermo Fariñas cree que si él muere en un acto de protesta, Cuba podría dejar de ser una dictadura. O, al menos, moverse en esa dirección. Eso es tener una enorme fe en lo que una sola persona puede hacer para terminar con el régimen de más de medio siglo de los hermanos Castro en la isla.

Desde 1983, cuando estuvo en Moscú, Fariñas no salía de Cuba. Pero en julio de 2013 lo pudo hacer debido a una nueva ley que permitía la salida a aquellos que consiguieran una visa de visita. «Lo que más me ha impactado es la brecha tecnológica entre mi país y el resto del mundo —me dijo durante una entrevista en Miami—. Cuba está en el siglo XVII».

Eso mismo escribió la bloguera Yoani Sánchez al regresar a Cuba luego de un largo viaje de casi tres meses. Volver a Cuba, dijo en su cuenta de Twitter, es como estar en «una máquina de tiempo, hacia el pasado».

Ese viaje al pasado es, a la vez, literal y político. «Carretones de caballo en el interior y todas las estructuras destruidas», es como Fariñas me describió la Cuba actual. Y más de cincuenta años con una férrea y represiva dictadura.

¿Por qué cuando muchas naciones han dejado de tener dictaduras, Cuba sigue teniendo una brutal? Por tres razones, me explicó Fariñas: «La falta de unidad dentro de la oposición, el aferramiento de los gobernantes y la indiferencia y complicidad de muchos gobiernos del mundo».

Fariñas es muy incómodo para el régimen de La Habana porque conoce el monstruo desde dentro. Fariñas es el «Coco» de los Castro. Fue miembro de la Unión de Jóvenes Comunistas, recibió entrenamiento en la antigua Unión Soviética y hasta peleó (y resultó herido) en la guerra de Angola. Pero en 1989 se separó del gobierno como protesta por el fusilamiento del general Arnoldo Ochoa, acusado por el régimen de narcotráfico.

Trabajó como sicólogo en un hospital de La Habana hasta que denunció en 1995 a su directora por corrupción. En un desenlace kafkiano, en lugar de que ella termine en la cárcel, a quien arrestan es a él. Esa fue su primera de muchas detenciones. Ha pasado más de una década encarcelado.

Pero Fariñas es más conocido por sus veintitrés huelgas de hambre, según mi cuenta. Y se nota. Cuando hablé con él su salud estaba «bastante deteriorada», de acuerdo con su propia descripción. Una huelga de hambre en 2010, protestando por la muerte del disidente Orlando Zapata, le provocó una trombosis de lado izquierdo del cuello. Ha perdido todo el cuero cabelludo hasta las cejas. Abre sus ojos como un niño asombrado y me pareció altísimo; me saca toda una cabeza. Dice que ha ganado peso, pero su piel morena se pega penosamente a los huesos de su pecho. La camisa parece quedarle una o dos tallas más grande y sus sandalias, sin calcetines, entran y salen con facilidad.

«Todas mis huelgas son al extremo —me dijo, y su cuerpo lo corrobora. Se mueve poco, como ahorrando energía—. Conmigo no hay puntos medios. Yo asumo la huelga cuando el gobierno hace actos inhumanos. Es ahí cuando yo tomo medidas autodestructivas que pongan al gobierno contra la pared».

Fariñas —quien es portavoz de la Unión Patriótica de Cuba, que agrupa a unos seis mil opositores en la isla— ni siquiera consideró quedarse en Miami. «Yo respeto a los hermanos que están aquí [en Miami] —me explicó sin resentimientos—. Pero en este momento histórico, un grupo de hermanos y de hermanas tienen que estar dando la batalla en Cuba».

Alguna vez Fariñas escribió lo siguiente: «Ya es hora de que el mundo se percate que este es un gobierno cruel y hay momentos en la historia de los países en que tiene que haber mártires. —Y él está dispuesto a ser uno de esos mártires, me confirmó el ganador del Premio Sájarov en 2010, otorgado a defensores de los derechos humanos—: Si es necesario, sí».

Fariñas cree que hay que causar una conmoción a nivel internacional para que el gobierno castrista se resquebraje. «Hubo momentos en que el mundo no escuchaba —reflexionó—. Hoy escuchan. Pero lo que tiene que haber es una conmoción».

«¿Y esa conmoción la podrías lograr tú con otra huelga de hambre?», pregunté. «Yo pienso que si el gobierno cubano deja morir a un Premio Sájarov, le causaría un daño al gobierno y tendría que hacer concesiones», me respondió.

Y de pronto, como si me entrara un escalofrío, me doy cuenta de que estoy frente a un hombre que ha tomado la decisión de morir por la democracia en Cuba. Esta, pienso, puede ser la última vez que vea a Fariñas. Nunca dejan de sorprenderme los hombres y las mujeres que están dispuestos a morir por defender sus ideas. Son pocos y miran distinto al resto de los mortales, como si vieran dentro del alma.

Él sabe que criticar al régimen cubano en el extranjero puede tener terribles consecuencias para él y para sus hijas, Haisa y Diosángeles. «Nos pueden asesinar en cualquier momento», me dijo sin subir la voz y sin emoción, como si hubiera repetido esa frase un millón de veces.

Pero Fariñas no quiere que su vida (ni su muerte) sea en vano. Antes de despedirme le dije que me parecía extraordinario que estuviera dispuesto a dar su vida por su país. «Esa es su opinión —me dijo respetuoso—. Pero nosotros consideramos que defender a la patria no es nada extraordinario».

LA MUERTE DE OSWALDO PAYÁ

Oswaldo Payá murió en un misterioso accidente de tránsito en Cuba el 22 de julio de 2012, según la versión oficial. El gobierno cubano aseguró que el conductor del vehículo, el español Ángel Carromero, miembro de una organización del Partido Popular en España, fue el responsable del accidente y, por lo tanto, fue acusado de «homicidio involuntario». Carromero firmó un documento corroborando esa versión. Pero una vez que fue liberado de la cárcel y se le permitió ir a España, Carromero denunció que había sido presionado por las autoridades a firmar y denunció que a Payá lo mataron.

Oswaldo Payá siempre supo que lo querían matar. Cuando hablé con él en Miami en 2003, le pregunté lo obvio: «¿Teme por su vida en Cuba?». «Mire, temo por mi vida porque me pueden meter un balazo, me puede partir un rayo, me puede pasar uno de los carros (de esos de la seguridad que me persigue cuando voy en la calle en la bicicleta) —me dijo—. La vida y la muerte es parte de la existencia, vivimos y morimos en las manos de dios. Y yo voy a regresar a Cuba para vivir o morir en las manos de dios».

Payá creía que se podía cambiar a Cuba desde dentro. Fue uno de los fundadores del Movimiento Cristiano Liberación, cuyo objetivo era promover los derechos humanos y la democracia en Cuba. Así, ya en 1992, intenta postularse a la Asamblea Nacional del Poder Popular, pero no tiene ningún éxito debido a que no formaba parte del Partido Comunista de Cuba. Pero no desiste.

En 1998 funda el Proyecto Varela con la simple idea de realizar un referendo a nivel nacional. Utilizando la misma constitución, Payá se da cuenta de que las leyes cubanas contemplan un referendo si se obtienen más de diez mil firmas. Hablé con él poco antes de que consiguiera alrededor de veinticinco mil firmas para presentar a la Asamblea Nacional.

«El proyecto Varela es una petición de referendo —me explicó entusiasmado—. Pide que se consulte al pueblo cubano sobre cambios en las leyes para que se pueda ejercer la libertad de expresión y asociación, para que se libere a los presos políticos pacíficos (que son todos los disidentes que están presos), que los cubanos puedan tener la oportunidad de tener sus propias empresas, sindicatos, contratarse libremente, para que los cubanos puedan elegir libremente a sus representantes y para que realicen elecciones libres».

Payá quería transformar la dictadura usando las mismas leyes de la dictadura. Y no lo dejaron. En 2004, la Asamblea Nacional rechazó su solicitud de referendo.

Payá no buscaba matar a Fidel Castro —«Bueno, podrá ser una forma de cambiar de régimen, pero no es una forma de liberar a Cuba»— ni derrocarlo. «Usted está hablando del término derrocamiento y es el que se usa en los golpes de estado; yo estoy hablando de liberación y es el que se usa en un movimiento cívico popular pacífico», me explicó.

No tenía temor en llamarle dictadura a Cuba —«Sí, sí, claro, sí es una dictadura»— y en buscar abiertamente un cambio. «Estoy luchando para que termine esa dictadura y tengamos libertad», me dijo, casi para terminar.

—Óigame, usted no es fácil —me dijo riendo al final de la entrevista.

—Usted tampoco —le respondí uniéndome a sus risas.

Esa fue la última vez que vi a Oswaldo Payá.

OFELIA ACEVEDO DE PAYÁ: «NO FUE UN ACCIDENTE»

Ofelia Acevedo todavía recordaba esa entrevista —la había visto por televisión— y me lo dijo. Cuando nos conocimos en 2013, las imágenes de su esposo fallecido inundaban todos los monitores de un estudio de televisión en Miami. No era fácil para ella estar ahí.

Ella y su hija, Rosa María, se habían mudado a Estados Unidos hacía solo unos meses escapando del acoso que sufrían en Cuba. Nunca habían aceptado la versión oficial sobre la muerte de Oswaldo Payá.

—Estoy absolutamente convencida que no fue un accidente. Es una mentira total —me dijo.

—¿Lo mandaron matar? —le pregunté.

—Claro. Mandaron matar a Oswaldo Payá.

—¿Quién lo mandó matar?

—La seguridad del estado había amenazado durante muchísimos años a Oswaldo de muerte. Habían aflojado en varias ocasiones las tueras de la rueda del auto donde viajábamos. Muchas veces nos dimos cuenta.

—¿Usted cree que Raúl Castro y Fidel Castro están detrás del asesinato de [su esposo]?

—Mira, Cuba es un régimen totalitario donde el gobierno, la cúpula del poder, decide cada minuto de la vida de los ciudadanos. Nadie en Cuba se atreve a hacer eso, a hacer semejante barbaridad, si no tuviera el apoyo de los más altos niveles del gobierno cubano.

Tras el velorio de su esposo, carros de la seguridad del estado comenzaron a seguir a su hijo mayor. Y lo hacían de manera obvia para que no hubiera duda de que los estaban acosando.

La vigilancia se incrementó muchísimo sobre su familia y, también, las represalias. A su hija Rosa María le negaron un trabajo en la universidad después de que ya la habían aceptado. Todo porque, desde un principio, la familia Payá nunca aceptó la versión oficial de la muerte de Oswaldo. Por eso la querían fuera de Cuba. Y lo lograron.

Así, en 2013, Ofelia decide salir con sus hijos de Cuba e irse a Miami. «Tenía temor de que a mis hijos les pasara algo —me confesó—, que pudieran provocarles un accidente, colocarles algo en una mochila, meterlos a la cárcel por cualquier delito. Es muy fácil hacer eso en Cuba».

Hay personas que tuvieron una vida tan intensa que, aún muertos, siguen presentes. Ese es el caso de Oswaldo Payá. No estaba ahí y, sin embargo, toda la plática giraba en torno a él y sus ideas.

En un momento dado, pregunté a Ofelia por qué las dictaduras habían caído en países como Chile o la Unión Soviética y no en Cuba, y lo que más me sorprendió de su respuesta fue que sigue hablando de Oswaldo como si estuviera vivo.

—Mi esposo ha trabajado durante todos estos años para que el pueblo pueda demandar sus derechos a través de plebiscitos —me dijo.

—¿Se dio cuenta que habla de Oswaldo en presente? —le pregunté.

—Sí. Sí me doy cuenta. Es el legado de Oswaldo. El legado de Oswaldo está presente —me contestó con una sonrisa y, luego, los dos nos quedamos callados. Las caras de Oswaldo, muchas, nos veían a través de los monitores del estudio de televisión.

ÁNGEL CARROMERO QUERÍA hablar. Tenía muchas cosas por decir pero se las había guardado. Pasó varios meses en la cárcel en Cuba —acusado de la muerte de Oswaldo Payá— hasta que una negociación con el gobierno español le permitió regresar a su país en diciembre de 2013. Pero no estaba totalmente libre. Tendría que terminar su sentencia por «homicidio vehicular» bajo la vigilancia de la justicia española. Cuando hablé con él en Miami en 2014 —con motivo de la publicación de su libro *Muerte bajo sospecha*— todavía llevaba un grillete electrónico en uno de sus tobillos.

El 22 de julio de 2012, Carromero, Payá, el disidente cubano Harold Cepero y el político sueco Aron Modig (de la agrupación Young Christian Democrats) salieron por carretera de la Habana hacia Santiago de Cuba. Carromero manejaba, Aron iba en el asiento de adelante y Payá y Cepero en el asiento de atrás. El gobierno los vigilaba. Un tuitero del régimen anunció en las redes sociales: «Oswaldo está saliendo ahora mismo hacia Varadero. Se va de vacaciones». No, no era a las playas de Varadero, pero sí estaban saliendo de la capital en auto.

De pronto, un auto los impactó en la parte trasera del auto. Así me describió Carromero lo que pasó después: «Perdí el control del vehículo y nos sacó de la carretera. Acto seguido, a mí me sacaron del coche y me llevaron al hospital. Luego, trajeron al resto de personas, trajeron a Aron, y Harold y Oswaldo pues dijeron que habían muerto. [Los sacan del auto] dos personas que nunca se identificaron y que llegaron en una furgoneta, de repente, de la nada. Qué sospechoso».

¿Qué pasó con Oswaldo y Harold Cepero? ¿Murieron en el instante del choque? «Lo que dicen es que murieron en el momento —me dijo—. Eso algo que es mentira [...] Yo creo que murieron después porque no hubo ningún accidente. Tan solo nos sacaron de la carretera. No íbamos a velocidad excesiva. No hubo un árbol con el que dice el régimen que chocamos. Las fotografías [indican] que el árbol está intacto [...] Si alguien se hubiera dado un impacto tan grande contra un árbol, el árbol estaría dañado».

La versión oficial del accidente, sin embargo, fue muy distinta. El gobierno cubano culpó a Carromero por perder el control del vehículo y eso es lo que él aparece diciendo en un video. Pero Carromero me aseguró que lo obligaron a falsificar lo ocurrido.

«Esto es muy importante aclararlo —me dijo—. Cuando a mí me cogen preso, me meten en un calabozo. Yo no tengo acceso a un abogado, no tengo acceso a nadie, salvo a los militares que me están custodiando. Los militares me fuerzan a grabar un video propio de al-Qaeda. Si ven el video, salgo con la cara amoratada, me cuesta hablar [...], leyendo un mensaje que ellos querían que dijera [...] En el video digo "accidente de tránsito". Ningún español dice "tránsito". Dicen "accidente de tráfico"».

El sueco Aron Modig, quien también sobrevivió el incidente, no ha hablado públicamente sobre él tras su salida de Cuba.

Según Carromero, esta no fue la primera vez que intentaron matar a Payá en un vehículo. Él me asegura que dos meses antes de su muerte, Payá y su esposa, Ofelia, sufrieron un percance similar cuando un vehículo los impactó y los sacó de la carretera. En esa ocasión nunca identificaron a los culpables y los militares llevaron a los Payá al hospital.

Carromero, a pesar de su grillete, perdió el miedo y en su libro contradijo la versión oficial de la dictadura cubana sobre la muerte de Payá. Pero el precio fue alto.

«Difamaciones y cualquier tipo de amenazas —me dijo para finalizar—. Nada más al llegar a mi país, España, recibía amenazas de muerte (telefónicas, por carta, pintadas en las calles diciendo que me iban a matar). Hubo una alerta real de la policía en la que dijeron: "Ten cuidado por dónde vas porque quieren hacerte daño". Pero la verdad no se puede enterrar y yo estoy con una deuda moral de hablar y de decir lo que pasó».

Así es la vida cuando se lucha contra una dictadura.

LECCIONES DE LOS DISIDENTES CUBANOS

Yoani Sánchez, Guillermo Fariñas y Oswaldo Payá siempre supieron que solos no podrían derrocar a la dictadura cubana. A pesar de eso, decidieron enfrentarla: con informes independientes de prensa (en el caso de Yoani), con huelgas de hambre (en el caso de Fariñas) y exigiendo un plebiscito (en el caso de Payá).

Estas tres formas de lucha tienen un elemento en común. Decir «NO» a la dictadura. Es, en el fondo, una fortísima postura moral: no ceder ante el que mata y abusa. Es, también, una declaración ética: nosotros estamos en el lado correcto de la historia, con los que protegen los derechos humanos y denuncian la represión.

«No» es la palabra más fuerte que existe en cualquier idioma y es la única que dobla a las dictaduras. No hay nada más poderoso que decirle «no» a un dictador. El costo, claro, puede ser la propia vida. Ahí está el gravísimo ejemplo de Oswaldo Payá. Pero los regímenes autoritarios se debilitan con cada «no» que pronuncian sus gobernados.

No acepto tu gobierno.

No reconozco tu posición.

No tienes legitimidad.

No puedes imponerme tu forma de pensar.

No te voy a obedecer.

No te dejaré de atacar.

No me voy a dejar.

No, no y no.

No.

La periodista italiana Oriana Fallaci cuenta en su libro *Un hombre* que uno de los líderes de la resistencia de la dictadura militar en Grecia (1967–1974), Alexandros Panagulis, la llevó a una de las colinas de Atenas para enseñarle una importante muestra de rebeldía. Al llegar, lo que vieron fue la palabra «OXI» («NO» en griego) formada con piedras.

Se trata, desde luego, de un gesto simbólico pero lleno de rabia y de intención de cambio. Bueno, eso mismo he visto yo cuando Yoani, Fariñas y Payá se han enfrentado a la dictadura de los Castro. Con verdadero heroísmo —y en el caso de Payá, a costa de su propia vida— han dicho «no». Para transformar un país (y hasta una relación) antes hay que rechazar lo que te hace daño.

«No» es la primera palabra que se necesita para el cambio y, muchas veces, es la más difícil de decir.

SEIS

«Yo no soy el diablo»: Hugo Chávez

«Yo no soy un dictador».   —HUGO CHÁVEZ

H UGO CHÁVEZ ERA un mentiroso. Pero al menos era uno de esos
mentirosos que se creían sus propias mentiras.

La primera vez que lo conocí me mintió sin que dejara escapar la
más mínima señal de vergüenza o incomodidad. Era un día antes de
las elecciones presidenciales del 6 de diciembre de 1998. Le habían
prestado una oficina en uno de los rascacielos de Caracas y llegó contento con sus dos hijas. Nos las presentó e intercambiamos sonrisas.

Venía de traje y corbata, un tipo de vestimenta que pronto dejaría
a un lado por el uniforme militar. Pero en esos días, Chávez quería
presentarse como un civil, como un demócrata, como un militar que
no volvería a levantarse en armas.

Comenzamos la entrevista.

Le dije a Chávez —pausado y amable— que había muchas personas que no lo consideraban un demócrata por haber intentado en 1992
un golpe de estado contra un presidente legítimamente electo, Carlos
Andrés Pérez.

CHÁVEZ: Yo no soy un dictador.

RAMOS: ¿Usted está dispuesto a entregar el poder después de cinco años?

CHÁVEZ: Claro que estoy dispuesto a entregarlo [...] Yo he dicho que incluso antes [...] Si, por ejemplo, yo a los dos años resulta que soy un fiasco —un fracaso, o cometo un delito o un hecho de corrupción, o algo que justifique mi salida del poder [...]—, yo estaría dispuesto a hacerlo.

Esa fue la primera mentira. Chávez nunca entregó el poder y gobernó como un dictador hasta su muerte el 5 de marzo de 2013 —reprimiendo a la oposición y controlando personalmente al ejército, a la asamblea, a los jueces, a los medios de comunicación, a las principales empresas del país y hasta al organismo que contaba los votos en las elecciones—. Chávez, de hecho, escribió su propia constitución para eternizarse en el poder. Nunca tuvo la intención de dejarlo.

Segunda mentira. Chávez me aseguró en esa entrevista en 1998 que él no pensaba nacionalizar ninguna empresa privada. «No, absolutamente nada —me dijo—. Incluso nosotros estamos dispuestos a darles aún más facilidades a las que hay, a los capitales privados internacionales, para que vengan a invertir [...] Yo no soy el diablo».

En los primeros años de su gobierno, Chávez nacionalizó la mayor corporación de telecomunicaciones del país, la Compañía Anónima Nacional Teléfonos de Venezuela (CANTV). Además le quitó a seis empresas extranjeras —British Petroleum, Exxon Mobil, Conoco Phillips, Chevron Texaco, Statoil (de Noruega) y Total (de Francia)— el control de sus proyectos de la faja petrolífera del Orinoco. Muchas más seguirían.

Tercera mentira.

RAMOS: ¿Nacionalizaría algún medio de comunicación, algún medio privado?

CHÁVEZ: No. Basta con el medio del estado. El estado tiene el canal 8, Venezolana de Televisión. [Con] los demás canales yo tengo las mejores relaciones. Deben seguir siendo privados. Más bien, estamos interesados en que se amplíen y se profundicen.

La triste realidad fue otra. Chávez no le renovó su licencia de transmisión a Radio Caracas Televisión, uno de los medios más críticos al sistema autoritario, monopolizador del poder, que regía en Venezuela. Y en cada oportunidad, cooptó o cerró medios independientes. Globovisión es el mejor ejemplo.

Chávez, un día antes de las elecciones que lo llevarían al poder en 1998, nos mintió tres veces. ¿Por qué lo hizo? Sin duda, para apaciguar a los electores que temían que Chávez se convirtiera en el dictador que llegó a ser.

Chávez mintió para llegar al poder.

Algo que siempre me ha llamado la atención es que en esa misma entrevista Chávez me dijo que Cuba «sí es una dictadura». Es difícil comprender, entonces, cómo se acercó al dictador cubano Fidel Castro y convirtió a Cuba en su principal aliada. O quizás Chávez, alguna vez, jugó con la idea de ser un verdadero demócrata.

LA MUERTE HUELE A QUEMADO

En febrero de 2000, Chávez todavía pretendía ser un demócrata. Esto es lo que escribí en un viaje a Venezuela. Llegar no fue fácil. Es más, casi me cuesta la vida.

En el aire entre Caracas y La Fría.

«Humo, humo —gritó uno de los periodistas—. Oiga, piloto; hay humo en la cabina».

Desde mi asiento en una avioneta de hélices para ocho pasajeros, vi una columnita de humo blanco —casi como vapor— saliendo del piso en la parte posterior de la nave.

«Heeeey, piloto —dije, tratando de controlar mi nerviosismo—, le están diciendo que hay humo». «Ya lo escuché —me contestó muy parco—, estamos revisando los instrumentos».

El primero en darse cuenta del problema fue Martín, uno de los dos camarógrafos que me acompañaban en un viaje para entrevistar al presidente de Venezuela, Hugo Chávez. Desde las cuatro filas de asientos que nos separaban, Martín me hizo la señal de que algo olía a quemado.

Ángel, nuestro jefe de camarógrafos —con quien he recorrido América Latina— y Marisa la productora confirmaron lo que yo no quería escuchar. «Huele a quemado», dijo Angel, mientras Marisa reafirmaba la existencia del agudo olor moviendo su nariz.

Mi sentido del olfato es muy malo. Me han operado tres veces de la nariz y en cada intervención quirúrgica fui perdiendo la capacidad de oler. Ahora sólo detecto olores muy fuertes ¡y hasta yo estaba oliendo algo a quemado!

El copiloto se paró de su asiento y fue a revisar la zona de donde salía el humo. Movió unos tapetitos, no vio nada raro y luego anunció: «Es el aire acondicionado».

Apagaron el sistema de calefacción e inmediatamente se sintió mas frío en la cabina. Dejó de oler a humo. La avioneta siguió su ascenso: 16 000, 17 000, 18 000 pies de altura. Llevábamos unos veinte minutos de vuelo.

Nadie hablaba. Una de las dos mujeres del grupo —una funcionaria pública— se hizo la dormida, como tratando de olvidar el peligro.

Por dentro, me sentía como un metal retorcido. No quería creer que iba en una avioneta que se había llenado de humo. Pero así era. Pensé todo en un *flashazo*: en mis hijos, en el testamento que había firmado hacía solo unos días, en el México de cuando era niño, en todo el tiempo perdido en tonterías. ¿Y si esto se incendia en el aire? Siempre me ha incomodado mucho la idea de morirme de mañana. ¡Todo un día desperdiciado! Aún no daban las nueve de la mañana.

Iba sentado exactamente atrás del piloto y copiloto y, aunque no entiendo nada de aviación, veía con obsesión cada uno de sus movimientos así como el ininteligible tablero de instrumentos buscando una lucecita roja que indicara problemas.

Nada.

Respiré profundo.

El altímetro seguía moviéndose hasta alcanzar los 24 000 pies de altura. De pronto, volvió a salir humo. Esta vez con mucha mas intensidad. «Híjole —pensé—, ahora sí ya nos llevó la chingada».

Un rayo de luz se colaba por una ventanilla y se veía como un nubecita de polvo. «Eso es polvito», dijo la funcionaria pública, despertándose de su fingido sueño. «Nada de polvito —repuntó otro—. Yo fumo y eso no es polvito».

Sin decir una palabra, el piloto hizo descender la avioneta a 10 000 pies de altura. Luego, dejó los instrumentos al copiloto —que no pasaba de los veinticinco años— y se volteó para decirnos: «Voy a despresurizar la cabina, van a sentir un dolor en sus oídos y si alguien se siente mareado o le falta el aire, díganmelo para que le dé su mascarilla de oxígeno». Despresurizó la cabina y dejó de salir humo.

«Tenemos una misión —continuó el piloto, un joven militar de la Fuerza Aérea Venezolana—. Hay que llegar a La Fría [donde comenzaría la gira del presidente Chávez], así que mi recomendación es que sigamos volando a esta altura hasta llegar».

Marisa y yo casi brincamos de nuestros asientos. «Pero ¿cómo sabe que no hay un fuego en el avión? —le preguntamos—. ¿No será mejor aterrizar y revisar la avioneta?».

«Es que tenemos una misión —insistió el piloto militar—. Esa es mi recomendación y no me gustaría que hubiera una discusión entre los pasajeros y el piloto».

No habían pasado ni cinco minutos cuando volvió a salir humo. En esta ocasión casi toda la cabina se llenó de un horrible olor a chamuscado.

Todos, de alguna manera, mantuvimos una actitud de cierta calma. Pero por dentro el miedo me chupaba. Sentí mis pectorales y mis cejas temblar sin control y las palmas de mis manos eran unos chorros de agua. Me toqué la frente y mi mano patinó con el sudor. Debajo de mis brazos había dos lagunas.

El olor nunca desapareció. Mientras, algunos hacían bromas. «A ver si no nos agarra la pelona», dijo alguien por ahí. No había de otra; era preciso hacer un aterrizaje de emergencia. El piloto se olvidó de que tenía una misión y ya un poco pálido pidió permiso a la torre de control para aterrizar en el aeropuerto más cercano —una base militar en Barquisimeto— y doce minutos más tarde tocamos tierra. Ángel, como un Papa, besó el piso.

Ya en la pista nos dimos cuenta de lo que había pasado. «Qué idiotas somos —comentamos—. A la primera señal de humo debimos haberle dicho al piloto que se regresara». Pero claro, no supimos medir el peligro y no queríamos poner en riesgo la entrevista con Chávez. «Qué idiotas somos —repetí. Le di la espalda a la avioneta y me fui hacia el hangar diciendo—: yo en esa mierda ya no me vuelvo a subir».

Tras cruzar el hangar, lo primero que vi fue a un sacerdote católico que se nos acercaba; sotana negra, cuello blanco, paso tranquilo, calvicie incipiente, sonrisa amable.

Martín y yo nos echamos a reír, nerviosos. «Esto está de película», me dijo.

El padre Ángel —nos enteraríamos mas tarde— visitaba la base militar todos los viernes por la mañana. No soy una persona religiosa, pero gustosamente le acepté al padre una tarjetita de una virgen —la Divina Pastora— y me la guardé en el bolsillo.

Ahora ya sé a qué huele la muerte. La muerte huele a quemado. Y lo sé porque estoy en tiempo extra.

UN DIA CON HUGO CHÁVEZ

La Fría, estado Táchira.

No conozco a ningún presidente que haga lo mismo que Hugo Chávez; ante los ojos aterrados de su equipo de seguridad, el presidente de Venezuela frecuentemente rompe el protocolo y se pierde en un mar de gente.

«Con Chávez tenemos un serio problema de seguridad», me reconoció uno de sus ministros. Le recordé el caso del excandidato priísta a la presidencia de México, Luis Donaldo Colosio —que fue asesinado en medio de una multitud en 1994— y el ministro solo alcanzó a decir: «Pero ¿qué le vamos a hacer? Así es Chávez».

«¡CHAAAVEZ! ¡PRESIDEEENTE!», le grita la gente y él parece disfrutar del espectáculo. Él pregunta y recibe peticiones. Conversa y escucha problemas: que perdí mi casa por las lluvias, que no tengo empleo, que el alcalde o el consejal es un ladrón, que *mi'jito* está enfermo... Pero, sobre todo, la gente lo tocaba. Mucho.

Contrario a lo que ocurre con la mayoría de los mandatarios latinoamericanos que conozco, a Chávez no le asustaba el contacto directo con la gente. «A Chávez le gusta estar con el soberano», me comentó con cierta ironía una periodista que lo acompaña frecuentemente, refiriéndose al soberano pueblo venezolano.

Lo besaban, lo abrazaban, lo acariciaban, le tocaban el pelo negro libre de canas, sin una sola muestra de resistencia por parte de Chávez. Durante el día que lo acompañé en una gira de trabajo a las poblaciones de La Fría y Guarumito en febrero de 2000, ni una sola vez noté que el presidente se limpiara el sudor, la mugre y las manchas —a veces de lápiz labial— de sus múltiples contactos. Ni una.

En una práctica que se convirtió en ritual, Chávez viajaba con varios de sus ministros al interior del país y les ordenaba —inmediatamente, *in situ*— atender casos particulares de personas que piden ayuda. Y a estas alturas ya ni los ministros se sorprendían. Me tocó ver a varios de ellos tomar nota, humildemente, con pluma y papel, de problemas de gente que nunca en su vida había visto a un ministro y mucho menos hablado con uno. Esos casos, vale decir, generalmente se resuelven. Pero Venezuela tiene unos dieciocho millones de habitantes y no todos ellos tienen acceso a un ministro.

Este estilo de gobernar, fuera de Venezuela, fácilmente podría ser descrito como populista y demagógico. Pero en Venezuela a mucha gente con quien me topé, le fascina.

Durante un acto público, Chávez se puso a leer en voz alta y con micrófono en mano, las pancartas y los letreros de los asistentes. Así, a los alumnos de la Unidad Educativa Pedro Antonio Ríos Reyna que se quejaban de llevar meses sin un director, los puso a hablar con el ministro de Educación; y a los desempleados y damnificados, con el encargado del Fondo Único Social.

Los niños doblaban a Chávez.

«¡No cargue así a esa niña! —reprimió Chávez a un hombre que acercó a su hija enferma a la tarima presidencial—. ¿Usted es el papá? ¡No la cargue así!». Inmediatamente, llamó al ministro de Salud para que viera qué le pasaba a la niña.

Otro niño, tuerto, hizo explotar la retórica chavista. «¿Es justo que haya por ahí un niño sin un ojo, como este, que me hacer llorar a mí?», se preguntó casi gritando. Para luego seguir con su tema favorito: cómo los políticos de los dos partidos tradicionales acabaron con el país que él, Chávez, tiene que resucitar.

«De cada cien venezolanos, ochenta están en la pobreza —explicó Chávez a cientos de sus simpatizantes que se arremolinaban frente al estrado—. Al país lo robaron durante cuarenta años una pila de bandidos. —Aplausos—. Nos robaron un país delante de nosotros mismos; por cobardes o inocentes. —Más aplausos—. El país está como un edificio destruido y nos toca a nosotros levantarlo». Muchos gritos y aplausos.

De ahí pasó a otro de sus temas favoritos: cómo la oligarquía venezolana —dentro y fuera del país— y los dueños de algunos medios de comunicación estaban atacando su presidencia. «Yo no me dejo chantajear por nadie —dijo Chávez—. Si ustedes escuchan la radio y leen la prensa van a creer que esto es un desastre». «¡Nooo!», gritó la gente en coro.

Chávez tenía una bien desarrollada capacidad teatral. Hablaba con un lenguaje muy sencillo —«a ver negra, véngase *pa'ca*»— manejaba a la perfección las pausas y los efectos escénicos y nunca desaprovechaba una oportunidad de aparecer frente a las cámaras de televisión con la gente común y corriente y con los soldados rasos.

En la ceremonia que le habían preparado a su llegada en el aeropuertito de La Fría, Chávez se brincó olímpicamente a los altos mandos militares de la región —los cuales lo esperaban firmes y en filita— y se fue a meter a un tanque de guerra. Ahí, los sorprendidos soldados no sabían qué hacer con un presidente que les preguntaba por su familia y por la ametralladora que operaban.

Al verlo arriba del tanque, con su uniforme verde olivo, sus botas negras y su boina roja, era imposible no pensar en que este militar podría estar todavía en la cárcel —por su fracasado intento de golpe de estado en 1992— de no haber sido por la controversial amnistía que le concedió el expresidente Rafael Caldera. Y lo que Chávez no logró con las botas lo obtuvo con votos. El 6 de diciembre de 1998 consiguió una abrumadora victoria electoral.

Desde entonces, en Venezuela ya se han realizado varios plebiscitos y escrito una nueva Constitución. Esa nueva carta magna le permitiría legalmente a Chávez quedarse en el poder —no cinco años como la antigua constitución— sino hasta trece años. Y los planes de Chávez eran utilizarlos todos.

«Dentro de diez años se le verá a Venezuela, otra vez, la cara bonita», anunció. Y para él, su proyecto de la «Bonita Venezuela» implicaba un país sin desempleados, con casas, con educación y salud, con menos delincuencia. Y para eso, le advirtió a los asistentes a su mitin: «ustedes tienen que ser revolucionarios».

Chávez constantemente mezclaba sus citas revolucionarias con pasajes bíblicos y referencias a Jesucristo. En un discurso comparó su labor —de reconstuir Venezuela— al calvario de Cristo.

A pesar de su imagen tan positiva dentro de Venezuela, Chávez parecía estarse desgastando. Su popularidad había bajado en su primer año de gobierno del 90 al 69 por ciento.

Este desgaste también tuvo su eco en el exterior. En Miami, por ejemplo, a donde habían llegado muchos capitales venezolanos desde principios de 99, era fácil escuchar que Chávez trataba de convertir a Venezuela en otra Cuba y que su experimento social empezó y terminará mal.

Un defensor de los derechos humanos en Venezuela concuerda. «La gente votó por Chávez como un desahogo contra cuarenta años de injusticia y corrupción y acumulación de la riqueza», me comentó. Ahora Chávez estaba obligado a transformar ese odio y ese resentimiento en algo que funcionara... y pronto. En el exterior muchos dudaban de que Chávez pudiera con el paquete. Por eso habían puesto su dinero con sus dudas: en el extranjero.

Pero para la mayoría de los habitantes de Venezuela, su apuesta era que el chavismo acabara por despegar. Esa era su única opción.

MAL, MUY MAL, sonaban al principio de 2000 las críticas del presidente de la República Bolivariana de Venezuela, Hugo Chávez, a la prensa. Eran señales inequívocas de todo gobierno autoritario.

Primero, el director del periódico *El Mundo*, Teodoro Petkoff, fue obligado a renunciar por presiones gubernamentales a los dueños.

Otros diarios venezolanos, al igual que la radio y la televisión privadas, estaban bajo el constante escrutinio de asesores militares chavistas.

Luego, se aprobó una nueva Constitución que dejaba en manos del gobierno la determinación de lo que era información veraz y objetiva. Y más tarde, vinieron las furibundas quejas de Chávez al diario *The Miami Herald* por publicar, con un documento oficial como prueba, que el presidente no tomó las precuaciones necesarias a pesar de que sí sabía sobre el peligro de las terribles inundaciones en diciembre de 99.

¿Quién seguía? ¿Dónde estaba quedando la libertad de prensa?

De los veinticuatro periodistas que acompañamos a Chávez el viernes 18 de febrero de 2000, ocho eran de Cuba. Es obvio que el interés de Chávez en Cuba era tal que requería a tantos periodistas para cubrirlo. Ocho.

Y los periodistas, desde luego, queríamos hablar con él, sobre todo después de que había dejado de dar entrevistas para concentrarse en cadenas a nivel nacional. En las dos semanas previas a nuestra visita, Chávez había interrumpido las telenovelas (o culebrones, como les dicen en Venezuela) seis veces para hablar de... todo.

Sin embargo, tras una agotadora espera de doce horas y de perseguirlo en dos avionetas y un helicoptero, aceptó conversar conmigo diez minutos en la población de Guarumito, muy cerca de la frontera con Colombia; después de la visita a una fábrica de productos lácteos y antes de la entrega de unas casas a los damnificados por las lluvias (o «dignificados», como él eufemísticamente los llamaba).

Lo que sí estaba muy claro es que de nada sirvieron las semanas de intercambios de telefonazos y faxes con sus asesores de prensa, que nos habían prometido la entrevista con Chávez en el avión presidencial. Y tampoco tuvieron éxito las solicitudes —y a veces, hasta súplicas— de hablar con él, tranquilo, en el Palacio de Miraflores en Caracas.

«No —me dijo uno de sus asesores—, él no es un presidente de silla y escritorio; él quiere que la entrevista se realice en medio de la gente». Y así fue.

Rodeados de docenas de «dignificados» en Guarumito, me senté a conversar con Hugo Chávez en una cancha de basquetbol de cemento. Las sillas eran de plástico blanco, patas de metal y el sol amenazaba con huir. Pero Chávez, después de un día completo de discursos, todavía tenía ganas de hablar.

Boina roja. Traje militar verde, de combate. Botas negras. Total concentración.

Chávez siempre ha sido una persona segura; lo había entrevistado ya en dos ocasiones anteriores. Pero esta vez lo noté impaciente y muy incómodo con preguntas que no le gustaban. Aunque, eso sí, su deseo de mantener el control total, continuaba intacto. Cada vez que yo preguntaba, sus seguidores me abucheaban. Y cada vez que él respondía, le aplaudían. Nunca había realizado una entrevista así.

RAMOS: En el exterior se preguntan qué está usted celebrando después de un año [de gobierno]. Están viendo que la economía decreció en un 7 por ciento, que tiene 600 000 desempleados más, que hay más pobres que antes, que algunos de sus principales asesores han sido acusados de corrupción, que acusan a miembros del ejército de, supuestamente, haber asesinado a personas... ¿Qué está celebrando?

CHÁVEZ: En Venezuela estamos celebrando todos los que aquí estamos —millones como él [y apuntó a un niño], millones como esa inocente que está ahí, millones como esa señora que está ahí— el inicio de un renacimiento. Nosotros venimos de la tumba y el mundo entero pues tendrá que irlo aprendiendo poco a poco. Es un reto para el mundo. Es un reto para este mundo de hoy entendernos. Más allá de lo que se pueda decir o de las verdades o medias verdades. Y a mí ya no me importa eso. Te lo juro. Me importa, sí, la realidad de mi pueblo, me importa el dolor de mi pueblo y me mueve el amor, el inmenso amor que sentimos por la humanidad.

El 15 de diciembre de 1999 se realizó en Venezuela un plebiscito para aprobar la nueva Constitución. Era un día importantísimo para el chavismo. La Constitución, escrita por Chávez y sus seguidores, le permitiría al presidente eternizarse en el poder.

Pero como si fuera una señal del cielo en una novela del realismo mágico, ese mismo día se desataron unas terribles lluvias en todo el país, las peores en décadas. Cientos de personas murieron en los estados Vargas, Miranda y Falcón.

Y Chávez, lejos de tomar el control de la situación, desapareció de la vista del público en las horas más cruciales. Los rumores fluyeron. El más fuerte aseguraba que, en medio del temporal, Chávez estaba reunido en la isla de La Orchila con Fidel Castro. Se lo pregunté. ¿Dónde estaba usted cuando más lo necesitaba su país? Negó haber estado con Castro. Pero la pregunta, claramente, no le había gustado, y empezó a insultarme.

CHÁVEZ: Claro, tú estás repitiendo basura. Tú lo que estás aquí es repitiendo basura.

RAMOS: ¿Eso no es cierto?

CHÁVEZ: Estás repitiendo basura, hermano.

RAMOS: Por eso le quiero preguntar...

CHÁVEZ: Yo te respondo con mi dignidad. Y por la dignidad de un pueblo. Tú por tu boca estás repitiendo basura.

RAMOS: Yo le estoy preguntando. Mi labor es preguntar.

CHÁVEZ: Está bien. Está bien. Pero estás recogiendo la basura. Estás recogiendo el basurero, el estiercolero. ¿Por qué no recoges otra cosa? [...]

RAMOS: Bueno, es legítimo preguntar como periodista ¿no? [...]

CHÁVEZ: Pero, es que, ven acá. Pero es que tú vienes con el basurero, hermano. Yo te recibo con un basurero. Esta no es una falta de respeto para ti. Pero es la verdad [...]

RAMOS: Por eso se lo quiero preguntar a usted.

CHÁVEZ: Tú cargas una bolsa de basura. Ustedes vienen —¿de allá de Miami vienes tú?— con una bolsa de basura.

RAMOS: Mi pregunta es, nada más...

CHÁVEZ: ¿Estoy obligado yo a responder solo lo que tú quieres preguntar?

En medio de la discusión, uno de sus ministros le tocó la espalda al presidente, haciéndole saber que ya nos habíamos pasado bastante de los diez minutos asignados a la entrevista. «Tranquilo —dijo Chávez—, vamos a conversar un poquito más».

Dejó a un lado los insultos y, de pronto, cambió de tema: «Dame un cafecito, por favor».

En un par de minutos llegaron dos tazas de café. Me ofreció una, en son de paz, y se quedó con la otra. Sorbió con calma su café.

CHÁVEZ: Es my bueno; el café venezolano es muy bueno. Extraordinario.

RAMOS: ¿Cómo le gusta el café a usted?

CHÁVEZ: Muy guarapo.

RAMOS: ¿Qué quiere decir eso?

CHÁVEZ: Guarapo, muy clarito. Casi más agua que café. Muy suavecito. Guayoyo, se llama. Bueno, ¡viva México!

Su taza, de pronto, tocó la mía, como en brindis.

RAMOS: ¡Viva Venezuela!

Chávez quería seguir hablando. No le gusta perder argumentos ni dejar las cosas colgando. Pasamos al tema de Cuba. Pero todavía en 2000 se negaba a decir que la suya era una revolución socialista.

RAMOS: Usted en La Habana dijo: «El cauce que está construyendo el pueblo de Venezuela es el mismo cauce, y va hacia el mismo mar, hacia el que marcha el pueblo cubano». ¿A qué se refiere? ¿Hacia dónde quiere llevar a Venezuela?

CHÁVEZ: Lo mismo que diría yo en Ciudad de México. Y lo he dicho... Lo mismo que diría yo en Bogotá o en Cúcuta. Lo mismo que diría y lo he dicho en Río de Janeiro y Brasilia. Lo mismo que diría en Buenos Aires o en Montevideo o en Puerto Príncipe o en Santo Domingo.

RAMOS: Pero, por ejemplo, cuando usted dijo «hermano Fidel» al líder cubano, [muchos venezolanos en el exterior] sintieron que se estaba vinculando demasiado a una dictadura.

CHÁVEZ: A mí no me preocupa que a ellos les preocupe. Absolutamente. A mí lo que me preocupa es mi pueblo [...] El que le quiere ver cinco patas al gato, se las ve [...]

RAMOS: Me extraña que le llame «hermano» [a Fidel Castro] porque el cinco de diciembre [de 1998] —¿se acuerda?, cuando usted y yo hablamos— le pregunté sobre Cuba y me dijo: «Sí es una dictadura». Entonces le está llamando «hermano» al líder de una dictadura. ¿No hay ahí una contradicción?

CHÁVEZ: Mas allá de que si tú dijiste «dictadura» y yo dije que sí o dije que no —porque habría que contextualizar lo que dije— yo no soy quién para condenar al régimen cubano ni al régimen estadounidense [...]

Y así terminó la entrevista, con el presidente levantando su taza de café una vez más —en esta ocasión por el mundo—, con la gente aplaudiendo y con el atardecer que se nos echaba encima y apresuraba nuestro regreso en helicóptero de Guarumito al aeropuerto de La Fría.

LA NUEVA CONSTITUCIÓN tuvo enormes consecuencias. El presidente Chávez fue reelegido para un período de seis años más en las votaciones del 31 de julio de 2000, imponiéndose sin muchos problemas a su ex amigo Francisco Arias.

Pocos días después, el jueves 10 de agosto, Chávez se ganó el dudoso honor de convertirse en el primer líder elegido democráticamente en ir a visitar en Bagdad al dictador Sadam Husein. «Si Estados Unidos se enoja, ¿qué puedo hacer?», se preguntó retóricamente Chávez en Irak. Mientras tanto, en Venezuela, la prensa no sabía si destacar la independencia de la política exterior de su presidente o su afición a reunirse con dictadores.

CUARENTA Y SIETE HORAS SIN HUGO CHÁVEZ

En abril de 2002 hubo un intento de golpe de estado contra Hugo Chávez. Tomé un avión de Miami a Caracas y esto fue lo que vi.

Caracas.

Las imágenes eran terribles. Varios hombres armados aparecían en un video, filmado por un camarógrafo de Venevisión, disparando aparentemente en contra de una marcha de la oposición que se dirigía por la céntrica avenida Baral hacia el Palacio de Miraflores. Era escalofriante ver cómo al menos cuatro hombres, sobre el puente Llaguno, disparaban, cargaban sus armas y, luego, volvían a disparar.

Las imágenes del video no permitían determinar a quién disparaban. Pero la dirección de sus disparos sugería claramente que lo hacían en dirección opuesta al trayecto de la marcha.

El presidente Hugo Chávez había prohibido las transmisiones de las cadenas privadas de televisión que, antes de la orden presidencial, reportaban extensamente sobre la marcha y, luego, sobre las muertes ocurridas en el centro de Caracas. Pero cuando llegó la prohibición presidencial, ya era demasiado tarde. Millones de personas, dentro y fuera de Venezuela, habían visto una y otra vez el video en que unos pistoleros —identificados por la prensa local con los chavistas «Círculos Bolivarianos»— disparaban supuestamente en contra de los manifestantes.

La marcha de unas 5000 personas, el jueves 11 de abril de 2002, había sido convocada por la Confederación de Trabajadores de Venezuela (CTV) tras los despidos de varios empleados de la empresa Petróleos de Venezuela (PDVSA). Además de exigir la restitución de los trabajadores despedidos, muchos de los manifestantes pedían también la renuncia del presidente Hugo Chávez.

Diecinueve personas murieron ese día y cerca de un centenar resultaron heridas.

Entre los muertos estaba un joven de dieciocho años de edad. Gustavo Tovar, un amigo de la familia, me explicó cómo fue asesinado el muchacho. «Le dispararon, desde quién sabe donde, y lo mataron con un disparo en la cabeza —me dijo Tovar, mientras tocaba con suavidad una fotografía del joven—. Dieciocho años, un niño que apenas estaba empezando a vivir».

Al día siguiente fue arrestado Germán Atencio, un exempleado del Ministerio del Ambiente, identificado gracias al video como uno de los hombres que estaban disparando sobre el puente Llaguno. «Yo sé que hice mal y estoy arrepentido por eso —dijo Atencio a la prensa poco después de su detención—. Pero yo no estaba disparándole al pueblo en ningún momento».

Un día después del tiroteo subí al puente Llaguno y desde ahí tenía una vista ininterrumpida, por varias cuadras, de la avenida por la que avanzó la marcha antichavista hacia el Palacio de Miraflores. Los pistoleros, sin duda, pudieron ver que miles de personas se dirigían hacia el puente donde ellos se habían apostado. Si era cierto que esos pistoleros chavistas no dispararon a la multitud, sino a otros hombres armados, hubieran requerido de una puntería excepcional para no herir y matar a manifestantes inocentes. Los videos muestras a varios pistoleros disparando desordenadamente hacia el lugar donde estaba la multitud sin preocuparse mucho por dar en un objetivo específico. Además, esos mismos videos no parecían registrar disparos en contra de los pistoleros prochavistas que se encontraban sobre el puente.

Los sucesos del 11 de abril de 2002 nunca quedaron totalmente aclarados. El gobierno de Chávez aseguraba que la mayoría de los muertos eran simpatizantes del gobierno, que se habían concentrado cerca del puente Llaguno para evitar el paso de la marcha opositora hacia el Palacio de Miraflores. Ellos insistían en que francotiradores y miembros de la Policía Metropolitana —aliados al alcalde de Caracas, Alfredo Peña, y opuestos al régimen chavista— fueron los responsables de iniciar el tiroteo. Además, calculaban que los manifestantes nunca se acercaron a más de 380 metros del puente Llaguno, dejándolos demasiado lejos del alcance de los pistoleros chavistas.

Independientemente de lo que ocurrió ese 11 de abril, las imágenes de los pistoleros chavistas disparando hacia donde venían los manifestantes opositores tuvieron enormes implicaciones políticas. En el vacío de poder que surgió luego del tiroteo, tomó fuerza la versión de la oposición de que el gobierno de Chávez había disparado contra el pueblo que lo puso en el poder. Chávez, argumentaban los opositores, organizó la resistencia a la marcha y autorizó el uso de armas por parte de los «Círculos Bolivarianos» o, en el mejor de los casos, permitió que dispararan contra los manifestantes con absoluta impunidad.

Para reforzar el argumento de la oposición, las confiscaciones y los allanamientos realizados durante los dos días posteriores al tiroteo demostraban que en oficinas y casas de los seguidores del presidente había grandes cantidades de armamento. ¿Para qué querían esas armas?

La legitimidad del poder de Chávez desaparecía con las horas. Sí, era cierto, Hugo Chávez había ganado legalmente en las últimas elecciones presidenciales y recibió el apoyo de la mayoría de los venezolanos para cambiar la Constitución y reformar las principales insituciones del país. Pero eso no le daba ningún derecho para disparar contra la gente. Y ahí estaban los videos para probarlo.

Desde el punto de vista de la oposición, ya había una razón legal, documentada, que justificaba la democión de Chávez de la presidencia. Sin embargo, aún faltaba encontrar el mejor camino para hacerlo. Si él se negaba a renunciar, la Asamblea podría exigírselo o, incluso, podría ser sometido a un juicio por complicidad en los asesinatos.

La noche del 11 de abril de 2002 Chávez había perdido el control de Venezuela.

Su autoridad estaba siendo cuestionada por opositores, empresarios y, también, dentro del mismo ejército. Una matanza de civiles era injustificable. Y el dedo acusador apuntaba directamente al Palacio de Miraflores.

Esa misma noche se reunieron los dos principales líderes de los empresarios y los trabajadores: Carlos Ortega de la CTV y Pedro Carmona de Fedecámaras. La alianza entre empresarios y trabajadores ponía en cuenta regresiva a la presidencia de Chávez. Se trataba de encontrar una manera legal y constitucional de destituir al presidente. Pero hasta la madrugada del viernes 12 de abril no habían hallado la forma de hacerlo. Chávez —eso sí lo sabía— no renunciaría voluntariamente.

Carmona, de acuerdo con algunas versiones de prensa, dejó a Ortega y a otros líderes opositores —incluyendo a miembros de los partidos políticos Copei y Alianza Democrática— para irse a cambiar al hotel Four Seasons de Caracas. Pero poco después de hacerlo se dirigió hacia el Fuerte Tiuna para conversar con el general Efraín Vásquez

Velasco. El general Vázquez, entonces, decidió enviar a un militar de alto rango, el general Néstor González, a que le pidiera la renuncia al presidente Chávez. El presidente, ahora sabemos, no renunció pero fue obligado a dejar el Palacio de Miraflores para ser detenido, primero en Fuerte Tiuna, luego en la base naval de Turiamo y, finalmente, en una instalación militar en la isla de La Orchila.

Esto, sin lugar a dudas, no era una salida constitucional. Se trataba de un golpe de estado. Punto. Carmona, un empresario de sesenta y un años de edad, y un grupo de militares inconformes y sublevados tomaron el poder por la fuerza. Ese fue un gravísimo error. Lo que había comenzado como una impugnación al poder de Chávez por la matanza en el centro de Caracas se había convertido en un golpe de estado. Chávez, que ya estaba contra la pared por crímenes cometidos por sus simpatizantes, de pronto se convertía en la víctima de un golpe de estado. Eso, horas más tarde, le permitiría recuperar el poder.

El brevísimo gobierno de Carmona, al frente de una alianza civico-militar, fue desastroso. Una de sus primeras medidas de gobierno fue abolir la Asamblea y el Tribunal de Justicia. Así, Carmona concentraba los tres poderes, el ejecutivo, el legislativo y el judicial, y se convertía en un dictador de facto. Su supuesto poder superaba en mucho, al menos en papel, al que ya había acumulado Chávez.

La noche del 12 de abril fui con un grupo de amigos periodistas a cenar a un restaurante de la zona de Altamira. El ambiente era, francamente, de celebración.

Estaban reunidos muchos venezolanos opositores a Chávez y ellos pensaban que, por fin, se habían desecho de «ese dictadorzuelo amiguito de Fidel». El vino y el whisky fluían de una mesa a otra con gritos de «salud» y «Viva Venezuela».

La celebración duró muy poco.

Yo había viajado a Venezuela para reportar sobre la caída de Chávez, pero jamás me imaginé que terminaría reportando sobre su rápido retorno al poder.

El rumor que corría esa noche en Caracas era que Chávez había renunciado y que pronto sería enviado a Cuba. Otros, en la embriaguez de su brevísimo poder, pedían venganza y querían a Chávez y a sus colaboradores tras las rejas. Durante el día, varios seguidores del depuesto presidente fueron detenidos y golpeados por turbas opositoras.

El problema era que se hablaba mucho de la renuncia de Chávez —una versión que le convenía a la oposición, ya que no tenía otra alternativa legal para explicar la creación de una junta cívico-militar—, pero nadie podía mostrar un documento o un video con la renuncia del presidente. El general Lucas Rincón, jefe del Estado Mayor, había aceptado públicamente una renuncia de Chávez que, en realidad, nunca se había dado. Eso le abrió el camino a Carmona y al general Vásquez para abolir la presidencia de Chávez y crear su propio gobierno transitorio.

Pero eso no le sonaba bien al Raúl Isaías Baduel, encargado de la Brigada Aérea de Maracay. «Eso es un golpe, y de derechas. Yo no me sumo», le dijo el general Baduel a uno de sus subordinados, según reportaría más tarde la revista *Cambio*. La posición del general Baduel no se dio a conocer inmediatamente en los medios de comunicación, muchos de los cuales aún estaban celebrando la caída de Chávez. Pero sí se filtró a otros mandos militares. Los militares de Carabobo pronto se unieron al movimiento de resistencia iniciado en Maracay por Baduel. Así se inició la contrarrevuelta militar que permitiría el regreso de Chávez al poder.

La mañana del sábado 13 de abril de 2002 sorprendió a muchos caraqueños con comercios destruidos, tiros al aire y señales de violencia atribuidos a grupos simpatizantes de Chávez que habían bajado de los cerros durante la madrugada. Yo visité un centro comercial en ruinas; hasta el cajero automático del banco local había sido saqueado. No había un vidrio sin romper y solo los locales con puertas metálicas aguantaron el enojo de los chavistas. El movimiento para regresar a Chávez a Miraflores se había iniciado.

Los medios de comunicación que habían sufrido anteriormente de la represión y de los antojos de Chávez se rehusaron a reportar sobre lo que estaba ocurriendo. Estaban apostando abiertamente en contra del presidente depuesto y, en lugar de noticias, llenaron su programación con películas y entretenimiento. Quien estuvo viendo la televisión privada ese sábado podía concluir, erróneamente, que no estaba pasando nada en Caracas y que la salida de Chávez era irreversible. Pero en las calles de Caracas, miles de seguidores del presidente se disponían a retomar, por las buenas o por las malas, el Palacio de Miraflores.

La televisión privada, tomando partido, podía negarse a transmitir lo que estaba ocurriendo en las calles. Pero no la prensa internacional. La cadena CNN en Español, transmitiendo continuamente sobre la crisis en Venezuela, presentó una entrevista con Marisabel, la esposa de Chávez, quien aseguraba que su esposo no había renunciado. Poco después, dos miembros de la Asamblea dieron a conocer un documento supuestamente firmado por Chávez que decía:

> *«Turiamo, 13 de abril de 2002, a las 14:45 horas, al*
> *pueblo venezolano: Yo, Hugo Chávez Frías, venezolano,*
> *Presidente de la República Bolivariana de Venezuela,*
> *declaro: No he renunciado al poder legítimo que el*
> *pueblo me dio. ¡Para siempre!, Hugo Chávez».*

El documento aparentemente había sido sacado por uno de los soldados de la Guardia Nacional que custodiaban a Chávez en la base naval de Turiamo. Aquellos venezolanos que tenían satélite en sus casas o que de alguna forma recibían la información del exterior se dieron cuenta de que Chávez, en realidad, no había renunciado y de que, en tono desafiante, se resistía al golpe de estado. Carmona y los militares golpistas no pudieron mantener su versión de que Chávez había renunciado y su gobiernito de horas se empezó a desmoronar.

Toda esa tarde me la pasé editando mi reportaje para el *Noticiero*

Unvision de esa noche en el edificio de Venevisión. En varias ocasiones tuvimos que encerrarnos bajo llave ya que turbas chavistas, en motocicleta, se acercaban con palos, piedras y pistolas a amenazar a los empleados de la televisora. Los mismos ataques ocurrían en las instalaciones de Globovisión y de Radio Caracas.

Sin embargo, los medios de comunicación privados insistían en su silencio. Nada de noticias, solo películas y programas de entretenimiento. Pero el rumor del posible regreso de Chávez era muy fuerte.

Esa noche, cuando fui a cenar en uno de los restaurantes del hotel Hilton de Caracas, uno de los cocineros me jaló a un lado y me preguntó: «¿Es cierto que Chávez ya está regresando a Caracas?». Él, sin duda, estaba mejor informado que yo. «No sé —le contesté—, pero voy a averiguar». Pedí una pasta, y con teléfono en mano le hablé a algunos de mis contactos.

Efectivamente, algo estaba ocurriendo. En Fuerte Tiuna, donde se encontraba un equipo de reporteros de Univision, nadie podía entrar ni salir. El presidente provisional, Ramón Carmona, estaba ahí también para hablar con la prensa. Pero, de pronto, quedó atrapado como el resto de los civiles. Los militares que hasta hacía unas horas controlaban el país, habían perdido el control del Fuerte Tiuna. Mientras tanto, otras unidades militares se unían a las que se habían alzado en rebelión contra la junta de gobierno cívico-militar.

Al terminar de cenar llamé al cocinero y le dije: «Tenías razón, parece ser que Chávez regresa al poder esta misma noche». Cuando el cocinero volvió a la cocina y le comentó a sus compañeros lo que yo le había dicho, alcancé a escuchar un alegre griterío: «Regresa Chávez, regresa Chávez».

Cuando llegué a cenar, Chávez estaba a punto de ser exiliado a Cuba pero a la hora del postre le había dado vuelta a la historia y estaba a punto de recuperar el poder.

El vacío de información era casi total. Las televisoras privadas no reportaban nada. Los medios oficiales solo transmitían una serie de rumores sin confirmar. Carmona y los militares golpistas no aparecían por ningún lado y Chávez continuaba en la isla de La Orchila, pero casi nadie sabía si estaba en calidad de presidente o prisionero.

La violencia se intensificó esa misma noche del sábado. Se escuchaban tiros por todos lados y era muy peligroso circular por la ciudad. Sin embargo, teníamos que transmitir el noticiero de esa noche y era preciso salir del hotel. Conseguimos una señal de satélite para transmitir e iniciamos nuestro noticiero en vivo desde Caracas. Buscamos una esquina segura dentro del patio de una casa; no queríamos que algún grupo chavista viera las luces de nuestras cámaras de televisión y nos atacaran. Para ellos, todos los camarógrafos y periodistas, sin distinción, éramos considerados enemigos del chavismo.

Eran casi las doce de la noche del 14 de abril.

A la mitad del noticiero, uno de los productores me hizo saber que se habían puesto en contacto telefónico con el ministro de defensa del gobierno chavista, José Vicente Rangel, y que estaba listo para entrevistarlo. Era la oportunidad perfecta para preguntarle sobre los rumores de que Chávez regresaba al poder.

«El presidente Chávez, dentro de poco, despegará en un helicóptero de La Orchila, una isla venezolana, donde estaba detenido —me dijo Rangel a manera de explicación—. Y llegará dentro de una hora aproximadamente a Caracas, al Palacio de Miraflores, para asumir nuevamente el poder. Todos los componentes militares, la Fuerza Aérea, la Marina, la Guardia Nacional y el Ejército, son leales al presidente de la República. En este momento está encargado de la Presidencia el vicepresidente Diosdado Cabello».

La aventura de Carmona y los militares golpistas se había estrellado con su ilegalidad y con un Chávez aún apoyado por amplios sectores del ejército.

—¿El presidente [Chávez] renunció? —pregunté a Rangel.

—Eso es completamente falso, nunca renunció —respondió—.

Esa fue una patraña más, una mentira más, inventada por los golpistas. El presidente Chávez nunca renunció.

Le dije a Rangel que muchos opositores culparon al presidente Chávez de ordenar la matanza del pasado 11 de abril y que eso justificaría su salida del poder.

—Eso es lo que dijeron los golpistas para justificar el golpe, para impresionar a las fuerzas armadas —contestó Rangel—. Ya va a aparecer la verdad al respecto. La mayor parte de los muertos, yo diría casi el 90 por ciento, son partidarios del presidente Chávez. Eran francotiradores de la policía, que no controla el gobierno, los que ocasionaron las muertes.

Minutos después de la entrevista, Chávez estaba regresando al Palacio de Miraflores, ante una enardecida multitud que ya había obligado a salir a los militares que protegían a Carmona.

Chávez estuvo fuera del poder por cuarenta y siete horas.

El domingo 15 de abril por la noche, con claras señales de cansancio y falta de sueño, pude conversar telefónicamente con el presidente Chávez. Había conseguido el teléfono celular del vicepresidente Diosdado Cabello y él, sin muchas reservas, le pasó el teléfono al presidente.

CHÁVEZ: Primero debo decirte que la situación está regresando rápidamente a la calma. Ayer, en verdad, estaba aún detenido, estaba preso en la isla de La Orchila, en el Caribe. Tan pronto llegamos aquí al palacio, en la madrugada, la situación comenzó a tener un mayor grado de gobernabilidad. Estuvimos trabajando toda la madrugada y el pueblo que estaba en las calles fue regresando a sus casas. Ordené el incremento del patrullaje policial, y en algunas zonas patrulla militar.

RAMOS: ¿Su vida corre peligro en estos momentos?

CHÁVEZ: No, absolutamente. Estoy aquí precisamente con mi

esposa, con mis cinco hijos, con mis nietas y trabajando con varios ministros, con el vicepresidente [...] En la tarde me fui a Maracay, donde está el comando de la brigada de paracaidistas, que fue la unidad donde se generó la acción popular y militar para restituir la legalidad y la constitución, y restituirme a la Presidencia de la República. Cosa que se logró sin un tiro. No hay ninguna razón para creer que hay peligro para mi vida. Son totalmente falsos esos rumores, por ahí, de un posible secuestro.

RAMOS: ¿Qué ha pasado con el señor Pedro Carmona? ¿Está arrestado?

CHÁVEZ: Sí, el señor Pedro Carmona está detenido [...]

Y se cortó la comunicación. Nunca más pudimos reestablecer el contacto telefónico ni preguntarle sobre su responsabilidad en la matanza del 11 de abril. Esa sería mi última entrevista con Chávez. A pesar de múltiples intentos, nunca más quiso hablar conmigo.

LA LECCIÓN DE CHÁVEZ

Tras el intento de golpe de estado en su contra en 2002, Chávez se radicalizó. Sus coqueteos con el castrismo se convirtieron en tórrido romance. Dejó de ocultar que su verdadero objetivo era una revolución socialista, hizo una purga del ejército y empezó a acumular el poder. Así seguiría hasta su muerte.

La mujer que, quizás, mejor conoció a Chávez fue Marisabel Rodríguez, su segunda esposa. Tuvo una hija con él, Rosinés.

Tras el intento golpista, Marisabel fue la primera en decir —en una entrevista en CNN en Español— que Chávez no había renunciado. Eso permitió, eventualmente, el regreso de su esposo a la presidencia.

La entrevisté en agosto de 2008, cuando el chavismo ya estaba consolidado y cuatro años después de su divorcio con Chávez. Sus diferencias ya eran patentes.

«Inmediatamente después del golpe de estado [en 2002] nosotros tuvimos la oportunidad de compartir un par de meses», me dijo Marisabel. Y fue ahí cuando ella se dio cuenta de que Chávez había cambiado «radicalmente» para apoyar una política basada en el «revanchismo y la venganza».

«¿Qué lo hizo cambiar?», le pregunté. «A veces las personas, cuando llegan al poder, no están totalmente maduras —me contestó—, y para sostenerse en el poder se vuelven totalitaristas. Algunas personas a su alrededor le endulzaron la cabeza con la idea de perpetuarse en el poder». Así nació el chavismo totalitario.

Yo todavía recuerdo esa primera entrevista con Chávez en 1998 en que me dijo que entregaría el poder como un demócrata y que gobernaría con tolerancia. Chávez, claramente, nos mintió para llegar al poder. Eso es lo que hacen los dictadores. Esa es la lección.

La política de cero tolerancia frente a los regímenes autoritarios llegó demasiado tarde. Cuando los venezolanos trataron de corregir el rumbo, ya no pudieron.

Hugo Chávez murió de cáncer, aún en el poder, el 5 de marzo de 2013. Lo reemplazó uno de sus principales colaboradores, Nicolás Maduro.

SIETE

El que se cansa, pierde:
Leopoldo López y Lilian Tintori

«Si mi encarcelamiento vale para el despertar de un pueblo, para que Venezuela despierte definitivamente [...] entonces vale este encarcelamiento infame». —LEOPOLDO LÓPEZ

«Si nosotros no luchamos por nuestro país ¿quién va a luchar?». —LILIAN TINTORI

SU DESTINO ERA la cárcel. Y de ahí, quizás, la presidencia de Venezuela.

Cuando lo conocí en Miami en noviembre de 2013, ni Leopoldo López ni yo nos imaginábamos que en menos de tres meses él estaría detenido en una cárcel de Venezuela.

Acababa de llegar de un largo recorrido por su país y el reporte era terrible. Venezuela se había convertido en el país de las filas. «Colas para poner gasolina, colas para comprar alimentos, colas para el autobús, en el hospital —empezó a enumerar—. Apagones de cuatro o cinco horas todos los días. No hay agua potable. Hay problemas con las aguas negras. Somos el país de los mayores niveles de inseguridad en América Latina; sesenta homicidios todos los días».

Sin embargo, el gobierno de Nicolás Maduro no estaba tomando responsabilidad por la crisis. Había iniciado una campaña a nivel nacional, con afiches y discursos en la televisión, acusando a los principales miembros de la oposición —a Leopoldo, al ex candidato presidencial Henrique Capriles y a la asambleísta María Corina Machado— de los grandes problemas del país.

Leopoldo me lo contó así: «Maduro sacó la foto de cada uno de nosotros y ha dicho, palabras textuales, estos son los responsables de que no tengas luz, de que no tengas agua, de que no tengas alimentos. Y obviamente la gente no es tonta. La gente sabe que es una campaña de instigación al odio. Pero que puede llegarle a un segmento de la población. Es una manera, no solamente irresponsable sino inmoral, de manejar el poder».

Leopoldo sabía que estaba en la mira del gobierno. Pero no era la primera vez.

Leopoldo fue alcalde del municipio de Chacao de 2000 a 2008 y luego anunció su intención de lanzarse como candidato a la alcaldía de Caracas. Las encuestas lo colocaban como favorito.

Pero el presidente Hugo Chávez no quería a un opositor gobernando la capital. Por eso, la Contraloría General de la República lo inhabilita por tres años para ejercer cargos públicos por un supuesto conflicto de intereses (por una donación de Petróleos de Venezuela —PDVSA— a su agrupación Primero Justicia). La inhabilitación luego sería extendida hasta 2014.

La Comisión Interamericana de Derechos Humanos tomó el caso de Leopoldo y decidió a favor de él, pero el gobierno de Chávez no le hizo caso. Claramente, Leopoldo se estaba posicionando como una seria amenaza para el chavismo y querían neutralizarlo.

Tras la muerte de Chávez por cáncer se llama a elecciones presidenciales el domingo 14 de abril de 2013. El candidato escogido por Chávez, Nicolás Maduro, obtiene el 50.61 por ciento de los votos, según cifras oficiales, ganándole al opositor Henrique Capriles (quien obtuvo el 49.12 por ciento).

La oposición, inmediatamente, denunció un fraude. El principal problema era obvio. El Consejo Nacional Electoral, que contaba los votos, estaba bajo el control del propio gobierno.

«Maduro se robó las elecciones del 14 de abril —me contó Leopoldo en una entrevista a finales de 2013—. Nosotros estamos convencidos que el voto favorecía a la unidad [opositora] y se robó las elecciones en complicidad con el Consejo Nacional Electoral y con el Tribunal Supremo de Justicia».

El gobierno, desde luego, negó cualquier fraude. La oposición tenía que responder y lo hizo llamando a una marcha multitudinaria para el miércoles 17 de abril. La confrontación estaba anunciada. Miles saldrían a defender el voto opositor mientras el régimen chavista se resquebrajaba. Solo faltaba saber cómo respondería el ejército.

Dentro de la oposición, según varias entrevistas, había serias divisiones. Leopoldo y la asambleísta María Corina Machado apoyaban la estrategia de confrontación y argumentaban que había que salir a marchar. Pero, al final de cuentas, la decisión cayó en Capriles, quien era el candidato.

Capriles tenía informes que sugerían un posible ataque del ejército y la policía a los manifestantes, con una considerable pérdida de vidas, y un día anterior a la protesta callejera del 17 de abril, la suspendió.

«Yo estoy de acuerdo en que debimos haber salido —me dijo Leopoldo—. Esa fue mi posición en ese momento. Ahora, yo no era el candidato. Ante la idea de que podría haber violencia en una manifestación en la calle, ahí la carga de la responsabilidad está en el estado venezolano, quien tiene el monopolio de la fuerza pública y de las armas».

Y no marcharon. Quizás ahí perdieron una oportunidad histórica para terminar con el chavismo autoritario.

«Se perdió una oportunidad, pero no es la última —reflexionó Leopoldo. Luego, trató de zanjar sus diferencias con Capriles—: Eso no significa que estemos desunidos. Todos estamos unidos en el cambio. [Pero] yo sí creo que el pueblo tiene que manifestarse en la calle de forma no violenta».

La principal diferencia entre Capriles y Leopoldo es que este último estaba convencido de que había que forzar al régimen a aceptar cambios, y la única manera de hacerlo era con protestas callejeras. La decisión de Capriles de no salir a las calles el 17 de abril de 2013 tuvo un enorme impacto en Leopoldo y marcaría su forma de actuar de ahí en adelante.

Mientras tanto, Maduro, ya como presidente electo, seguía cometiendo errores. En una ocasión dijo que Chávez se le aparecía en forma de pajarito y que le silbaba para comunicarse con él. En otra, intentando citar la *Biblia*, habló de la multiplicación de los «penes» en lugar de los «peces». Y sus libertades con la gramática de la lengua española lo llevaron a hablar de «millonas» en vez de millones de mujeres.

La oposición, a través de las redes sociales, no paraba de burlarse de Maduro. Fueron implacables cuando ordenó la creación del Ministerio para la Suprema Felicidad. Pero la realidad es que, a pesar de todos sus gafes y de una muy pública caída de una bicicleta, Maduro seguía en el poder.

«Hay infinidad de razones para burlarse de Maduro —reconoció Leopoldo. Pero no había motivo para reírse—. Él representa la destrucción de la nación, el desastre que estamos viviendo hoy en Venezuela [...] ¿La felicidad se decreta? Obviamente no se decreta».

MADURO NO SE cayó. Pero Venezuela iba en picada con uno de los niveles de inflación más altos del mundo, larguísimas filas para productos de primera necesidad y gravísimos niveles de criminalidad, como si fuera una zona de guerra. La caída en los precios del petróleo y las frecuentes denuncias de corrupción gubernamental crearon una terrible crisis económica en el país.

Efectivamente, uno de los países más prósperos de América Latina por décadas, se estaba convirtiendo en uno de lo más pobres, peligrosos y corruptos. (Una encuesta de Gallup en marzo de 2014 establece que el 75 por ciento de los venezolanos considera que la corrupción es prevalente en el gobierno).

La oposición no quería un golpe de estado. La lección del intento golpista en 2002 estaba bien aprendida. Nada fuera de la ley. Pero sí estaban buscando opciones legales para «salir» de Maduro. Leopoldo me habló de cuatro alternativas: «Una reforma, una enmienda a la constitución, [un decreto] de la asamblea constituyente o la renuncia de Maduro».

Maduro, claramente, no iba a cooperar ni a renunciar. «En el 2016 si quieren recogen sus firmas y nos medimos en un referéndum revocatorio», había dicho Maduro como respuesta a todos los retos de sus opositores. Pero la oposición no podía esperar más.

En febrero de 2014 surgieron protestas antigubernamentales en todo el país y rápidamente fueron reprimidas por la Guardia Nacional Bolivariana y la policía. Las protestas, más que proponer un cambio inmediato de gobierno, eran un claro rechazo al gobierno de Nicolás Maduro. El saldo final fue de cuarenta y tres muertos (incluyendo a varios agentes del gobierno), más de ochocientos heridos y miles de detenidos.

Las protestas y guarimbas, o cierres de calles, se diluyeron poco a poco pero no la intención del gobierno de poner tras las rejas a sus organizadores. Un tribunal de Caracas dictó una orden de captura contra Leopoldo, por terrorismo y homicidio, entre otros cargos.

Leopoldo decidió que no se iba a refugiar en la clandestinidad ni a huir del país y decidió entregarse públicamente el 18 de febrero de 2014. No confiaba en lo que él describió como una «justicia injusta» pero su encarcelamiento tenía un claro objetivo político: el fin del régimen de Maduro.

«Si mi encarcelamiento vale para el despertar de un pueblo, para que Venezuela despierte definitivamente (y que la mayoría de los venezolanos que queremos cambio podamos construir ese cambio en paz y en democracia) entonces vale este encarcelamiento infame», dijo antes de entregarse en Caracas a miembros de la Guardia Nacional Bolivariana y desparecer dentro de un vehículo militar.

Leopoldo fue encarcelado en la prisión de Ramo Verde.

LA ESPOSA REBELDE

Todas las mañanas, a las cinco y media, Lilian Tintori se levanta a rezar y a leer la *Biblia*. Exactamente a la misma hora, su esposo, el preso político Leopoldo López, hace lo mismo en la cárcel de Ramo Verde en Venezuela. Eso acordaron antes de que lo detuvieran. Así, todos los días y a la misma hora, Lilian y Leopoldo se conectan.

Hablé con Lilian en Miami en febrero de 2015, poco más de un año después del arresto de su esposo. A Lilian le ha tocado hablar por Leopoldo porque a Leopoldo no lo dejan hablar.

El gobernante, Nicolás Maduro, nunca le perdonó a Leopoldo haber liderado las protestas de febrero de 2014 que casi tumban al régimen. Le inventaron cuatro cargos —daños a la propiedad, incendios, asociación para delinquir e instigación pública— y poco después Leopoldo se entregó a las autoridades.

Su juicio fue una farsa. Varias organizaciones de derechos humanos —incluyendo a Amnistía Internacional y Human Rights Watch— consideraron que su arresto fue injustificado; fue el vil y burdo intento de Maduro de reprimir al principal líder opositor.

Pero Maduro se equivocó dos veces. La primera, al crear un mártir. No son pocos los que compararon el arresto de Maduro con el de Nelson Mandela en Sudáfrica. Y todos sabemos cómo acaba la historia.

«Leopoldo es un preso de conciencia —me dijo Lilian—. Leopoldo está preso por sus ideas, por sus palabras, por querer una mejor Venezuela. Entonces ¿qué vamos a hacer? Denunciar. No vamos a parar de denunciar».

La segunda equivocación de Maduro fue menospreciar a Lilian Tintori. Nunca sospechó que la esposa de Leopoldo sería tan combativa como él. Ese fue un grave error de cálculo.

Lilian ha mantenido viva la memoria, el sacrificio y la misión de Leopoldo. Pelea todas las peleas dentro de Venezuela. Y no hay foro internacional donde no aparezca. Así, Lilian Tintori, la esposa rebelde, se convirtió en una de las principales amenazas a la dictadura madurista. Muchos más prefieren salir en la foto con ella que con Maduro.

La valentía de Lilian contrasta con la cobardía de la mayoría de los presidentes latinoamericanos que no se atrevieron a criticar las violaciones a los derechos humanos en Venezuela. (En la Cumbre de las Américas en Panamá, en abril de 2015, ninguno de los treinta y cuatro presidentes y primeros ministros participantes se atrevió a denunciar el encarcelamiento de Leopoldo en Venezuela).

Lilian no para de hablar de Leopoldo. Cuando la entrevisté, denunció torturas en la cárcel. «Entraron hombres armados y destrozaron su espacio, se robaron sus memorias, todo lo que él escribe se lo robaron. Siete horas duró esta requisa y lo metieron en una celda de castigo que se llama El Tigrito —me dijo—. Una noche, a la una de la mañana le lanzaron por la ventana de su celda excremento humano y orina. Le cortaron el agua y la luz para que no se pudiera bañar. Eso es un trato absolutamente inhumano, de tortura».

«¿Cómo salir de este desastre de una manera legal?», le pregunté. «Ojalá renunciara [Maduro] si quisiera al venezolano —me respondió—. El sistema fracasó. Es un sistema antidemocrático que fracasó».

Mientras tanto, a Maduro le incomodan, y mucho, Leopoldo López y su esposa. Antes de que Leopoldo se entregara, Maduro les ofreció irse del país. «Que por favor se fuera de Venezuela, que el avión estaba listo —recordó Lilian—. Esto fue un mensaje que nos mandó Maduro directamente a mi casa. Le dijimos "no"».

Maduro se equivoca si cree que Lilian se va a dar por vencida. «Yo me casé con Leopoldo —me dice—, y me casé con su compromiso de una mejor Venezuela. No voy a parar. No voy a parar».

En eso piensa Lilian Tintori todos los días a las cinco y media de la mañana. «Sí, eso lo tenemos acordado desde el primer día —recordó—. Si nosotros no luchamos por nuestro país, ¿quién va a luchar?».

LA LECCIÓN DE LEOPOLDO Y LILIAN

Leopoldo y Lilian lo saben: el que se cansa pierde. Los dos podrían tener una vida tranquila y segura en Miami o Madrid. Pero no quieren. Quieren vivir en Venezuela.

Mas no en la Venezuela de Nicolás Maduro, ni en un Venezuela autoritaria.

En la cárcel de Ramo Verde en Venezuela hay muchas cosas. Pero no acceso a Twitter. Sin embargo, aún dentro de la cárcel hay gente que ayuda a Leopoldo a sacar cartas y mensajes. Así, cuando se cumplió el primer año de las protestas en Venezuela y de su posterior encarcelamiento, Leopoldo sacó el siguiente mensaje por Twitter:

«Hoy la lucha sigue! Juventud venezolana: el que se cansa pierde. Sé que uds no se cansarán, yo tampoco lo haré. Fuerza y Fe!!!».

Han escogido el camino más difícil y también el más cansado. Lilian ha reemplazado las labores de Leopoldo como el líder más visible de la oposición venezolana. Todos los días comparten un momento de oración juntos, él en la cárcel y ella en cualquier parte del mundo donde esté. Y así lo seguirán haciendo hasta que Venezuela sea un país democrático.

En septiembre de 2015 Leopoldo López fue sentenciado a más de trece años de cárcel por «conspiración, daño de propiedad pública e incitar a la violencia», entre muchos otros cargos. Pero todo el proceso legal fue manipulado directamente desde la oficina del presidente, Nicolás Maduro.

Lilian me dijo en una entrevista que el día de la sentencia cambiaron de celda a Leopoldo, a una más pequeña y que fue «torturado sicológicamente». Pero apenas unos días después, Lilian ya estaba denunciando ese hecho. Se fue a Praga a una conferencia internacional sobre democracia y desde ahí protestó contra la sentencia y contra el corrupto proceso legal que mantuvo a su esposo en la cárcel.

Sin embargo, ella está llena de esperanza. «Cada día me levanto —me dijo—, pensando en que este es el día en que van a liberar a Leopoldo».

OCHO

El villano favorito:
Carlos Salinas de Gortari

*«Cómo voy a salir a la calle si durante seis años el gobierno del
doctor Zedillo le ha dicho a los mexicanos: miren, tú que perdiste tu casa, fue por culpa del señor Salinas; tú que perdiste
tu empleo, fue por culpa de lo que Salinas dejó».*

—CARLOS SALINAS DE GORTARI

LAS ENTREVISTAS CON los malos son mejores. No es que las entrevistas
con los buenos sean aburridas, pero pocas veces terminan en peleas.
En cambio, conversar con un malo siempre te da la oportunidad de
cantarle sus verdades, de demostrar que abusó de su poder o mintió y,
sobre todo, de dejar un récord histórico.

Los malos no se deben morir sin que antes sepan que todos sabemos quiénes son.

Además, como periodista, los malos son siempre un mayor reto que
los buenos. Te obliga a prepararte más, a saber más del entrevistado
que él mismo, a estudiar sus ataques y contraataques. Muchos otros
han sido destrozados en el mismo camino. Si no llegas bien preparado,
te conviertes en otra piedra del camino. Pero si planeas bien tus preguntas, si planteas la entrevista como una guerra (explorando los puntos vulnerables del entrevistado) y te decides por una estrategia concreta
—siempre a la ofensiva, nunca a la defensiva—, quizás empates. Por-

que tienes que saber que los malos casi nunca pierden. Si te están dando una entrevista es por que les conviene a ellos, no a ti.

Por todo lo anterior, entrevistar a Carlos Salinas de Gortari es, siempre, un reto periodístico. Es, sin duda, uno de los personajes más inteligentes de la política mexicana. Pero, también, uno de los menos transparentes.

Lo primero que hay que saber sobre Salinas de Gortari es que solo habla cuando él quiere. Una vez, mientras pasaba un exilio forzado en Irlanda, fui a cenar con él a Dublín. Lo quería convencer para que me diera una entrevista para la televisión. Al llegar al restaurante, me esperaba ya en una mesa al fondo del salón principal, cerca de la puerta trasera. Así, él podía ver a todos los que entraban y salían del local, y escapar, si fuera necesario, por atrás del restaurante. Tras una larga y animada charla *off the record*, se negó a hacer la entrevista. «Todavía no es el tiempo —me dijo sonriendo—. El mudo hace noticia cuando habla».

Salinas de Gortari siempre hace noticia cuando habla. Lo he entrevistado en cuatro ocasiones y nunca ha dejado de mostrar su afilado colmillo político. Pero algo, sin duda, no le ha salido bien. Sigue siendo, para muchos mexicanos, «el villano favorito». Gobernó México de 1988 a 1994 y se ha pasado todos estos años luchando por restaurar su nombre y su reputación.

¿Cómo es posible que alguien tan inteligente sea tan odiado?

La primera vez que hablé con él fue en la calle. Lo sorprendí. No quería hablar conmigo, pero no tuvo más remedio. Él estaba haciendo fila, junto con su hija Cecilia, para votar en las elecciones presidenciales del 6 de julio de 1988. Todo era un *show*. Todos en México sabían que él sería el próximo presidente. Por dedazo. Las elecciones no importaban. La decisión ya estaba tomada.

RAMOS: El presidente de México es el que elige a su sucesor. En este caso, ¿Miguel de la Madrid lo escogió a usted como su sucesor? ¿Qué dice usted a esto?

SALINAS: Pues la cola es larga. Quiere decir que son los mexicanos al votar los que eligen a su presidente.

El intercambio duró exactamente treinta y ocho segundos. Su
equipo de seguridad nos apartó del candidato presidencial del Partido
Revolucionario Institucional (PRI). Pero su respuesta fue una gigantesca mentira. Los mexicanos en 1988 no escogieron a su presidente.
Hubo un mayúsculo fraude electoral que culminó con la derrota del
ingeniero Cuauhtémoc Cárdenas y con la imposición de Salinas de
Gortari en la presidencia.

Durante casi toda su presidencia, no se dejó entrevistar. Pero por
fin, el 29 de agosto de 1994, cuando le quedaban apenas tres meses a
su presidencia, volvimos a hablar. Él quería anunciar un nuevo proyecto que permitiría la entrada a refugiados cubanos que tuvieran familiares en México, y yo aproveché para preguntarle del fraude de 88.
El sistema de computación «se cayó» y calló durante seis días. Cuando
volvió a funcionar, Salinas de Gortari había «ganado».

RAMOS: ¿Cómo ganó en 1762 casillas el 100 por ciento de los
votos? A la oposición no le dejaron contar la mitad de las
54 000 casillas.
SALINAS: Yo creo que es importante recordar que en esa elección, más de tres cuartas partes de las casillas fueron cubier-
tas por más de un partido y está ahí la documentación que
así lo acredita.

Salinas nunca reconocería públicamente el fraude de 88. Pero su
contrincante, el ingeniero Cuauhtémoc Cárdenas, declararía más
tarde: «Estamos convencidos de que hubo fraude electoral el 99 por
ciento de los mexicanos».

Pero ese no fue el único fraude en que participó Salinas de Gortari.
El día en que lo entrevisté en la residencia oficial de Los Pinos tenía,

todavía, el pulgar marcado de tinta. La semana anterior, el 21 de agosto de 1994, hubo elecciones presidenciales en México —el pulgar negro era muestra de que había votado— y el candidato de su partido, Ernesto Zedillo, había «ganado». En realidad, fue otro dedazo. Otro fraude. Pero Salinas, por supuesto, jamás lo reconocería.

RAMOS: Usted no promovió la democracia al dar dos dedazos. Uno por [Luis Donaldo] Colosio y otro por [Ernesto] Zedillo. Y yo creo que esta es la oportunidad de defenderse.

SALINAS: El PRI, en los pasados cinco años introdujo nuevas modalidades en selección de candidatos [...]. En México lo que estamos viviendo es un reclamo de la sociedad para que los partidos se modernicen. El PRI sin duda y los demás también.

RAMOS: Lo que le preguntaba, más que nada, es la función del presidente en la selección del candidato. El [expresidente] Luis Echeverría, en septiembre de 90, dijo: «La tradición en México es que el mandatario en turno elija a su sucesor». ¿Eso se acabó ya en México?

SALINAS: Yo diría que cada quien hace la reflexión conforme a su propia experiencia.

RAMOS: ¿Usted cómo la ve?

SALINAS: En mi caso, el licenciado Luis Donaldo Colosio era el candidato esperado por el PRI. Había sido oficial mayor del partido, coordinador de mi campaña presidencial, diputado federal, senador y presidente del partido. Él, además, había desempeñado las tareas de labor social en el gobierno, miembro del gabinete económico, y de grandes iniciativas internacionales, sobre todo del medio ambiente. Por eso, repito, era el candidato esperado, anhelado, por el propio partido y así se postuló.

Pero la candidatura de Colosio duró poco. Fue postulado como candidato a la presidencia por el PRI en noviembre de 1993 y asesinado el 23 de marzo de 1994 en un todavía confuso incidente en Tijuana.

Había mucho que preguntarle a Salinas de Gortari, pero no se dejaba. No lo volvería a entrevistar hasta el año 2000. En varias ocasiones hablé con él por teléfono, *off the record*, y en una ocasión (como ya mencioné) fui a conversar con él a Dublín. Pero él siempre se rehusaba a hablar en una entrevista para la televisión.

La entrevista se convirtió casi en una obsesión. Él se había ido a las carreras de México, dejando muchas preguntas en el aire. Pero de pronto, recibí una llamada en mi oficina de Miami. Era Salinas de Gortari. «Ahora sí, vamos a platicar», me dijo. Iba a sacar su libro *México, un paso difícil a la modernidad* y estaba dispuesto a conversar una hora sin ningún tipo de limitaciones.

Quedamos de vernos el viernes seis de octubre, a la una de la tarde, en la casa de sus suegros en el Pedregal de San Ángel, en la Ciudad de México. No había cambiado mucho desde la última vez que lo vi. El mismo bigote y el mismo poco pelo. Sin canas. Traje oscuro, zapatos negros, camisa azul, corbata verde. «¿El color de Irlanda?», pregunté. «No —contestó—. El color de México». Sus ojos pequeños, agudos, clavando como navaja, registrando cada detalle, cada movimiento. Nada se le escapaba. «Controlador como siempre», pensé.

«¿Listo?», le pregunté. «Listo —me dijo—. ¿Cuál es mi cámara?». Se la apunté con un dedo y quien había estado mudo por años por fin empezó a hablar. Inmediatamente comenzó a responder a las críticas.

SALINAS: Lo que aquí ha existido ha sido una campaña de desinformación deliberadamente promovida desde el gobierno del presidente Zedillo.

RAMOS: ¿El presidente Zedillo estuvo involucrado en una campaña para desprestigiarlo a usted?

SALINAS: Lo que hay aquí es una acción concertada del estado mexicano para hacerle ver a todos aquellos que padecieron los terribles efectos de la crisis económica en 1995 que esa crisis se derivaba de errores que había cometido mi gobierno.

RAMOS: ¿Cuáles fueron las causas de la crisis?

SALINAS: Mire, hay una fundamental. Está documentada y consiste en que entre el 19 y el 21 de diciembre de 1994 el gobierno del doctor Zedillo entregó información confidencial a un pequeño grupo de empresarios mexicanos de que una devaluación podía ocurrir.

RAMOS: ¿Y eso generó una enorme fuga de divisas?

SALINAS: Una fuga de divisas de una dimensión tal que agotó en pocas horas la totalidad de las reservas internacionales del país.

RAMOS: Muchos mexicanos sienten que usted nos engañó... que usted nos mintió durante seis años.

SALINAS: Qué bueno que utiliza usted esa palabra porque efectivamente muchos mexicanos se sienten engañados.

RAMOS: Ni siquiera puede salir a la calle ahora.

Salinas: Cómo voy a salir a la calle si durante seis años el gobierno del doctor Zedillo le ha dicho a los mexicanos: miren, tú que perdiste tu casa, fue por culpa del señor Salinas; tú que perdiste tu empleo, fue por culpa de lo que Salinas dejó. Y toda esta campaña de desinformación fue generada [por Zedillo] para encubrir su responsabilidad en la generación de la crisis.

RAÚL, EL HERMANO INCÓMODO

RAMOS: Vamos a hablar de Raúl Salinas de Gortari. Hay muchos mexicanos que le reprochan que usted no se haya enterado que su hermano era multimillonario. La Procuraduría General de la República habla de que Raúl tenía ciento veintitrés propiedades: treinta y siete en el extranjero y ochenta y seis en México. ¿Cómo es posible que no se haya enterado de esto, señor Salinas?

SALINAS: Hay comportamientos de mi hermano que fueron indebidos, sin lugar a dudas, como el usar documentación falsa. Y eso me ha provocado un gran pesar y también un firme rechazo. Pero al mismo tiempo, de esas actividades privadas es donde él [Raúl] ha señalado que derivó los recursos que tiene.

RAMOS: ¿Pero cómo es posible que no supiera que Raúl tenía ranchos, apartamentos, terrenos, que viajaba de un país a otro, de una ciudad a otra? Es inverosímil que no sepa.

SALINAS: Usted insiste que yo debería saber de mi hermano. Mire, Jorge, yo procuré ser un presidente bien informado. Bien informado sobre las cuestiones fundamentales del país y no de las cuestiones particulares de un familiar. No las consideraba esenciales en la tarea de gobernar. Ahora me doy cuenta que debí haberle puesto mas atención.

RAMOS: La policía suiza concluyó, después de tres años de investigaciones, que Raúl usó su influencia para proteger al narcotráfico, que pudo haber recibido hasta 500 millones de dólares en sobornos y que parte del dinero de los narcos lo puso en su campaña. ¿Sabía usted esto? Es un reporte de 369 páginas de la policía suiza.

SALINAS: Así es. Es un reporte que está basado en los testimonios de testigos protegidos, delincuentes que dicen que oyeron... No voy a debatir los términos de esa acusación.

RAMOS: Era el hermano incómodo, sin la menor duda.

SALINAS: Ese apelativo se lo dieron una semana antes de terminar mi gobierno. Pero déjeme decirle una cosa muy claramente: ninguna decisión que yo tomé, o que alguno de mis colaboradores principales tomaron, tuvo ninguna relación con los fondos de empresarios que Raúl depositó en cuentas extranjeras.

¿QUIÉN MATÓ A COLOSIO?

RAMOS: Daniel Aguilar Treviño, el asesino confeso de José Francisco Ruiz Massieu, dijo en enero de 1999 que los asesinatos de Ruiz Massieu y de Luis Donaldo Colosio se fraguaron en Los Pinos.

SALINAS: ¿Quiere que le haga un comentario sobre la declaración de un asesino confeso que mi gobierno detuvo, encarceló y sometió a juicio y que, además, ha sido sentenciado por el crimen que cometió? Mire, Jorge, lo único que le diría de un comentario de una gente con nulo prestigio como este es que habría que pensar si no es una más de las piezas en las fabricaciones que se han hecho en estos años.

RAMOS: Déjeme preguntárselo directamente. ¿Mandó usted matar a Colosio?

SALINAS: Luis Donaldo Colosio era mi amigo entrañable. Luis Donaldo Colosio y yo teníamos una relación de quince años durante la cual desarrollamos una afinidad política y una cercanía fundamental. Quienes afirman que Donaldo Colosio y yo tuvimos una diferencia no conocen los diálogos intensos, la relación directa y el trabajo político común que tuvimos a lo largo de quince años.

RAMOS: Pero es que había tensiones. Por ejemplo, el seis de marzo de 1994 Colosio pronunció un discurso en que se distancia de usted. Ernesto Zedillo, entonces coordinador de la campaña, escribió una carta a Colosio hablando de las tensiones que existían con usted. ¿No es esta una línea de investigación? O sea, ¿la gente no tendría razón en sospechar que usted tuvo algo que ver en el asesinato de Colosio?

SALINAS: Mire usted, si la gente supiera que, después de la familia, quien más afectado resultó por la muerte de Luis Donaldo Colosio fui yo, entonces tendrían una perspectiva diferente. Pero ¿qué les han dicho? Que en el discurso del 6 de marzo hubo un distanciamiento.

RAMOS: Aquí tengo el discurso. Colosio dijo [el 6 de marzo de 1994]: «Es la hora de cerrarle el paso al influyentismo, a la corrupción y a la impunidad». Muchos creen que es una crítica directa a usted.

SALINAS: Yo más bien lo veo como una posición muy firme que iba contra actividades que durante mi gobierno eran combatidas...

RAMOS: Quiero volver a preguntar. ¿Usted no tuvo nada que ver con el asesinato de Colosio?

SALINAS: Yo fui de los que más perdieron con la muerte de Colosio.

RAMOS: Tras el asesinato de Colosio, usted escoge a Ernesto Zedillo para reemplazarlo [como candidato presidencial]. ¿Se equivocó con Zedillo?

SALINAS: Yo estoy convencido que en las circunstancias en que se dio la selección del relevo de Luis Donaldo Colosio, el más indicado era el doctor Zedillo.

RAMOS: Pero Zedillo, finalmente, ¿lo traicionó a usted?

SALINAS: Yo diría que el doctor Zedillo dejó de lado la plataforma y el ideario con el cual alcanzó la victoria en la elección presidencial de 1994. Esa sí es una traición. No son cosas personales...

DE FUNCIONARIO PÚBLICO A
¿MULTIMILLONARIO?

RAMOS: Señor Salinas, ¿usted siempre ha sido funcionario público?

SALINAS: Toda mi vida. Sí.

RAMOS: ¿Cómo puede un funcionario público ser multimillonario y vivir cinco años en Europa sin tener que trabajar?

SALINAS: En primer lugar, seguí trabajando después de terminar la responsabilidad de la Presidencia de la República. Usted sabe que fui miembro del consejo de una empresa muy importante como es Dow Jones. Además, durante el ejercicio de mi responsabilidad formé mi patrimonio.

RAMOS: Pero usted siempre ha sido funcionario público. Los salarios de los funcionarios públicos son muy bajos y usted es multimillonario.

SALINAS: Quiero decirle una cosa, Jorge. Mi vida en el extranjero durante estos años fue en una casa rentada, viajaba yo en los medio comerciales normales y tenía una vida discreta. Sí, formé un patrimonio a lo largo de mi vida y el trabajo que he seguido desarrollando me permitió sostener la vida que he llevado fuera.

RAMOS: Pero, entonces, ¿usted no es multimillonario?

SALINAS: Usted lo que quiere es que le diga es...

RAMOS: Si tiene más de un millón de dólares o si tiene [más] de 100 millones de dólares.

SALINAS: Formé el patrimonio que me ha permitido tener una vida con mi familia, como le repito, en el exterior, en la casa que he rentado y he utilizado medios comerciales de movimiento.

RAMOS: La fracción panista de la Cámara de Diputados, en

junio de 97, hablaba de la desaparición de 7000 millones de dólares (producto) de la venta de las empresas paraestatales y de las privatizaciones. Desaparecieron 7000 millones de dólares.

SALINAS: Está comprobado que cada peso que se obtuvo de las privatizaciones se utilizó para pagar deuda pública.

RAMOS: Usted, en su sexenio, tuvo 854 millones de dólares de una partida secreta del presupuesto. ¿Cómo se gastó éste dinero?

SALINAS: En todos los gobiernos en todo el mundo existen fondos confidenciales que se utilizan para tareas responsabilidad del estado. En México están establecidos por la propia Constitución y reconocidos por el Congreso.

RAMOS: Pero eso es motivo de abuso. Usted se pudo gastar 854 millones de dólares como se le pegó la gana.

SALINAS: Usted repite la cifra y yo lo entiendo.

RAMOS: Es fuerte la cifra. Yo la repito, pero usted se la gastó.

SALINAS: Perdóneme, pero esos son gastos del estado en tareas responsabilidad del estado. Como en todo el mundo.

LA FAMILIA Y FIDEL

RAMOS: Estaba hablando de su familia. Tiene dos hijos pequeños. Ana Emilia y Patricio Jerónimo. ¿Los dos nacieron en Cuba?

SALINAS: Mi hija Ana Emilia Margarita es mexicana; nació en La Habana. Mi hijo Patricio Jerónimo es mexicano; nació en Dublín. Y en realidad tengo cinco hijos: Ceci, Emiliano, Juan Cristóbal, Ana Emilia Margarita y Patricio Jerónimo.

RAMOS: ¿Fidel Castro lo ayudó a esconderse en Cuba?

SALINAS: He estado ocasionalmente ahí. Sí.

RAMOS: El hecho de que Ana Emilia haya nacido en La Habana y que usted haya pasado momentos en Cuba ¿le ha hecho perder la objetividad? Por ejemplo, ¿para usted Fidel Castro es un dictador?

SALINAS: ¿Vivir en Cuba hace perder la objetividad?

RAMOS: ¿Fidel Castro es un dictador para usted? Quiero probar su objetividad.

SALINAS: Los mexicanos tenemos como principio no intervenir en los asuntos de otra nación.

LIMPIANDO EL NOMBRE

RAMOS: ¿Tendrá que pasar el resto de su vida tratando de recuperar y limpiar su nombre?

SALINAS: Mire usted, yo creo que todo ser humano tiene derecho a defender y presentarse en cualquier lugar. Pero el propósito de mi libro no es el de reconstruir una reputación...

RAMOS: [Pero usted dice] que este libro será espada y escudo para sus hijos. Explíqueme.

SALINAS: Un escudo frente a todo lo que se ha dicho todos estos años... Es decir, que mis hijos vean para el futuro y que no tengan que estar explicando a su papá. Ese es el escudo. Y la espada para que sepan que pueden llevar el nombre con dignidad y con orgullo.

RAMOS: ¿Se le podrá quitar el apodo del «villano favorito»?

SALINAS: Mire, los apodos, como los temas de opinión pública, cambian con el tiempo. Al final lo que queda es el juicio de la ciudadanía.

LA LECCIÓN DE SALINAS

Salinas, a pesar de todo, es un tipo listo. Ve y entiende. «Yo sé que mucha gente no me va a creer, Jorge —me dijo al despedirse y acompañado por su esposa Ana Paula—. Pero lo único que quiero ahora es generar la duda; solo eso ya es ganancia».

La lucha de Salinas por recuperar su reputación no paró ahí. Volvimos a conversar en Washington en mayo de 2008. Acababa de publicar otro libro (*La década perdida*), enorme, que pocos mexicanos leerían completo. Salinas de Gortari quería ser recordado por el Tratado de Libre Comercio —que transformó la relación comercial con Estados Unidos— y por la privatización de unas 350 empresas estatales. Pero no por los fraudes electorales de 1988 y 1994, por el levantamiento zapatista de 1994, por la crisis económica de 1995, ni por las acusaciones de corrupción contra su hermano Raúl.

«Mire, sin lugar a dudas hubieron hechos que lastimaron mucho a mi familia, mi nombre, mi reputación. Pero con el tiempo se van decantando», me dijo. Pero había, todavía, algunas cuentas pendientes.

RAMOS: ¿Usted es el villano favorito?

SALINAS: Claro, ¿y por qué? Porque escondieron sus incompetencias para culpar a otros.

RAMOS: La sugerencia es que usted y su familia se enriquecieron.

SALINAS: Pero los hechos, finalmente, lo que están demostrando es que multitud de acusaciones y señalamientos fueron fabricados.

RAMOS: Pero la gente quiere saber de qué vive, señor Salinas. ¿Es usted millonario?

SALINAS: Yo vivo del ingreso y del patrimonio que declaré ante

la Secretaría de la Contraloría General de la Federación. Y
además, con un poco de suerte, hasta de la venta de mi libro.

RAMOS: Pero usted siempre ha tenido puestos públicos. Ese es
el punto. ¿Cómo puede vivir como millonario?

SALINAS: ¿Y por qué me califica usted de esa manera sin tener
una sola evidencia?

RAMOS: No. Le pregunto.

SALINAS: No es una pregunta. Casi en la pregunta hay una afirmación.

Salinas entendía que mis dudas y sospechas eran las mismas de
muchos mexicanos. Por eso quería seguir sembrando dudas. El objetivo final, sin embargo, ya no era protegerse. Era proteger a sus hijos.

El libro estaba dedicado a Mateo, su hijo, quien acababa de cumplir
dos años de edad. No era casualidad. Como en todo, Salinas quería
tener la última palabra.

«Todo el mundo tiene derecho a su reputación —me dijo, mirándome fijamente a los ojos. Esa era la lección. Salinas de Gortari, a pesar
de haber logrado tanto poder, había perdido su nombre. Su apellido
era sinónimo, para muchos mexicanos, de lo peor que ocurría en el
país—. Y cuando hay un debate sobre [mi reputación], también tiene
el derecho a participar en el debate. Yo estoy en el debate, en la batalla
de las ideas, y es en la que me propongo permanecer».

La lección es que, incluso sin poder, los políticos siempre van a
tratar de salvar su reputación. La Historia, con mayúscula, está siempre en su mente. Ellos saben que nuestras vidas son limitadas, pero
que las reputaciones se mantienen durante décadas y en los libros de
historia.

Siempre me sorprendió la disposición de Salinas de Gortari a conversar conmigo a pesar de que sabía que las preguntas iban a ser duras.
O, quizás, es precisamente por eso que aceptaba. Él necesitaba entrevistas duras para limpiar su nombre. Lo irónico es que durante su

presidencia la prensa estuvo casi completamente bajo su control. Decían lo que él quería. Pero tras perder el poder, el teatrito se cayó.

Al final, él entendía muy bien la Historia y su lugar en ella. El entendió la importancia de contar su propia historia y no dejar que otros impusieran su versión.

Muchos años después de dejar la presidencia, Salinas de Gortari seguía peleando por su nombre, por su reputación y por su legado. Y lo hacía absolutamente convencido de que, al final, su versión es la que iba a prevalecer.

NUEVE

Los dilemas de un guerrillero enmascarado: el subcomandante Marcos

«Aunque me muera yo, otro agarrará el nombre de Marcos y seguirá, seguirá luchando». —SUBCOMANDANTE MARCOS

Selva Lacandona, Chiapas.

EL PRIMERO DE enero de 1994 —exactamente el mismo día en que el gobierno de México iba a celebrar la entrada en vigor del Tratado de Libre Comercio con Estados Unidos y Canadá (TLC)— un grupo rebelde de indígenas, liderados por el llamado subcomandante Marcos, se levantó en el sureño estado de Chiapas. Era impensable que pudieran tomar el poder por la fuerza (aunque uno de sus objetivos era derrocar al presidente Carlos Salinas de Gortari). Pero su levantamiento sacudió al país, destruyó cualquier intento de celebración por el TLC y cuestionó de fondo al muy poco democrático sistema político mexicano.

La lucha de los zapatistas —como se hicieron llamar en honor el héroe revolucionario y líder de los campesinos, Emiliano Zapata— fue más que nada un grito de protesta: no a la idea de modernidad que quería vender el gobierno (mientras más de la mitad de su población seguía sumida en la pobreza); no a las imposiciones de un presidente elegido por fraude electoral; no a un proyecto de país donde crecían las distancias entre ricos y pobres.

La revuelta fue controlada en un par de semanas por el ejército mexicano, que había sido tomado por sorpresa. Pero no culminó con la matanza de la mayoría de los rebeldes ni en la derrota del Ejército Zapatista de Liberación Nacional (EZLN). Rápidamente surgieron llamados a negociaciones y pláticas de paz, y la voz y las palabras del subcomandante Marcos se escucharon fuerte dentro y fuera del país.

El carismático y mediático subcomandante Marcos fue el centro de la noticia. Sus comunicados, entre poéticos y rebeldes, opacaron la tibia e insuficiente respuesta gubernamental. Fue el principio del fin del poder del Partido Revolucionario Institucional (PRI), que había gobernado ininterrumpidamente desde 1929. El levantamiento rebelde del primero de enero de 1994 marcó el fin del control absoluto del gobierno sobre los medios de comunicación, y eso permitió la llegada de una verdadera democracia participativa en 2000.

Ante la sorpresa y confusión del gobierno de Salinas de Gortari y, después, de Ernesto Zedillo, los zapatistas y el subcomandante Marcos demarcaron un terreno de independencia y autonomía dentro de la selva lacandona de Chiapas. La última ofensiva militar había ocurrido en febrero de 1995. Nadie ganó. Así, el acuerdo no escrito limitaba la entrada del ejército mexicano a su zona de control. A cambio, los rebeldes restringían sus actividades y autoridad a un área muy específica. Así fue la guerra acordada.

Los zapatistas no tenían ninguna posibilidad de derrocar militarmente al gobierno de la Ciudad de México. Pero el subcomandante Marcos pronto empezó a ganar la guerra en los medios de comunicación. Sus cuestionamientos al presidente en turno y sus denuncias sobre las hirientes desigualdades sociales en el país calaron hondo en la opinión pública y dañaron la ya poca legitimidad del gobierno.

Dos años después de su alzamiento, el subcomandante Marcos seguía siendo un enigma. Los militares no lo habían podido detener y sus pronunciamientos seguían siendo noticia. Fue entonces cuando decidí ir a buscarlo a la selva.

ALGUNA VEZ EL subcomandante Marcos escribió que «la paciencia es la virtud del guerrero», pero debió haber añadido que también es una de las características de los periodistas que lo quieren entrevistar. Después de dos días de viaje, treinta horas de espera e innumerables mensajes y contraseñas, por fin me encontré en un paraje de la Selva Lacandona con el líder más visible de la guerrilla zapatista. Iba armado con su pipa, tabaco de maple, un fusil M-16, una sonrisa rosa enrollada en el pasamontañas negro y unas ganas bárbaras de definir (y redefinir) los dilemas del zapatismo y de su lucha.

En los días previos a la entrevista, a finales de marzo de 1996, había escuchado mucho sobre el intento de transformar a la guerrilla zapatista en un frente político. Pero lo que me encontré en ese momento fue a un grupo de rebeldes que tenía un largo y tortuoso camino por delante.

Mi plática de una hora con Marcos empezó por lo básico, pero rápidamente se complicó:

RAMOS: ¿Cuántas personas controlan o están en su territorio?

MARCOS: Entre las comunidades indígenas de Chiapas deben ser más de 100 000 hombres, mujeres, niños y ancianos. Estamos hablando de varios miles de comunidades indígenas.

RAMOS: ¿Cree que están dadas las condiciones para que pueda haber una rebelión en distintas zonas del país?

MARCOS: Sí pero sin control, sin ninguna articulación. Una especie de rencor que estalla y empieza a hacer justicia por su propia mano. Lo que cada quien considere que es justicia...

Nosotros lo empezamos a señalar en 94. Y se empezó a hacer más agudo después de agosto de 94, cuando las elecciones. Y cada vez más marcadamente después de las crisis de diciembre y enero [de 95], las crisis económicas.

RAMOS: ¿Su pronóstico es violencia en México?

MARCOS: Sí. Violencia y desorganizada. No estamos hablando de una violencia prevista y planeada como la del Ejército Zapatista de Liberación Nacional sino estallamientos fuera de control, más cercanos al tumulto, al motín, que a un programa.

RAMOS: Sobre los zapatistas, ¿qué son ustedes?

MARCOS: Bueno, mira. Nosotros somos un ejército regular, ni siquiera guerrilla. Tenemos territorio, tenemos control.

RAMOS: ¿Sigue justificando la violencia para alcanzar sus fines?

MARCOS: Nosotros señalamos que el movimiento zapatista es sui géneris en el sentido de que es una guerra para hacerse escuchar. Es una guerra que no plantea la destrucción, el aniquilamiento del enemigo y su sustitución por nosotros.

RAMOS: ¿Nunca pudiera haber un Marcos presidente de México?

MARCOS: No. Dios nos libre. Dios libre a México, dios libre a Marcos de ese problema.

Aunque mencionó a dios varias veces durante la conversación, Marcos no quiso definirse. «No podemos definirnos en una religión y otra porque entonces se usa como propaganda», me comentó. ¿Pero cree en dios? «Nosotros no podemos decir que sí creemos en dios, pero tampoco que no creemos en dios».

En temas más terrenales, Marcos se manejó con soltura. Habló, y mucho, de cómo los zapatistas estaban usando la internet —esa red internacional de computadoras que en 1996 tenía unos sesenta millones de usuarios— para comunicar su mensaje contra el actual sistema político. «Las revoluciones del siglo XXI son revoluciones de la palabra», me dijo, para después explicarme que los mismos medios que utiliza el poder pueden ser usados en su contra.

Es difícil entender cómo un sofisticado citadino encapuchado se convirtió en símbolo y líder de una rebelión indígena. «La gente, cuando no puede hablar, agarra un arma», me dijo a manera de explicación.

Pero eso no evaporó los contrastes que aún persistían entre él y sus seguidores. Las pequeñas manos de Marcos eran muy distintas a las de los campesinos que me ayudaron a llegar hasta él. Las de ellos estaban gastadas, llenas de callos y de tiempo; las de él eran casi blancas, delgadas y con uñas cortas sin rastros de mugre. Solo las ojeras y el enorme agujero en la bota derecha —a la altura del juanete— reflejaban el desgaste físico de Marcos en la montaña.

A Marcos le gustaba hablar de sí mismo en tercera persona, como si fuera otro. Pero a pesar de esa defensa gramatical, cuando trataba de meterme en cosas personales, solo podía pescar frases cortas; era dueño de una laptop modelo Notebook, escuchaba dos estaciones de radio de onda corta, comía una vez al día, no dormía de noche, tenía miedo de que lo mataran y nunca dijo si le había quitado la vida a alguien. «De eso no habla uno», me dijo.

En esos días, Marcos leía una novela policíaca del español Manuel Vázquez Montalbán y buscaba inspiración en el Macbeth de Shakespeare para escribir la historia del alzamiento zapatista. Tras la ofensiva militar de febrero de 95, y ante la posibilidad de que el gobierno lo fuera a matar, sus compañeros habían convencido a Marcos de que escribiera sobre cómo se gestó su rebelión armada.

Por supuesto, le pregunté sobre su identidad y me topé con la fórmula de cajón: «No soy Rafael Guillén —me dijo—, la de Rafael Guillén es una mentira de las tantas». Solo reconoció que hacía quince años no veía a su familia y que eran seis hermanos, no ocho como aseguraba el gobierno.

Cuando le mostré la fotografía de Rafael Guillén que había distribuido el gobierno mexicano, Marcos mostró su incomodidad ajustándose constantemente la máscara, como si le picara la nariz o tuviera catarro. Pero el tema era inevitable.

RAMOS: Algunos ven en el pasamontañas, por supuesto, heroísmo. Pero usted entiende que [otros] lo ven también como un caso de oportunismo o incluso de cobardía.

MARCOS: Sí, hay mucha gente que me escribe para decirme que no doy la cara por cobarde.

RAMOS: ¿Y no tienen derecho a preguntárselo?

MARCOS: Sí, tienen derecho a reclamarlo. Sobre todo por el referente: tú no eres héroe de nada, dicen, porque los héroes mexicanos siempre han dado la cara, han tenido rostro.

RAMOS: ¿Por qué no se quita ya la máscara? ¿Por qué no se la quita ahora, aquí mismo?

MARCOS: Porque se ha constituido en un símbolo; en la posibilidad de que los seres que hasta ahora estaban sin nombre, sin rostro, gente que no es importante, el común, pueden tomar una actitud decidida frente a la vida y frente al medio en el que están.

RAMOS: ¿Y hasta cuándo se va a quitar la máscara? [...]

MARCOS: [...] Cuando podamos transformarnos en una fuerza política civil y pacífica, tanto las armas como los pasamontañas van a tener que desaparecer.

«Tenemos mucho miedo de acabar en lo mismo que criticamos», me dijo Marcos, casi al final de la entrevista. Y en esa búsqueda de definición estaban enredados los zapatistas.

Antes de perderse de nuevo entre los maizales y cafetales que parchan la Selva Lacandona, Marcos me explicó el origen de su nombre de guerra. «Marcos es el nombre de un compañero que murió, y nosotros siempre tomábamos los nombres de los que morían, en esta idea de que uno no muere sino que sigue en la lucha», me dijo.

«¿O sea que hay Marcos para rato?», le pregunté. «Sí —me contestó—. Aunque me muera yo, otro agarrará el nombre de Marcos y seguirá, seguirá luchando».

LECCIONES DEL GUERRILLERO

La última vez que me enteré del subcomandante Marcos fue en un reportaje del diario español *El País* en mayo de 2015. El guerrillero encapuchado asistió a un homenaje al filósofo Luis Villoro en la población de Oventic, Chiapas.

El reportero, Pablo de Llano, reconocía que el EZLN ya no era el «fenómeno mediático de finales de los años noventa pero sigue presente en cinco áreas de Chiapas, con su lógica de resistencia y de autonomía político-económica, y con una mezcla paradójica de compulsión disciplinaria y sentido del humor».

Pero había un cambio importante. El subcomandante Marcos ya no era Marcos. Ahora se llamaba Galeano o Marcos-Galeano en recuerdo a un guerrillero —José Luis Solís, alias «Galeano»— quien murió en 2014. «Fue secuestrado, torturado y rematado», declaró Marcos-Galeano al diario español.

Sorprendentemente, más de dos décadas después de su alzamiento, los zapatistas no habían desaparecido. Continuaban con su lucha contra el capitalismo y contra el sistema político mexicano. Sorprendentemente, también, varios gobiernos mexicanos habían tolerado la existencia de un ejército insurgente dentro de su territorio. O, quizás, trataron pero nunca pudieron acabar con él.

Los zapatistas no se convirtieron en un partido político, como alguna vez habían considerado. Y esa distancia de los partidos políticos tradicionales los dejó con una pureza e ingenuidad difícil de alcanzar estos días. Su independencia de casi todo lo que apesta en México se convirtió en una de sus principales virtudes.

El problema es definir para qué sirve esta guerrilla. Si no quieren pasar a la arena política y tampoco pueden ganar el poder por las armas, entonces ¿qué quieren? El debate lleva años.

Mientras se definen, el subcomandante Marcos ya dejó de ser el líder de la guerrilla zapatista. Lo reemplazó el subcomandante Moisés, el primer indígena en estar al frente del último movimiento guerrillero latinoamericano del siglo XX. Pero Marcos-Galeano no había perdido su voz ni su imagen: la máscara seguía puesta al igual que sus frecuentes referencias literarias. Es un guerrillero-poeta.

Las guerrillas, por definición, son operativos maratónicos cuyos triunfos se miden en años y hasta en décadas. Los zapatistas no han sido la excepción. Hace mucho dejaron de ser noticia; los reemplazaron los narcos, los casos de corrupción y un país que no está viendo al sur y hacia abajo.

Está claro que no podrán derrocar al gobierno por la fuerza, como lo intentaron en 1994. También está claro que tienen la intención y la capacidad de permanecer presentes en la vida política del país.

El subcomandante Marcos tenía razón cuando dijo que la paciencia era la virtud del guerrero. La paciencia zapatista ha sido impresionante, al igual que su método para sobrevivir: cada vez que muere un guerrillero otro toma su nombre. Así, el subcomandante Marcos, hoy Marcos-Galeano, vivirá siempre y la lucha continuará. Bueno, al menos ese es el plan.

La lección es que para los rebeldes que se juegan la vida, solo el sobrevivir ya es un éxito. No morir lo justifica todo. Eso mantiene la lucha. El subcomandante Marcos pudo haber muerto el primer día del levantamiento zapatista, o la primera semana o el primer año. Sin embargo, dos décadas después Marcos seguía vivo, todavía su grupo de rebeldes controlaba un área de la Selva Lacandona y todavía su voz sonaba en la vida pública del país (aunque no con la misma fuerza de 1994).

Cuando hablé con él pensé que algún día lo vería sin máscara, que se la quitaría y que nos contaría sus secretos. Pero el subcomandante Marcos se ha convertido en esa máscara o la máscara en él. El hombre detrás de la máscara se perdió un día en la selva para no volver nunca más.

El presidente Barack Obama.

El presidente Obama prometió presentar una propuesta de reforma migratoria durante su primer año de gobierno.

Mi primera entrevista con un presidente de Estados Unidos: George H. W. Bush.

George W. Bush siempre trató de hablar algunas palabras en español para ganar el voto latino.

Mis sesenta y tres segundos con Fidel Castro en Guadalajara, México, 1991.

La disidente y bloguera cubana Yoani Sánchez.

El disidente cubano Guillermo Fariñas en Miami, 2013.

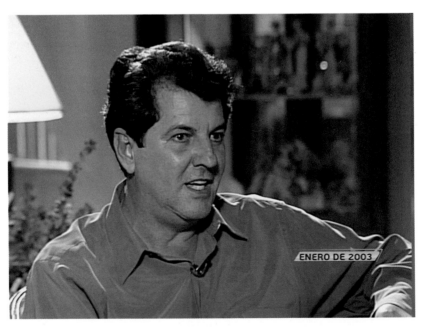

Oswaldo Payá, quien murió en un «accidente» de tráfico según la versión oficial del gobierno cubano, en 2012. Su esposa asegura que no fue así.

El presidente Hugo Chávez de Venezuela.

Chávez con su uniforme militar: «Yo no soy el diablo».

Mi entrevista con Chávez rodeado de decenas de sus simpatizantes. Cuando preguntaba me abucheaban, y cuando él contestaba le aplaudían.

El prisionero político Leopoldo López, encarcelado por el régimen de Nicolás Maduro.

Lilian Tintori, la esposa de Leopoldo López. La «esposa rebelde» quien no ha parado de defenderlo dentro y fuera de Venezuela.

El presidente Carlos Salinas de Gortari (1988–1994).

El «villano favorito» durante una entrevista: «Todo el mundo tiene derecho a su reputación».

Con el subcomandante Marcos en algún lugar de la Selva Lacandona en Chiapas, México.

El enigma de la máscara: «¿Por qué no se quita ya la máscara? ¿Por qué no se la quita ahora, aquí mismo?».

Conversé con Enrique Peña Nieto dos veces antes de que alcanzara la presidencia. Pero ya no se repitió cuando llegó a Los Pinos.

«¿Cuánto dinero tiene?».

Álvaro Uribe, presidente de Colombia (2002–2010): «Yo soy combatiente pero no cultivo el odio».

Ingrid Betancourt, secuestrada por las FARC: el costo de la rebelión.

Bill Gates, Nueva York, 2014.

Bill Gates: «El dinero le pertenece a la sociedad».

El fundador de la corporación Virgin, Richard Branson: «Es sólo a través de la exploración de lo que desconocemos que podemos seguir creciendo y evolucionando».

El inversionista y constructor Jorge Pérez: «El legado nunca debe ser respecto al dinero».

La primera latina en la Corte Suprema de Justicia de Estados Unidos, Sonia Sotomayor: «Yo no me dejé discriminar».

Bailando salsa con la jueza Sotomayor después de nuestra entrevista en la Corte Suprema de Justicia.

Spike Lee: «Cualquier persona con un teléfono celular se puede convertir en un reportero de investigación».

La pionera de la televisión Barbara Walters: «Ese es mi legado: todas estas mujeres jóvenes que hay en las noticias».

El primer ministro de Israel, Benjamin Netanyahu, durante la entrevista en Nueva York.

La lideresa palestina, Hanan Ashrawi, durante la entrevista en Ramallah.

Cuatro Dreamers:

Cristina Jiménez.

Erika Andiola.

Lorella Praeli.

Gaby Pacheco.

DIEZ

¿Salvando a México?: Enrique Peña Nieto

«Yo tengo la conciencia muy tranquila de que ahí están mis cosas y son públicas».

—ENRIQUE PEÑA NIETO

«Te puedo decir que en México no hay democracia».
—ANDRÉS MANUEL LÓPEZ OBRADOR

Todo parecía un cuento de hadas. La revista *TIME* había regalado al presidente de México, Enrique Peña Nieto, la portada de su revista en febrero de 2014, con el titular «Salvando a México». El joven presidente casado con la famosa actriz recordaba levemente a los estadounidenses a su querido mandatario John F. Kennedy.

Desde su toma de posesión en diciembre de 2012 no había malas noticias en México. ¿Cómo podía ser malo lo joven, lo nuevo y quien buscaba reformar lo que no funciona? El llamado «momento mexicano» estaba llegando. Detrás, aparentemente, quedaba la imagen del México bronco, marcado por la narcoviolencia, y era el momento de ver hacia el futuro e integrarse con los países más desarrollados del mundo.

Había que vender la esperanza, la esperanza verde, roja y blanca. Ese era el cuento.

Enrique Peña Nieto quería ser presidente. Lo planeó por años, estableció una estrategia, la puso en práctica y lo logró. Pero el costo para México sería enorme.

Venía de ser gobernador del Estado de México (2005–2011), donde existía una de las tasas de feminicidios más altas del país; más de 900 mujeres habían sido asesinadas en cinco años. Además, era parte de una muy cuestionable alianza política, el grupo Atlacomulco; su predecesor, Arturo Montiel, había sido acusado frecuentemente de corrupción (aunque nunca se le pudo probar nada a nivel legal).

Pero su fórmula de gobernar —y su éxito electoral— consistía en hacer promesas muy concretas y luego —¡oh, sorpresa!— en cumplirlas. En un país acostumbrado a políticos que nunca cumplían sus promesas, Peña Nieto quería presentarse como un líder distinto.

Con la ayuda de una enorme campaña publicitaria —o de un «fraude electoral», según uno de sus contrincantes, Andrés Manuel López Obrador, del Partido de la Revolución Democrática—, Peña Nieto llegó a la residencia oficial de Los Pinos. Y así como López Obrador nunca reconoció a Felipe Calderón como presidente legítimo de México en 2006, tampoco lo haría con Peña Nieto en 2012.

«No se celebraron elecciones limpias y libres —me explicó López Obrador en una entrevista—. Peña Nieto y sus patrocinadores compraron millones de votos. Traficaron con la pobreza de la gente [...] Por eso no vamos a reconocer a Peña Nieto».

El Tribunal Electoral del Poder Judicial de la Federación concluyó, sin embargo, que México sí tuvo unas elecciones «libres y auténticas» y que las acusaciones de fraude de López Obrador fueron «infundadas». «¿A quién le creemos?», le pregunté.

«Yo no miento, estoy acostumbrado a decir la verdad —me contestó López Obrador—. Te puedo decir que en México no hay democracia, que el Tribunal y el Instituto [Federal] Electoral están secuestrados, están al servicio de la mafia del poder [...] Son cómplices [...] Ellos recibieron la consigna de avalar el fraude electoral». El conteo oficial le dio al candidato del Partido Revolucionario Institucional (PRI) tres millones de votos más que al candidato del Partido de la Revolución Democrática (PRD).

Pero si López Obrador sabía, meses antes de las elecciones de 2012, que Peña Nieto tenía una ventaja injusta frente a los otros candidatos —en gastos y en medios de difusión—, ¿por qué no se retiró? «Porque siempre se apuesta a que se le va a ganar al fraude —me respondió—. Porque aunque las cartas están marcadas y los dados están cargados, se le puede ganar [...] Obtuvimos cerca de dieciséis millones de votos y no entregamos nada a cambio [...] No se puede uno retirar [...] tenemos que seguir insistiendo».

Pero las dudas de la oposición de izquierda sobre la legitimidad de Peña Nieto pasaron a un segundo plano tras lograr una serie de notables acuerdos políticos para reformar —en papel— la industria del petróleo, las telecomunicaciones, el sistema educativo y hasta el pago de impuestos, entre muchos otros cambios más.

La estrategia de comunicación de Peña Nieto era muy disciplinada, contaba con la cooperación de muchos medios y contrastaba con la del expresidente Felipe Calderón (2006–2012). No se hablaba públicamente de la guerra contra los narcos ni del crimen. Por eso algunos la llamaban «la estrategia del avestruz». Se destacaba, solamente, lo positivo.

México era mucho más que los narcos, decían. Habla bien de México, insistían. Y por un ratito, muchos mexicanos y no mexicanos se lo creyeron... hasta que ocurrió Ayotzinapa. Ahí se rompió el embrujo.

El 26 de septiembre de 2014 un grupo de cuarenta y tres estudiantes de la escuela Normal Rural de Ayotzinapa, en el violento estado de Guerrero, fueron detenidos por policías municipales de Iguala. Aparentemente, según la versión oficial, seguían órdenes del alcalde, José Luis Abarca, quien no quería que los estudiantes interrumpieran un evento público de su esposa, según la versión oficial de los hechos.

De acuerdo con el informe del gobierno federal, los estudiantes fueron entregados por la policía al grupo de narcotraficantes Guerreros

Unidos, que sospechaba que entre los estudiantes estaban infiltrados miembros de un cartel rival, Los Rojos. Ese mismo reporte dice que los estudiantes fueron secuestrados, asesinados e incinerados en el basurero de la población de Cocula, y sus restos tirados a un río.

Este caso despertó al país y demostró la incapacidad del gobierno ante una crisis de esta magnitud. Peña Nieto se tardó once días en hablar públicamente del caso y treinta y tres días en reunirse con los familiares de los estudiantes. Se rehusó, también, a hablar del tema en una conferencia de prensa o en una entrevista con un periodista independiente.

Las marchas y manifestaciones desbalancearon al gobierno de Peña Nieto. Las críticas explotaron en las redes sociales. Ayotzinapa y las protestas mostraron al México que con tanto cuidado había tratado de ocultar el gobierno central.

Sin pruebas irrefutables y sin encontrar los restos de los estudiantes, el gobierno de Peña Nieto dio por cerrado el caso cuatro meses después de ocurrido el crimen. La organización Human Rights Watch criticó severamente la negligencia de Peña Nieto en el caso Ayotzinapa y cuestionó la decisión de cerrar un asunto que, claramente, no estaba resuelto.

El «momento mexicano» había terminado. La impunidad y la podredumbre del sistema de justicia en México estaba al descubierto. Pero eso no era todo.

Unas semanas después de la matanza de Ayotzinapa, el gobierno de Peña Nieto canceló un contrato multimillonario para la construcción de un tren rápido de la ciudad de México a Querétaro. El momento para cancelar el contrato fue muy extraño. Ocurrió unos días antes de que Peña Nieto viajara a China y era precisamente una empresa china, con socios mexicanos, la ganadora del contrato original. La aparente razón de dicha cancelación la conoceríamos días después.

El sitio de internet AristeguiNoticias.com reportó en noviembre de 2014 una exhaustiva investigación sobre una casa de siete millones de dólares, en la lujosa zona capitalina de Las Lomas, que estaba comprando la esposa del presidente, Angélica Rivera. La llamada «Casa Blanca mexicana». El problema era que dicha casa estaba siendo financiada por el grupo Higa, uno de los socios para construir el tren rápido México-Querétaro, y beneficiario de múltiples contratos gubernamentales, incluyendo un acueducto, varias carreteras y el hangar presidencial.

El conflicto de intereses era obvio. Pero la esposa del presidente, Angélica Rivera —en un ya famoso video—, y la oficina de la Presidencia dijeron que no había nada ilegal en la inusual transacción. ¿Qué mexicano recibe financiamiento de un contratista gubernamental?

Pero ese no era el único conflicto. El diario estadounidense *The Wall Street Journal* reportó a finales de 2014 que uno de los principales colaboradores del presidente, su secretario de Hacienda, Luis Videgaray, también había comprado una casa de la misma empresa —Grupo Higa— por 532 000 dólares en Malinalco. Según Videgaray, no había conflicto de intereses porque la adquirió en octubre de 2012, poco antes de integrarse al gobierno de Peña Nieto.

Ambas compras eran sumamente sospechosas. Era imposible saber si fueron vendidas al valor real de mercado —como aseguraban los compradores— o en condiciones más favorables a cambio de contratos gubernamentales —como sospechaban sus críticos—. Grupo Higa ya había recibido contratos multimillonarios del Estado de México cuando Peña Nieto era gobernador. En lugar de financiar las dos casas a través de un banco, tanto Angélica Rivera como Luis Videgaray llegaron a un acuerdo privado de financiación con la empresa constructora y contratista del gobierno, según reportaron *Aristegui Noticias* y *The Wall Street Journal*.

Como si esto fuera poco, el propio Peña Nieto también tenía su propio conflicto de intereses con otro contratista del gobierno. A principios de 2015, el mismo diario estadounidense —*The Wall Street Journal*— informó que Peña Nieto compró en 2005 (cuando aún era gobernador del Estado de México) una casa en la población de Ixtapan de la Sal por 372 000 dólares. Después, la empresa de la familia San Román (Cuisa) —que le vendió la casa— recibió más de 100 millones de dólares en contratos del gobierno del Estado de México de 2005 a 2011. Además, desde que Peña Nieto llegó a la presidencia en 2012, y según reporta el diario, la empresa de los San Román había recibido once contratos federales por unos cuarenta millones de dólares.

Ante todo esto había que preguntarse cómo pudo pagar una casa así, y al contado, un servidor público con salario de funcionario gubernamental.

Pocos políticos, no importa de qué parte del mundo sean, pueden contestar honestamente la pregunta «¿Cuánto dinero tiene usted?». En mis dos entrevistas con Peña Nieto, antes de llegar a la presidencia, hablamos de dinero.

La primera fue en marzo de 2009.

RAMOS: ¿Cuánto dinero tiene usted?

PEÑA NIETO: Vamos, no tengo la cifra exacta de cuánto tengo en el banco. Pero declaré cuánto tengo en el banco y cuáles son mis propiedades.

RAMOS: Desde 1990 usted solo ha tenido puestos públicos. Si yo le sumo sus salarios desde 1990 a 2009, ¿yo me voy a encontrar con lo que usted tiene en el banco?

PEÑA NIETO: Sí.

RAMOS: ¿No más?

PEÑA NIETO: Estoy ante el escrutinio público. Estoy sujeto a la revisión pública y a la que legalmente deba tener.

RAMOS: ¿La suma de sus salarios es lo que usted tiene en el banco?

PEÑA NIETO: Yo tengo la conciencia muy tranquila de que ahí están mis cosas y son públicas.

RAMOS: ¿Cuánto gana un gobernador en el Estado de México?

PEÑA NIETO: En el orden de unos 160 000 pesos al mes.

RAMOS: Con el cambio serían unos 12 000 dólares al mes.

PEÑA NIETO: Más o menos. Aproximadamente.

RAMOS: O sea, usted no es millonario.

PEÑA NIETO: No, no lo soy.

De esa entrevista en 2009, me quedé con su declaración de que no era millonario. Si no era millonario, entonces ¿cómo pudo comprar al contado en 2005 una casa en Ixtapan de la Sal de más de cinco millones de pesos, según consta en su declaración patrimonial? Antes de comprar esa casa, Peña Nieto solo tuvo puestos menores: fue secretario de Administración del Estado de México (2000–2002) y luego diputado en la legislatura del Estado de México (2003–2005).

En la segunda entrevista, en febrero de 2011, también hablamos de dinero.

RAMOS: ¿Cuánto dinero tiene? La razón de la pregunta es muy sencilla. La gente sabe que muchos expresidentes mexicanos son multimillonarios. Y yo no sé cómo son multimillonarios. Si usted llega a la presidencia, ¿cómo asegurarnos de que usted no se beneficie económicamente de ser presidente?

PEÑA NIETO: Jorge, yo te señalé desde la entrevista anterior que lo que tengo, lo he hecho público. Incluso hay una página de internet en la que, sin estar obligado, prácticamente di acceso a lo que es mi declaración patrimonial. Señalé claramente cuáles eran mis bienes, los que tenía antes de ser gobernador. Si alguno más he adquirido, ahí están señalados. Están en la página de internet y cualquiera puede ver qué tengo. Creo que he sido más que transparente.

Transparente no. La declaración de Peña Nieto, ya como presidente (con fecha del 15 de enero de 2013 y hecha pública en www.presidencia. gob.mx/patrimonio/UGNGFNIK.htm) incluía cuatro casas, cuatro terrenos, un departamento, joyas, relojes y obras de arte, pero ni un solo dato sobre cuánto se pagó por esas propiedades. Fue hasta después del escándalo causado por la «Casa Blanca mexicana», en noviembre de 2014, que Peña Nieto hizo públicos los montos de su declaración patrimonial. En dicha declaración hay unos fondos de inversión de más de doce millones de pesos (equivalente a poco menos de un millón de dólares).

El caso de Ayotzinapa, la masacre de Tlatlaya —en donde el ejército, supuestamente, ejecutó a quince de los veintidós civiles encontrados en una bodega en junio de 2014, según la Comisión Nacional de Derechos Humanos— y las acusaciones de aparente corrupción por las casas, habían rebasado al gobierno. Había perdido su credibilidad y su autoridad moral. ¿Con qué cara podía un presidente pedir a los mexicanos que lucharan contra la corrupción cuando él no estaba dispuesto a hacerlo en su propia casa?

México ha tenido todo tipo de presidentes. Pero no presidentes débiles. Peña Nieto pasó los primeros tres años de su presidencia luchando para no ser visto como un presidente huidizo y débil. Su equipo se esmeraba por no exponer al presidente a preguntas de la prensa. Nada se dejaba a la improvisación presidencial.

Las dos entrevistas con Peña Nieto las tuve antes de que llegara a la presidencia. Luego ya no quiso hablar conmigo.

Mis preguntas fueron sencillas. ¿Cuánto dinero tiene? ¿Cómo murió su esposa?

Pero en las respuestas, Enrique Peña Nieto se hizo un ocho.

CUANDO LO ENTREVISTÉ por primera vez en marzo de 2009, Peña Nieto era gobernador del Estado de México. No me pareció que estuviera preparado para la entrevista. Él estaba acostumbrado a las entrevistas fáciles —con preguntas pactadas y adelantadas, y respuestas de cajón—, y prácticamente no tenía contacto con corresponsales extranjeros.

Cuando entré a su oficina en la ciudad de Toluca, me encontré en las paredes dos grandes imágenes colgantes: una pintura del héroe nacional Benito Juárez y una fotografía de Angélica Rivera, la actriz con la que se casaría poco después. Estaban claros sus intereses.

En el baño también había señales. Es una mala costumbre pero, antes de las entrevistas, suelo ir al baño de los entrevistados. Los baños te dan un adelanto de lo que te vas a encontrar: están llenos de objetos personales. Me encontré con dos cepillos de dientes, de distintos tamaños y colores. Ese era un baño que, aparentemente, usaban dos personas (o una persona que se lavaba mucho los dientes).

Una periodista había definido a Peña Nieto como «joven pero no nuevo». Y eso es exactamente con lo que me encontré. Este político —que en ese momento tenía cuarenta y tres años— llegó perfectamente trajeado, con una corbata demasiado gruesa y cada pelo en su lugar. El «Gel Boy», como muchos le decían por lo inamovible de su cabello, tenía un cierto aire a viejo, a un Ronald Reagan pero de provincia.

La entrevista fue por donde tenía que ir. Defendió a su predecesor en la gubernatura del Estado de México, Arturo Montiel, a pesar de las acusaciones de corrupción en su contra. En la política mexiquense lo primordial era la lealtad y nunca se hubiera atrevido a criticarlo en público.

Me dijo, sorprendentemente, que «México es un país seguro que enfrenta un fenómeno delincuencial nuevo». Pocos definirían México como un país seguro. En ese 2009 se reportaron más de 16 000 asesinatos dolosos, según cifras oficiales. Y, como buen político, se negó a confirmar sus intenciones de lanzarse a la presidencia de México.

Al final, más por buscar un ángulo personal a la entrevista que por verdadero interés, le pregunté sobre la muerte de su esposa, Mónica Pretelini, ocurrido el 11 de enero de 2007. No buscaba ninguna noticia. Había muerto hacía menos de dos años y esperaba una respuesta corta, precisa, sin mucha emoción. Pero la respuesta o, más bien, la falta de ella, me dejó sorprendido y puso en riesgo su carrera política.

—Fue algo, intempestivamente —me dijo, enredando la gramática—. Ella llevaba dos años de tener una enfermedad parecida a [...] se me fue el nombre, de la, de la... el nombre de la enfermedad.

—¿Epilepsia? —dije, como tratando de ayudar en un momento muy incómodo.

—No es epilepsia, propiamente, pero algo parecido a la epilepsia —me dijo, a manera de respuesta—. Lamentablemente en ese momento yo no estaba con ella, tuvo un ataque y lamentablemente perdió la vida. Yo cuando ya la encontré, en su momento, en nuestra recámara, ya estaba prácticamente muerta. El médico, en su momento, explicó ampliamente con los términos médicos que yo no podría hoy señalar, cuál había sido la causa de su fallecimiento.

La respuesta, sin duda, fue lamentable. ¿Cómo era posible que Peña Nieto no supiera de qué había muerto su esposa hacía menos de dos años?

El video de la entrevista de Univision fue objeto de burlas y comentarios en la internet y en las redes sociales. De pronto, más que su proyecto de gobierno, la principal vulnerabilidad de Peña Nieto como candidato presidencial era su vida personal.

Así que, antes de lanzar su candidatura, decidió darme otra entrevista. Esta vez, él y su equipo sí estaban preparados. Nos vimos en una lujosa casa de la capital mexicana, en Las Lomas, en febrero de 2011.

Antes de que llegara el gobernador a la entrevista, sus asesores me dieron una carta firmada por el doctor Paul Shkurovich, jefe del Departamento de Neurofisiología Clínica del Centro Médico ABC. El «resumen médico» establecía que Mónica Pretelini de Peña, de cuarenta y cuatro años de edad, tuvo un «paro respiratorio» luego de una «crisis convulsiva» a las dos de la mañana del 11 de enero de 2007. El informe médico agregó que tuvo una «inflamación severa del tejido cerebral», que no hubo ningún rastro de drogas o medicamentos y que a las tres de la tarde del mismo día se registró su «muerte cerebral».

Esa tenía que ser la primera pregunta de mi segunda entrevista con Peña Nieto.

LA MUERTE DE SU ESPOSA

RAMOS: En la última entrevista que tuvimos usted y yo en marzo de 2009 le hice una pregunta sobre cómo había muerto su esposa [...] Y lo que sorprendió a muchos es que usted no me pudo decir de qué había muerto su esposa.

PEÑA NIETO: Es absurdo pensar, Jorge, que no sepa de qué murió mi esposa. Fue un *lapsus* no poderte decir que mi esposa sufría en aquel entonces de ataques de epilepsia, que habían derivado en alguna insuficiencia cardiaca y que eso la había llevado a perder la vida.

¿Cómo no tener claro y conocer esto? Simplemente fue un *lapsus* del que se valieron varios para incluso, yo creo, reeditar lo que tú habías presentado, y hacer mofa y todo un asunto, prácticamente una caricatura de lo que habíamos entonces comentado entre tú y yo. [..]Claro que lo tengo muy presente. Fue algo que causó dolor en toda la familia, en mis hijos que estaban todavía pequeños y por supuesto que conocemos a plenitud cuál fue la causa de la muerte de mi esposa.

RAMOS: ¿Usted tuvo algo que ver con [la muerte de su esposa]?

PEÑA NIETO: No. Cuando yo llego a la casa la encontré prácticamente en estado de *shock* y sin respiración. Después la trasladamos de inmediato al hospital, la reanimaron nuevamente con todos los medios médicos que se pudieron valer en ese entonces. Pero al final de cuentas, y lamentablemente, ya había tenido ella muerte cerebral por insuficiencia de oxígeno. Así fue como sucedió aquello.

Lamenté mucho todas las descalificaciones y señalamientos que en algunos medios —me parece de forma irresponsable— empezaron a decir sobre la muerte de mi esposa: desde que se había suicidado [...]

RAMOS: Incluso [sospechaban] si usted participó.

PEÑA NIETO: Incluso que si hubiera participado [en su falleci-
miento]. En aquel entonces le pedí al médico que la estaba
atendiendo [...] y quien era su médico de cabecera —la estaba
atendiendo de este mal que la aquejaba, de la epilepsia— que
por favor, sin estar obligado a hacerlo, explicara cuáles habían
sido las causas de la muerte. Y eso está además registrado.
Creo que se fueron desvaneciendo todas esas tesis. [Hubo]
varios medios que dedicaron páginas a hacer de la muerte
de mi esposa una calumnia, a difamar las razones de todo
esto y sin importarles a quién estaban lastimando. Lo lamenté muchísimo. Creo que es parte de ese riesgo por estar
metido en esta actividad.

VIDA PRIVADA Y DINERO

RAMOS: ¿Hasta dónde nos podemos meter en su vida privada?

PEÑA NIETO: Mira, yo he defendido el derecho a la privacidad y
a la intimidad. Pero también estoy consciente de que cuando
eres un actor público, tu vida privada termina por hacerse
pública.

RAMOS: Su boda [con la actriz Angélica Rivera el 27 de noviembre de 2010] fue muy pública.

PEÑA NIETO: Era muy público que me iba a casar. No podía
casarme y hacerlo de manera escondida. Era público, pero
yo no invité a los medios. Los medios estuvieron ahí. Opta-
mos por no dar la exclusiva a ningún medio. Subimos a la
internet algunas fotografías y algunas imágenes de lo que
había sido un acontecimiento privado. Decidimos compar-
tirlo porque había sido ya un tema notablemente público.

RAMOS: ¿Se vale, por ejemplo, hablar de la vida privada del presidente de México? Usted sabe perfectamente de la manta que apareció en el congreso mexicano que sugería que el presidente Felipe Calderón tiene problemas de alcoholismo. ¿Estamos cruzando la línea?

PEÑA NIETO: Yo creo que sí hay una línea que va entre lo público y lo privado. Creo que quien tiene una responsabilidad pública está en la exigencia y en la obligación de informar y de ser totalmente transparente.

RAMOS: ¿Se vale preguntarle al presidente si tiene problemas de alcoholismo?

PEÑA NIETO: Yo creo que se vale preguntarle al presidente. Yo creo que para despejar ese tema valdría la pena preguntarle al presidente sobre este tema que ha sido tan polémico. Llevado y traído. En alguna entrevista que alguien le haga [al presidente] pues que le pregunte. Sí.

NARCOTRÁFICO Y VIOLENCIA

RAMOS: Desde el exterior, cuando hablamos de México, la gente piensa en narcotráfico y violencia. ¿Hay que negociar con los narcos? ¿Se ha equivocado Felipe Calderón en su estrategia?

PEÑA NIETO: Mira, es lamentable que la opinión que se tenga de México en el mundo sea solamente por ese tema: narcotráfico y violencia. Creo que la estrategia del gobierno ha sido insuficiente e inadecuada.

RAMOS: ¿El PRI nunca negoció con narcos?

PEÑA NIETO: Ese ha sido un señalamiento en el ánimo de descalificar al PRI. Estamos enfrentando un fenómeno totalmente distinto. Lo que vivió el PRI, cuando fue un partido en el poder [1929–2000] no era lo que hoy vivimos. Fue otro escenario, fue otra realidad.

PUBLICIDAD

RAMOS: Una de las principales críticas contra usted es que sus anuncios de televisión salen a nivel nacional. 100 millones de dólares ha sido el presupuesto [en cinco años] para publicidad.

PEÑA NIETO: Ojalá fuera tanto. Es muy por debajo de lo que otros gobiernos dedican a esto. Somos la entidad más poblada del país con quince millones de habitantes. Yo te diría que somos, Distrito Federal y Estado de México, donde la manera de poder llegar a esta población es valiéndose de los medios nacionales.

RAMOS: Pero la acusación es que utiliza presupuesto del Estado [de México] para promover su candidatura como presidente.

PEÑA NIETO: Me parece que eso se ha vuelto un mito. No es para promoción personal.

RAMOS: Usted es gobernador del Estado de México y estos anuncios salen a nivel nacional. Obviamente le ayudan a su imagen para ser presidente.

PEÑA NIETO: No es el caso.

Es imposible corroborar los montos que se gastaron en publicidad en los años previos a las votaciones de 2012. Según los resultados oficiales, Peña Nieto ganó las elecciones presidenciales con el 38 por ciento del voto.

LAS LECCIONES DE PEÑA NIETO

Peña Nieto se vendió como un político nuevo pero, en realidad, nunca lo fue. De hecho, como alguna vez me dijo la periodista Denise Maerker, es joven pero tiene ideas viejas.

Hay muchas cosas que aprender del ascenso de Peña Nieto al poder. La primera lección es que, efectivamente, se puede inventar a un presidente. Él y su equipo planearon perfectamente su camino; pasó de ser un burócrata estatal de bajo nivel a presidente de México. Su estrategia fue un gasto desmedido de publicidad... y las listas.

Prometía cosas, las enumeraba y luego las cumplía. La sencillez de la estrategia —prometer y cumplir— funcionó como gobernador del Estado de México. En un país donde los políticos son conocidos, no solo por no cumplir sus promesas sino por negarlas una vez que están en el poder, cumplir lo prometido tenía un peso importante.

Segunda lección: es imposible ocultar permanentemente la realidad.

El problema ocurrió una vez que Peña Nieto llegó a la presidencia de México. Su táctica de ocultar la realidad le explotó en las manos. Por más que él y su equipo trataron, fue imposible ocultar la violencia y la impunidad. El caso de Ayotzinapa desnudó la ineficacia del gobierno de Peña Nieto y la denuncia de corrupción por la «Casa Blanca» lo dejó absolutamente vulnerable. ¿Cómo puede un presidente pedirle a sus gobernados que luchen contra la corrupción cuando no está dispuesto a dar el ejemplo en su propia casa?

Peña Nieto ordenó una investigación a uno de sus subordinados, Virgilio Andrade (secretario de la Función Pública) para que determinara si hubo corrupción en la compra de la Casa Blanca y la casa de su secretario Luis Videgaray en Malinalco. Pero ese era otro conflicto de interés. ¿Cómo podía un subordinado declarar culpable a su jefe, el presidente? Tal y como se sospechaba, Andrade —quien tenía una fotografía de Peña Nieto en su oficina, según reportó el diario *El País*— absolvió de cualquier crimen en agosto de 2015 a Peña Nieto, a su esposa Angélica Rivera y a Videgaray. Peña Nieto y Videgaray ofrecieron una disculpa pública por las «interpretaciones» sospechosas que pudieron provocar las compras de esas casas pero, como siempre, en México no pasó nada.

La tercera lección es que la incapacidad y la falta de liderazgo siempre se notan. Una vez que explotaron los casos de Ayotzinapa y la Casa Blanca —y la narcoviolencia se consolidó por todo el país— el presidente parecía esconderse. No ofrecía conferencias de prensa, no daba entrevistas ni discursos en cadena nacional explicando cuál era su plan. Así, el país se fue a la deriva.

Cuando el narcotraficante Joaquín «El Chapo» Guzmán se escapó el 11 de julio de 2015 a las 8:52 de la noche de la cárcel de máxima seguridad del Altiplano, en Almoloya de Juárez, Estado de México, el presidente Peña Nieto, otra vez, no supo reaccionar. La noticia de la fuga del líder del cártel de Sinaloa a través de un túnel de un kilómetro y medio sorprendió a Peña Nieto (y a una comitiva de más de 400 personas) en un viaje en París. Claramente consternado e inmovilizado, Peña Nieto decidió quedarse en Francia en lugar de regresar al país a enfrentar la mayor crisis de seguridad de su gobierno. Es decir, el presidente desapareció.

El patrón estaba marcado. Ante la muerte de su esposa, ante las acusaciones de corrupción y ante las mayores crisis en el país, el presidente Peña Nieto no supo contestar.

Al final, todos perdimos.

Cuando le va mal al presidente, le va mal a todo el país.

Peña Nieto es un presidente débil. Salinas de Gortari fue un presidente fuerte. Pero los dos provienen de la misma tradición política que asegura que un solo hombre puede mandar la nación.

Los presidentes mexicanos tienden a pensar que son indispensables y todopoderosos. Eso explica la corrupción, la arrogancia y la deshonestidad que ha plagado ese puesto en México. La gran diferencia, sin embargo, es que antes de las elecciones de 2000, no había ningún tipo de rendición de cuentas por parte del presidente, y los medios de comunicación, en su mayoría, eran totalmente sumisos al poder presidencial. Eso ya no ocurre.

Hoy el presidente en México ya no puede gobernar como el tlatoani azteca o un virrey español. Es posible que se aferre al poder a pesar de acusaciones de corrupción e incompetencia. Pero gracias a una nueva generación de valientes reporteros —en la que dominan las mujeres—, el presidente ya no puede ocultar sus grandes errores.

Así como le pasó a Salinas de Gortari, ahora Peña Nieto está luchando por su reputación. Pero los dos saben que la historia no será muy generosa con ellos.

En México no hay nada más triste y solitario que un expresidente a quien sorprendieron haciendo trampa.

ONCE

El sobreviviente enojón:
Álvaro Uribe

«Mi familia ha sufrido como el 50 por ciento de las familias colombianas... Yo soy combatiente pero no cultivo el odio. Es como la vaca en el pantano: mientras más patalea, más se atolla».
—ALVARO URIBE

NUNCA ME FUE bien con Álvaro Uribe. Cuando era presidente de Colombia (2002–2010), no quería contestar mis preguntas. Y cuando fue expresidente, se enojaba también por mis preguntas. De hecho, nos fue tan mal en nuestros tres encuentros que aún no me queda claro por qué yo insistía en entrevistarlo y él en concederme las entrevistas. Al final, Uribe quedaba molesto por mis preguntas y yo frustrado porque no podía sacarle nada.

Uribe era noticia. Por eso lo entrevistaba. Aunque siempre se enojara. Y él necesitaba de la prensa internacional, de la que yo formaba parte, para comunicar su mensaje de que Colombia estaba cambiando y mejorando. Pero más allá de las consideraciones políticas y periodísticas, había otra cosa. Siempre me pareció que Uribe era un hombre que pensaba que ya no tenía nada que perder.

Tras la muerte de su padre en 1983 a manos de guerrilleros de las Fuerzas Armadas Revolucionarias de Colombia (FARC), Uribe aparentemente hizo una promesa mental de que no descansaría hasta vencer al grupo al que pertenecían los asesinos. Esa fue siempre la impresión que tuve de Uribe: se trataba de un hombre con una misión. Y los hombres que tienen esa convicción no se doblan.

Lo CONOCÍ POR primera vez en Nueva York en el otoño de 2007, poco después de su reelección y antes de su discurso ante Naciones Unidas. Llegó media hora tarde pero de buenas. Muy de buenas. Se reía. Bromeaba. Saludaba con ganas. Estaba lleno de energía dentro de esa camisa azul claro. Eran las nueve de la mañana y ya había tenido dos reuniones y un desayuno. Luego de levantarse había corrido una hora y seis minutos en el Parque Central. Ni un minuto más ni un minuto menos. Una hora y seis minutos. Y eso lo tenía casi eufórico.

Me sorprendió. En entrevistas con otros periodistas lo había visto enojón, malhumorado. Quizás porque siempre terminaban preguntándole si tenía o no vínculos con paramilitares. Y se lo dije. Lo tomó bien. «No hay que ocultar los estados de ánimo», me respondió, sonriendo y listo para empezar a conversar.

En varias ocasiones Uribe había contado a la prensa cómo su padre, Alberto Uribe Sierra, murió el 14 de junio de 1983 al resistirse ante un aparente intento de secuestro de las FARC en su hacienda en el departamento de Antioquia. Recibió un balazo en la cabeza y otro en el pecho.

Un jefe rebelde, Raúl Reyes, según un reporte de *El Tiempo*, dijo que esa era una versión «falaz» y que ellos no tuvieron nada que ver con la muerte del padre de Uribe. Pero la pregunta era qué tanto pesaba esa muerte en la beligerante actitud del presidente hacia los rebeldes.

«Mi familia ha sufrido como el 50 por ciento de las familias colombianas —reflexionó el presidente colombiano, bajando la voz—. Si tuviera esas reservas, no hubiese aspirado a la presidencia de la república... Yo soy combatiente pero no cultivo el odio. Es como la vaca en el pantano: mientras más patalea, más se atolla».

Antes de Uribe, muchos colombianos pensaban que era imposible ganarle por la fuerza a las guerrillas. Pero eso cambió cuando él llegó al poder. Su actitud era de choque. No, no despejarían ni un metro cuadrado de territorio para negociar el canje de secuestrados por guerrilleros. «Eso nunca lo haremos», me aseguró, a pesar de que Colombia había tenido 23 000 secuestros declarados en diez años.

Pero ese día Uribe traía más que secuestrados en la cabeza. Me dijo que los paramilitares «desaparecieron totalmente» de Colombia. «Si realmente hubieran desaparecido —le comenté con incredulidad—, eso sería noticia en todos lados». Comprendió mis dudas pero insistió: «Hoy no hay en Colombia grupos paramilitares atacando a la guerrilla».

Y en ese momento, se cambiaron los papeles. Era Uribe el que preguntaba.

—¿Usted ha ido a Colombia?

—Hace mucho que no voy —respondí—. Años.

—Vaya y después hablamos —me dijo—. Hay dos Colombias: una, la que pintan las noticias y, otra, la que perciben los visitantes. Usted va hoy a Colombia y encuentra un país con alegría, un país que ha recuperado la confianza.

Alegría y confianza no es lo que yo recordaba de Colombia. Hacía muchos años que no visitaba el país. De hecho, tuve que salir huyendo.

Esta es la historia: en enero de 1996 hablé en la cárcel con Fernando Botero, quien había sido jefe de campaña del entonces candidato presidencial, Ernesto Samper. Y Botero me confirmó en cámara que la campaña había recibido seis millones de dólares del narcotráfico. Samper «sí sabía del ingreso de sumas importantes de dinero del narcotráfico a su campaña», me dijo. Botero estaba en la cárcel acusado del crimen. Pero había decidido hablar y confesar todo lo que sabía.

Esa misma noche me fui al Palacio de Nariño para hablar con Samper, quien ya había tomado posesión como presidente, y lo negó todo. «Si entraron dineros del narcotráfico [a mi campaña], fue a mis espaldas», me dijo. Negó también las acusaciones de encubrimiento e insistió en que Botero estaba mintiendo para salvarse.

Ahí terminaron las entrevistas pero comenzaron mis problemas personales. Nos habíamos alojado en el club privado El Nogal por cuestiones de seguridad. Dos días después de las entrevistas, la recepcionista del lugar recibió por teléfono el siguiente mensaje para mí: «Dígale a Ramos que los vamos a quebrar por lo que salió en Univision». Dos horas más tarde, ya con la policía en el lugar, se recibió otra llamada utilizando el mismo lenguaje.

Las amenazas eran directas. Era hora de irse de Colombia y lo hicimos. El miedo no anda en burro, dicen en México. Regresé a Bogotá poco después para hacerle otra entrevista a Samper pero, desde entonces, no he vuelto. En una ocasión la oficina de Univision en Bogotá recibió flores de muerto con mi nombre. El mensaje estaba claro.

No le conté todo esto a Uribe. Pero estoy seguro de que no le hubiera sorprendido.

Siempre he pensado que —ante los problemas de violencia, secuestros, pobreza, rebeldes, paramilitares, narcotraficantes y los millones de desplazados— el presidente de Colombia, el que sea, tiene el trabajo más difícil del mundo. Y se lo dije a Uribe.

—Trabajos difíciles no hay cuando se hacen con amor —respondió al final, filosóficamente, y terminamos la entrevista.

Pero tras media hora, se había mermado la energía inicial con la que llegó Uribe a la entrevista. Preguntó a uno de sus asistentes qué seguía, se despidió de una docena de diplomáticos y periodistas, y se fue a buscar un acolchonado sofá. Se dejó caer, echó la cabeza para atrás, se pasó las manos debajo de los lentes y cerró los ojos.

De pronto, la gente empezó a cuchichear y se formó un pesado silencio. Pasaron varios minutos y salí del cuarto. Pero antes de cruzar la puerta, volteé. Y Uribe seguía ahí, inmóvil, con los ojos cerrados.

Volvimos a hablar en 2009, pero tras hacer mi primera pregunta supe que estaba en problemas. «¿Tienes otras preguntas que hacerme?"

me dijo Álvaro Uribe por satélite. El presidente colombiano, sencilla-mente, no quería contestar. Y no lo hizo.

Le había preguntado sobre las acusaciones del presidente venezo-lano, Hugo Chávez, de que la presencia de soldados estadounidenses en bases colombianas era un peligro para la región y una amenaza para Venezuela. Y yo estaba buscando la reacción de Uribe. Pero no la tuve. «Ninguna reacción. Si tienes otro tema, con el mayor gusto, Jorge», me dijo.

Sí, tenía otros temas y unas veinte preguntas preparadas. Pero es-taba claro que había varios asuntos que el presidente colombiano no quería tocar.

La policía secreta de Colombia, el DAS, que depende de la Presi-dencia, había estado involucrada en un escándalo de espionaje por grabar conversaciones de críticos y opositores del gobierno de Uribe. «¿Quién dio la orden de hacer esas grabaciones?», le pregunté.

«¿Tienes otra pregunta? —respondió—. Este es un gobierno hono-rable, que tiene todas las cartas sobre la mesa. Es un gobierno transpa-rente. Si tienes otra pregunta, con mucho gusto».

Y la tenía. El expresidente César Gaviria había dicho que «Uribe es un dictador que convirtió al DAS en una máquina criminal». Y, tal y como lo sospechaba, Uribe no quiso responderle a Gaviria. «¿Tienes otra pregunta, apreciado Jorge?».

Tres preguntas. Ninguna respuesta.

La entrevista no iba a ningún lado. De hecho, las cosas comenza-ron mal antes de empezar. Por principio, tuvimos que hacer la conver-sación vía satélite; el presidente en Nueva York y yo en Miami. Y luego, le pedimos al mandatario que se quitara los lentes debido al brillo que reflejaban ante la cámara. Él, amablemente, aceptó. Pero se veía incó-modo, ansioso, aislado. Varias veces se llevó la mano al oído, como si estuviera a punto de arrancarse el audífono a través del cual escuchaba mis preguntas.

Le molestó que le que le recordara que el escritor peruano, Mario

Vargas Llosa, hubiera dicho que sería «lamentable» que Uribe buscara un tercer período presidencial o que le preguntara si se sentía «indispensable» en Colombia.

No, él no quería hablar de nada de eso.

El presidente no sabía qué le iba a preguntar. Nunca se le dan las preguntas por adelantado a nadie. Nunca. Es un principio básico del periodismo. Pero ciertamente Uribe esperaba otro tipo de entrevista.

Uribe había cambiado mucho con el poder. Lo noté mucho más impaciente que en la entrevista anterior (exactamente dos años antes). Escuchaba menos. Esta vez no quería oír las críticas a su gobierno ni responder a preguntas incómodas. No era la primera vez que veía a un presidente así. Eso siempre le pasa a los líderes que no saben dejar el poder a tiempo.

MI TERCERA Y última entrevista con Uribe tampoco salió bien. Ya había dejado el poder —no fructificó el esfuerzo para modificar la Constitución y permitirle un tercer período presidencial—, pero no había dejado de hablar. Al contrario, en Twitter, en entrevistas y en un libro —*No hay causa perdida*— desafiaba al gobierno en turno del presidente Juan Manuel Santos y opinaba de casi todo. Daba la impresión de que no se había acostumbrado a ser un expresidente.

Él estaba en un estudio en Washington y yo en otro en Miami. El propósito inicial era hablar de la publicación de su último libro. Pero comenzamos hablando de la guerra.

En ese 2012 una encuesta (de Ipsos) decía que el 77 por ciento de los colombianos aprobaba un diálogo de paz con los guerrilleros de las FARC. Pero Uribe se oponía al diálogo y contraatacó con cifras. «Las mismas encuestas dicen que el 80 por ciento de los colombianos no quiere que haya impunidad —me contestó—. Cuando nosotros llegamos al gobierno (en 2002) las FARC tenían aproximadamente 30 mil personas; cuando salimos del gobierno (en 2010) había aproximadamente 6800».

Uribe le hizo creer a muchos colombianos, por primera vez, que sí se le podía ganar por la fuerza a los guerrilleros y le dolía que su exministro de defensa, el ahora presidente Juan Manuel Santos, negociara la paz con las FARC. «A mí me preocupa mucho que unas pláticas tengan éxito simplemente para entregarle Colombia a un modelo castro-chavista, que es un modelo que aniquila libertades y elimina posibilidades de prosperidad democrática del país».

El pasado perseguía a Uribe. Le mencioné que él había sido uno de los presidentes colombianos con más ex funcionarios procesados por la justicia —cerca de una decena—. No le gustó la pregunta pero contestó.

—Yo he asumido con toda entereza la defensa de ellos —me dijo, desafiante. Y luego vino el ataque—: Perdón, perdón, perdón, Jorge. Mira, me habías invitado a hablar del tema del libro y veo que lo que traes es un apresurado interrogatorio de acusaciones.

—Me estoy basando en su libro —le dije.

—No, no, no —respondió—. No me das tiempo, no tienes la gallardía de preguntarme por cada caso en particular. Dejas unas ideas en el aire y cada caso tiene su respuesta. Y es una respuesta honorable.

—Déjeme preguntarle finalmente sobre qué se siente ser un expresidente [...] Muchos dicen que usted ha sido el mejor presidente que ha tenido Colombia. Pero que también ha sido el peor expresidente porque no ha podido asumir que ya no es presidente.

—¿Qué te digo, Jorge? —me preguntó con humor y una sonrisa.

—No sé. Lo que quiera —le respondí con otra sonrisa.

—[...] Soy un sobreviviente. He sobrevivido más de una docena de atentados. Soy sobreviviente por milagro. ¿Por qué no voy a seguir interviniendo en la política de mi patria sin ambición personal? Mientras dios me dé energía, claro que tengo que participar, estimado Jorge.

LA LECCIÓN DE URIBE

La historia moderna de Colombia se marca antes y después de Álvaro Uribe. Uribe efectivamente redujo las cifras de asesinatos y secuestros. Pero lo más importante es que le regresó a los colombianos la esperanza de vivir en un país seguro.

Antes de Uribe había muy pocos políticos que se atrevían a decir que sí se le podía ganar por la fuerza a los guerrilleros de las FARC. Uribe no solo lo dijo sino que casi lo logra. Esa es la lección: poner en práctica lo que crees. No quedarse en las palabras.

El costo de esta estrategia guerrerista, por supuesto, fue altísimo. Funcionarios de su gobierno fueron acusados de espionaje telefónico, abuso de autoridad y de apoyar a grupos paramilitares, entre otras cosas. Y las FARC no desaparecieron.

La estrategia de Uribe siempre fue la guerra. Nunca estuvo dispuesto a negociar la paz con sus enemigos. Debe ser muy difícil negociar con los asesinos de tu padre. Pero quizás su estrategia orilló a la guerrilla a la mesa de negociaciones. Es muy posible que las pláticas de paz en La Habana, Cuba, entre el gobierno de Juan Manuel Santos y las FARC, nunca se hubieran realizado sin los duros ataques a la guerrilla durante el gobierno de Uribe.

Los colombianos se merecen la paz. La mayoría de ellos no saben lo que es vivir sin guerra. La ironía es que, si la paz de verdad llega a Colombia, una de las personas a quien tendrán que agradecer los colombianos es a Uribe, el sobreviviente enojón.

No todos los presidentes con los que he hablado están metidos en una misión. Algunos ven su puesto como una oportunidad para cambiar un país, otros planean el momento con años de antelación. Pero para unos pocos, el poder es una misión. Ese es el caso de Álvaro Uribe.

Uribe no tenía más remedio que lanzarse por el poder para cumplir su misión. Fue un imperativo moral. No tenía opción.

Uribe siempre tuvo algo a su favor: claridad. La gente siempre sabía qué quería Uribe aunque sus métodos fueran muy cuestionables. También, Uribe siempre estuvo consciente de sus fortalezas y no tuvo ningún titubeo en usarlas.

Él convenció a muchos colombianos de que sí era posible conseguir la paz con la guerra. Desde su punto de vista, solo faltaba un poco más de tiempo. Pero el tiempo se le acabó y su estrategia nunca se pudo probar. Otros, después de él, tratarían de conseguir la paz negociando, no a balazos.

El fin de una guerra no debe ser nunca el inicio de otra. Pero lo que Uribe nunca entendió es que una paz imperfecta fue siempre una mejor opción que su guerra.

DOCE

El costo de la rebeldía:
Ingrid Betancourt

«Yo creo que hay una necesidad de luchar por los [secuestrados] que quedan en Colombia. Pero también quiero confesarte que todo esto ha sido muy intenso para mí. Estoy muy cansada. Necesito ya tiempo para mí, para echar raíz; tengo que construir una vida».

—INGRID BETANCOURT

L A REBELDÍA SIEMPRE vale la pena.

Reafirma lo mejor de ti frente a lo que tú consideras es lo peor del mundo.

Pero la rebeldía tiene un costo.

A veces es altísimo.

Ingrid Betancourt lo sabe.

Ella lo pagó.

INGRID BETANCOURT UN día me dijo que iba a ser presidenta y que ella, personalmente, me invitaría al Palacio de Nariño para entrevistarla ahí. Y se lo creí. Jamás me imaginé que, en cambio, su vida se convertiría en una de las tragedias más terribles de la historia moderna de Colombia.

Ingrid Betancourt era una rebelde. Pero su rebeldía casi le cuesta la vida.

Conocí a Ingrid Betancourt el 15 de enero de 2002, treinta y ocho días antes de ser secuestrada. Era candidata presidencial pero estaba visitando Miami para promover su libro *La rabia en el corazón*.

Pero la rabia que tenía en aquel momento era en contra del también aspirante presidencial Álvaro Uribe. «Uribe es el candidato de los paramilitares —me dijo en ese entonces—. Yo diría que Álvaro Uribe tolera los asesinatos en Colombia como un método de enfrentar a la guerrilla». La ironía es que casi siete años después sería el propio Álvaro Uribe, ya como presidente, quien negociaría su liberación.

El 23 de febrero de 2002 Ingrid Betancourt fue secuestrada por los guerrilleros de las Fuerzas Armadas Revolucionarias de Colombia (FARC) cuando se dirigía por tierra desde la población de Florencia hasta San Vicente del Caguán. Ingrid fue detenida junto con su jefa de campaña, Clara Rojas. Antes del secuestro, el gobierno de Pastrana le había retirado a Betancourt sus escoltas de seguridad con el aparente propósito de evitar que ella viajara a la zona de conflicto donde el presidente realizaría una conferencia de prensa.

Esos eran días de mucha tensión en Colombia. Había fracasado el diálogo de paz entre el presidente Andrés Pastrana y los líderes de las FARC. El gobierno, por lo tanto, estaba tratando de recuperar la llamada «zona de distensión» que le había entregado a los guerrilleros. La esperanza de paz había desaparecido.

Ingrid la rebelde —la que desde el Congreso había denunciado valientemente actos de corrupción, la que con su juventud y entusiasmo buscaría la paz, la que no cuidaba sus palabras para atacar a políticos sin escrúpulos, la que estaba dispuesta a dar su vida por su país— había sido secuestrada.

Su voz, de pronto, se apagó.

* * *

INGRID BETANCOURT SE despertó en la selva colombiana, como siempre, antes de que saliera el sol. Era el dos de julio de 2008. Prendió la radio. Primero escuchó la voz de su madre, Yolanda, quien se iba a Francia. Luego la de su hija, Melanie, antes de partir a China. Lo que no sabía Ingrid es que ese día sería el último de los 2330 que estaría secuestrada por la guerrilla de las FARC.

De lunes a viernes, a las cinco de la mañana, la radio colombiana transmitía mensajes de los familiares de los secuestrados. La esperanza era que, en algún lugar de la selva, ellos estuvieran escuchando. Ingrid —quien muy a su pesar era la secuestrada más famosa del mundo— sí escuchó esos mensajes el día de su rescate.

«Después de cada mensaje, el desgaste moral, sentimental e intelectual es devastador», me dijo en una entrevista Nancy Pulecio, la tía de Ingrid, quien en varias ocasiones le habló por la radio.

Ella tenía miedo de que una operación de rescate culminara con la muerte de Ingrid. «El temor es que los fueran a matar —me dijo—, como ha pasado con muchos secuestrados; que los han tratado de rescatar y los han matado». Pero esta vez no fue así.

«Salió Ingrid, salió Ingrid», fue como le dio la noticia Yolanda Pulecio, la madre de Ingrid, a su hermana Nancy, quien, incrédula, fue sorprendida en un banco de Miami.

Ingrid, tres estadounidenses, siete soldados y cuatro policías colombianos fueron rescatados por el ejército en la llamada Operación Jaque en el departamento del Guaviare. Fue una ingeniosa y sorprendente operación en que los guerrilleros fueron engañados para entregar, sanos y salvos, a sus secuestrados más importantes. Estados Unidos no participó en el rescate. «Fue una operación 100 por ciento *made in* Colombia», dijo el secretario de defensa, Juan Manuel Santos, en una entrevista por televisión.

«Es un duro golpe moral para los guerrilleros de las FARC», me dijo por teléfono, desde Bogotá, Clara Rojas, quien había sido liberada unos meses antes.

En ese momento, más de 700 secuestrados seguían en poder de las FARC. Pero estaba desapareciendo la percepción de que a la guerrilla no se le podía ganar militarmente. Uribe, quien estaba convencido de que su padre había muerto en manos de la guerrilla, actuaba como alguien que ya no tenía nada que perder.

El día de su rescate, Ingrid se fue a acostar bien pasada la medianoche, tras una larguísima conferencia de prensa con Uribe, el ministro Santos y los otros once colombianos rescatados.

Pocas horas después, Ingrid recibiría en el aeropuerto de Bogotá a su hija Melanie, de veintidós años, y a su hijo Lorenzo, de diecinueve. A pesar del cansancio fue —sospecho— un día en que Ingrid hubiera preferido no cerrar los ojos por el temor a despertar y creer que la pesadilla continuaba.

HABLÉ CON INGRID dos semanas después de salir del infierno.

«Estoy muy cansada», me dijo vía satélite desde París, antes de comenzar la entrevista. Y se notaba. Daba la impresión de que llevaba varios días sin dormir bien. Había desaparecido esa alegría y entusiasmo que le vimos poco después de su rescate de la selva colombiana.

Era irónico pero, mientras veía su imagen a través de un monitor, pensé que un par de semanas en libertad —hablando incansablemente en entrevistas, eventos políticos y volando de Colombia a Francia— habían afectado más su vitalidad que los seis años y ciento cuarenta días que pasó secuestrada por las FARC.

La noche anterior se había desmayado después de una entrevista. Pero ella no paraba. ¿Por qué lo hacía?

«Yo creo que hay una necesidad de luchar por los que quedan en Colombia —me dijo al referirse a los secuestrados que aún están en poder de las FARC—. Pero también quiero confesarte que todo esto ha sido muy intenso para mí. Estoy muy cansada. Necesito ya tiempo para mí, para echar raíz; tengo que construir una vida... Estas son las últimas entrevistas que voy a conceder porque simplemente necesito estar ya con mi familia y volverme a estructurar mentalmente».

Le pregunté sobre su pelo. No es un asunto frívolo. El largo de su pelo está cargado de simbolismo. Ella había dicho que cada centímetro de su pelo era un centímetro de dolor.

«Tiene un valor simbólico porque cuando yo estaba en la selva no me podía cortar el pelo; primero porque no tenía tijeras —me dijo, mientras mostraba frente a las cámaras una larga cola de caballo que suele cubrir casi toda su espalda—. [Mi pelo] es como un reloj biológico, es como una marca que indica el tiempo pasado en otro planeta, que es el planeta del sufrimiento. Mientras que haya personas viviendo ese mismo horror en esa misma selva, tengo que dejar que siga corriendo el registro del tiempo».

Para Ingrid, la selva es el infierno.

Es dolor físico.

«Yo llevaba seis años, cinco meses, en que todos los días me dolía algo, todos los días físicamente estaba siendo picada por algún bicho, me rascaba en algún sitio, me dolía alguna parte de mi cuerpo —recordó. Pero más allá de las tarántulas, serpientes y escorpiones de la selva, el infierno para Ingrid eran, también, sus captores—: Ese horror de horrores, esa presencia hostil, de arbitrariedades, de crueldad diaria, de refinamiento de la maldad».

A pesar de lo anterior, Ingrid quería dejar algunas cosas en la selva. Cuando Larry King de CNN le preguntó si ella había sido abusada sexualmente por las FARC, ella prefirió no contestar.

«Yo sé que tengo que dar testimonio, que hay cosas que tengo que contar —reconoció—. Lo único que quiero decir es que necesito tiempo, que todavía hay cosas que tengo que decantar... Una de las cosas que aprendí es que soy una mujer frágil... Algún día tendré el valor de contarles cosas; no me siento en este momento con la posibilidad de hacerlo».

Poco después de ser liberada, Ingrid viajó a la capital francesa. Y ahí cambió las libélulas de la selva por las luces de París, el olor del lodo por el de los perfumes y hoteles y un río por una regadera con agua caliente que le dolió al caer sobre su piel la primera vez que se bañó tras su secuestro.

Sus ambiciones presidenciales habían quedado atrás.

«Para mí, después de estos años de cautiverio, eso no es una prioridad —me aseguró—, tampoco es una ambición».

Al final de la entrevista de casi veinte minutos, Ingrid estaba claramente fatigada. Hacía pausas para tomar aire y para encontrar las palabras. Pero terminó contándome que estos últimos días ha dormido en París con sus dos hijos, Lorenzo y Melanie, a su lado.

«He dormido poquito estos días —reconoció—. Y cuando ellos están dormiditos, al lado mío, y los miro dormidos, y veo en sus caras eso que queda de ellos de niñitos (ya no son niños, ya son unos adultos), es muy hermoso».

UNOS SEIS MESES después de su liberación, en diciembre de 2008, volvimos a conversar. Otra vez vía satélite. Ella en París y yo en Miami. Todavía no se acostumbraba a la libertad. Le parecía un sueño.

«Sí, me sigue sorprendiendo —me dijo—, todos los días me sorprende y creo que no soy la única... Estamos todos como viviendo esa sensación de que es un sueño, pero es un sueño hermoso y a dios gracias es una realidad».

Luego, le recordé la conversación que tuvimos treinta y ocho días antes de su secuestro —cuando me dijo que me iba a invitar como presidenta al palacio de Nariño—. Las elecciones de 2010 se aproximaban. ¿Se iba a lanzar?

«No —me dijo, con fuerza, sin dudarlo—. He cambiado mucho, Jorge, no me voy a lanzar. Yo amo mucho a mi país. Pero hay cosas de mi país que no me gustan. No me gusta el odio que veo. No me gusta esa polarización tan extrema donde hablar de una cosa significa estar en contra o a favor del uno del otro. Yo quisiera que fuéramos más libres de nuestras opiniones y que no nos encajonaran en extremos».

No, Ingrid Betancourt había aprendido la lección. Incluso para rebeldes como ella, el riesgo de ser encajonada —una vez más— era muy alto. No lo haría. La política —incluso la presidencia— sería otra cárcel. Era mejor ser libre que poderoso.

Un secuestro bastaba.

LA LECCIÓN DE INGRID

Por fin vi a Ingrid en persona. Había escrito un libro sobre su secuestro —*No hay silencio que no termine*— y viajó en octubre de 2010 a Miami para promoverlo. Me invitaron a presentarlo en el Miami Dade College, en el centro de la ciudad, e inmediatamente acepté.

Era la oportunidad que estaba esperando para decirle cómo tanta gente luchó por su liberación, cómo me marcó un póster gigante con su cara que colgaba frente al edificio de la ópera en Milán, cómo recordaba la última plática que habíamos tenido antes de su secuestro.

Su libro estaba cargado de honestidad y de rabia. Pero ella contaba su historia como una asignación pendiente. Era algo que tenía que hacer. «Toca», suelen decir los colombianos. Y a Ingrid le tocaba contar lo ocurrido y mantener viva la memoria de los que aún estaban secuestrados por la guerrilla.

Esa noche no noté ningún gozo en la cara de Ingrid. Claramente hubiera preferido estar en otro lugar, con otra gente. Había perdido casi siete años de su vida en la selva y no estaba como para perder más tiempo con extraños.

Pero ahí estaba, de todas maneras. Frente a un auditorio de cientos de personas dispuestas a oír lo que ella quisiera decir.

Sí, Ingrid seguía siendo una rebelde. Pero había pagado un precio muy alto por su rebeldía. Los años perdidos sin sus hijos parecían, desde lejos, irrecuperables.

Más allá del odio hacia sus captores, se notaba ya un intento de perdón, de reconciliación. «No se puede vivir con tanto veneno —cantaba Shakira con razón mientras Ingrid estaba presa—. Pesa más la rabia que el cemento».

Ingrid se estaba liberando, y hablar de lo ocurrido le ayudaba en ese proceso.

Cuando la vi, me acerqué y le di un gran abrazo. «Qué alegría verte libre», creo que le dije. Ella lo agradeció abriendo sus ojos y con esa nueva sabiduría del que ha dejado de ser cautivo.

Pero en el abrazo sentí a una mujer frágil. Quizás ese fue siempre su secreto. Detrás de esa imagen de fuerza y dureza siempre hubo una mujer en construcción, una mujer que toda su vida había aprendido a superar su fragilidad.

Hay rebeldes que se hacen con pura voluntad, con puras ganas.

TRECE

La revolución que nos dejó igual: Daniel Ortega

«La piñata ¿qué significó? La piñata significó promover en Nicaragua los cambios estructurales en el régimen de propiedad. Es decir, la democratización de la propiedad. La tierra que estaba concentrada en pocas manos fue redistribuida».

—DANIEL ORTEGA

ANTES ERAN LOS Somoza. Ahora son los Ortega.

Daniel Ortega y los sandinistas se alzaron en contra el régimen de los Somoza que dominó Nicaragua por cuarenta años con tres dictadores. La era de los Somoza terminó en 1979. Ese mismo año comenzó la de los Ortega.

Daniel Ortega era el líder de facto de la Junta de Reconstrucción Nacional que gobernó Nicaragua tras la caída del somocismo. Luego fue presidente de 1985 hasta 1990, cuando los sandinistas pierden las elecciones frente a Violeta Barrios de Chamorro. Ortega vuelve a perder las elecciones de 1996 (contra Arnoldo Alemán) y en 2001 (contra Enrique Bolaños). Pero recupera el poder con solo el 38 por ciento de los votos en 2006. Desde entonces nadie lo ha tumbado de su caballo.

En 2009, con control absoluto de casi todos los poderes en Nicaragua, logró cambiar la Constitución para reelegirse ininterrumpidamente. Su primera reelección ocurrió en 2012. Imposible saber cuáles son sus planes en el poder pero su esposa, Rosario Murillo, o su hijo Laureano —uno de los principales defensores del controversial proyecto de canal interoceánico— podrían reemplazarlo si decidiera retirarse.

Así, lo que comenzó como una lucha para terminar contra el nepotismo de una familia —los Somoza— se ha convertido en el dominio de otra —los Ortega—. Es la revolución que dejó todo igual.

EL EJEMPLO QUE mejor refleja el abuso del poder en Nicaragua es la casa donde vive la familia Ortega. Esta es la historia de esa casa. Pero no es una casa cualquiera.

Es la casa que le arrebataron a la familia Morales Carazo. Así me lo contó Jaime Morales —quien fuera vicepresidente de Nicaragua de 2007 a 2012— y una de las principales figuras políticas de la historia moderna del país.

La casa, con todo lo que había dentro, fue confiscada.

El problema es que la casa en que vive Daniel Ortega no es de él; se la arrebató de las manos a la familia Morales Carazo. Eso es lo que me aseguró el propio Jaime Morales. De acuerdo con Morales, la casa es de su familia —no de Daniel Ortega— y fue confiscada ilegalmente, con todo lo que había dentro, en 1979, poco después del triunfo sandinista.

La casa de la que estamos hablando es en verdad una fortaleza, solo comparable con la que tenía el dictador Anastasio Somoza antes que lo echaran del país. Los 4000 metros cuadrados de terrenos, en la periferia del viejo centro de Managua, fueron adquiridos entre 1967 y 1968 por Morales, quien entonces ya era un prominente hombre de negocios y coleccionista de las más preciadas obras de arte de la cultura nicaragüense. Morales puso la primera piedra y con los años fue construyendo con maderas preciosas una hacienda, con seis fuentes y seis habitaciones, dos salas, oficina y varios comedores. Son unos 900 metros cuadrados de construcción. Además, por las obras de arte que albergaba, «la casa era prácticamente un museo», según me comentó su primer ocupante.

El grupo financiero en que participaba Morales apoyó con fondos a la revolución sandinista, así que jamás pensó que uno de sus líderes fuera a apropiarse de su casa una vez que derrocaran a Somoza. Cuando los sandinistas tomaron el poder el 19 de julio de 1979, Morales estaba en la Ciudad de México. Él era uno de los dirigentes de la Cruz Roja nicaragüense y había sido enviado a México con la misión de conseguir plasma. Y cuál sería su sorpresa cuando supo que solo dos días después del triunfo sandinista, Daniel Ortega y su compañera Rosario Murillo se habían apoderado de la casa, ocupándola de inmediato.

La esposa de Morales, Amparo, y sus tres hijos estaban de viaje en Miami cuando todo esto ocurrió. Así, no hubo nadie que se atreviera a impedir el paso al comandante Ortega. La casa fue confiscada «por ausencia» —según la justificación legal de los sandinistas— y por doce años Ortega no pagó ni un centavo por ella, salvo los impuestos de la propiedad. Amparo —una ciudadana mexicana— regresó a Managua a mediados de 79 para exigir que le regresaran la casa que estaba a su nombre. No logró nada. Se peleó con Rosario Murillo, fue amenazada y, según reconoce Morales, esa confrontación personal se convirtió en «el problema medular».

Rosario no le iba a regresar la casa a Amparo.

Morales calculó que el valor de su casa, cuando fue tomada, oscilaba entre el millón y medio y los dos millones de dólares (incluyendo las obras de arte). Pero Ortega solo pagó por ella mil quinientos dólares, según le consta a Morales por las copias de los recibos que tenía del Banco de Inversiones Nicaragüenses de Desarrollo (INDESA).

Ese primer y único pago se hizo, supuestamente, en abril de 1990, tras la derrota de Ortega en las elecciones frente a Violeta Chamorro y durante el período conocido como «la piñata». Más de 155 000 familias se beneficiaron de las expropiaciones realizadas durante el régimen sandinista.

¿Pero qué piensa de esto Daniel Ortega?

En una entrevista en Managua, a finales de 1996, el comandante Ortega me dijo que esa casa se había convertido en un «símbolo», que la adquirió «dentro del marco legal» y que miles de nicaragüenses se sentirían «indefensos» si él regresara la propiedad. Pero cuando le pregunté sobre cuánto pago por ella, las respuestas se volvieron un nudo.

RAMOS: Uno de los temas que más dividen a los nicaragüenses es el de la piñata. Muchos le creerían a usted si usted regresara su casa.

ORTEGA: Bueno. La piñata, ¿qué significó? La piñata significó promover en Nicaragua los cambios estructurales en el régimen de propiedad. Es decir, la democratización de la propiedad. La tierra que estaba concentrada en pocas manos fue redistribuida, beneficiando a mas de 155 000 familias campesinas. Eso, realmente, molestó indiscutiblemente al sector que se vio afectado, que se vio expropiado, que es un sector minoritario.

De tal manera que, el hecho de que yo tenga una vivienda que la adquirí dentro del marco legal, pues sencillamente es un derecho —como nicaragüense— que tengo. Si hubiera algo anormal, algo ilegal, pues de sobra se hubiese actuado en contra mía.

RAMOS: Dicen que vale dos millones de dólares. ¿Cuánto pagó usted por la casa?

ORTEGA: Bueno, la verdad es, no vale dos millones de dólares. Esa es una exageración.

RAMOS: ¿Cuánto vale? ¿Cuánto valdrá? ¿Cuánto calcula?

ORTEGA: No vale tanto. O sea, vale mucho menos.

RAMOS: ¿Un millón?

ORTEGA: No, no, no. Es que no, no, no.

RAMOS: No sé. No la conozco, no sé cuanto vale su casa.

ORTEGA: Bueno, pues no vale tanto. Lo que le puedo decir es que no vale tanto.

RAMOS: ¿Cuánto pagó usted por su casa?

ORTEGA: Bueno, yo pagué un valor por la casa de acuerdo a lo que se pagaba en ese entonces.

RAMOS: ¿Cuánto?

ORTEGA: Bueno, la verdad es que no tengo el dato exacto.

RAMOS: Pero más o menos.

ORTEGA: Fue muy poco, pues, fue muy poco.

RAMOS: ¿30 000 dólares? ¿10 000 dólares?

ORTEGA: Sí, fue una suma pequeña porque en ese tiempo todo esto estaba subvaluado... Para mí es muy sencillo salir de la casa. Pero sería una señal mala para miles de nicaragüenses, que se sentirían indefensos si yo hago eso.

RAMOS: ¿O sea que su casa es un símbolo?

ORTEGA: Es un símbolo. Yo me he aferrado, a fin de cuentas, a la casa más por razón de un símbolo.

No pude conseguir que el comandante me diera una cifra sobre cuánto pagó por su casa, a pesar de haberle hecho doce preguntas al respecto. Las conté. Pero si nos basamos en la versión de Morales, el pago —repito— fue de solo mil quinientos dólares, que es aproximadamente una milésima parte de su valor real.

Morales me aseguró que él no quería venganzas. Tanto así que, a pesar de las enormes diferencias personales, aceptó ser vicepresidente de Ortega durante cinco años.

Increíble. Solo en Nicaragua.

REGRESÉ A NICARAGUA en 2006 y Ortega seguía viviendo en la misma casa. Pero parecía ser que sus principales problemas estaban vinculados a esta casa.

Su hijastra Zoilamérica Narváez, hija biológica de Rosario Murillo —la compañera de Ortega— lo acusó de haber abusado sexualmente de ella poco después de cumplir los once años de edad y de violarla frecuentemente. Y todo, supuestamente, ocurrió bajo los techos de la tan disputada residencia.

Esta es la declaración de Zoilamérica que recogió el diario español *El País*: «Fui acosada y abusada sexualmente por Daniel Ortega Saavedra, desde la edad de once años, manteniéndose estas acciones por casi veinte años de mi vida. Mantuve silencio durante todo este tiempo, producto de arraigados temores y confusiones derivadas de diversos tipos de agresiones que me tornaron muy vulnerable y dependiente de mi agresor».

Me volví a reunir con Ortega y le pregunté sobre Zoilamérica. «Es un capítulo ya superado», me dijo. El testimonio de ella estaba repleto de escabrosos detalles. «Daniel Ortega me violó en el año 1982 —dijo ella en un testimonio público que apareció en la internet—. Él eyaculó sobre mi cuerpo para no correr riesgos de embarazo y así continuó haciéndolo durante repetidas veces».

—Es totalmente falso —me dijo Ortega mirándome sin parpadear—. Falso.

—¿Ella está mintiendo? —le pregunté.

—Está mintiendo. Claro que sí.

(Ortega siempre negó esas acusaciones y en 2007 Zoilamérica retiró la demanda que había puesto contra Ortega y el estado de Nicaragua ante la Comisión Interamericana de Derechos Humanos).

Cuando hablé con Ortega en 2006, él estaba en campaña. Era la quinta vez que el comandante sandinista buscaba la presidencia. Pero su discurso era el mismo: atacaba al presidente estadounidense George W. Bush —«que ha cometido un asesinato masivo allá en Irak»— y defendía a Fidel Castro, «Fidel para mí no es ningún dictador».

Las amistades de Ortega no eran un secreto. «Yo me siento hermano de Gaddafi, de Chávez, de Fidel, de Lula, de Evo», me dijo. Era el viejo Daniel Ortega pero había cambiado sus tácticas para regresar al poder. Había perdido la presidencia en 1990 y su misión era recuperarla a como diera lugar.

Se le había visto muy seguido con el cardenal Miguel Obando y Bravo, y en septiembre de 2005 decidió casarse por la iglesia católica con la poetisa Rosario Murillo. «Sentí que era un compromiso que yo tenía con mi madre —me explicó—. Mi madre siempre me insistió que me casara. Mi madre era muy tradicional, muy católica». Y eso hizo.

Antes de irme le pregunté a Ortega si él creía que iba a ganar la elección. «Sí —contestó seguro—. Tengo la fe en el pueblo y la fe en dios de que vamos a ganar».

Y ganó. El problema para los nicaragüenses sería cómo sacarlo de ahí.

LA LECCIÓN DE DANIEL ORTEGA

Hay revoluciones que regresan al mismo lugar de donde partieron. Y hay revolucionarios que, una vez en el poder, dejan de serlo. Este es el caso de Daniel Ortega.

Los sandinistas iniciaron una legítima revolución contra la dictadura de los Somoza. Los abusos somocistas fueron brutales y entre los peores de la historia reciente de Centroamérica. Sería injusto comparar la represión somocista con las arbitrariedades y graves excesos de los sandinistas. Pero es imperdonable que los revolucionarios caigan en los mismos errores de los gobernantes que reemplazaron: impunidad, nepotismo, corrupción, acumulación del poder en la figura presidencial, ataques y campañas contra sus opositores políticos, límites y censura a la libertad de expresión y, sobre todo, la imposibilidad democrática de sacarlos del poder.

La ironía es que se necesitaría otro movimiento revolucionario para terminar con la corrompida revolución que acabó con el somocismo. La lección de Ortega es que hasta los revolucionarios más convencidos

—y aquí entran Chávez y Fidel también— caen en los excesos de los dictadores una vez que concentran todos los poderes de una nación.

A los verdaderos revolucionarios hay que pedirles democracia y cambios, luego, que se retiren. Pero Daniel Ortega nunca ha podido decirle no al poder.

Siempre me ha intrigado lo que hace que un revolucionario quiera vivir en la casa de un rico. Nunca comprendí la urgencia de Ortega y de Rosario Murillo de ocupar una de las mansiones más elegantes de Managua unos días después del triunfo de la revolución sandinista.

Un verdadero revolucionario, supongo, rechazaría los lujos y excesos de la clase a la que venció. Pero Daniel Ortega, en lugar de hacer eso, imitó a sus enemigos. No hubo ninguna consideración moral en tomar una casa que no era de él. Es como si la revolución, al cambiar las reglas del juego, hubiera hecho legítimo el robo.

Al final, se paga un alto costo personal al vivir en una casa que no es tuya; te convierte en una persona que no eres. Quisiera creer que Ortega hubiera sido un revolucionario distinto si no se hubiera apropiado de esa casa. Pero eso, por supuesto, nunca lo sabremos.

Respecto a Jaime Morales, el dueño original de la casa donde viven los Ortega, su lección es sorprendente. Morales ha tenido muchos roles en la resistencia contra los sandinistas y, luego, dentro de los distintos gobiernos nicaragüenses. Vivió en el exilio, en Honduras y México. Y fue, también, jefe de la campaña por la presidencia del expresidente Arnoldo Alemán en 1996.

Pero en una decisión difícil de entender y cargada de un inusitado perdón, Morales aceptó ser candidato a la vicepresidencia junto con Daniel Ortega en 2006. Así, fue vicepresidente de Nicaragua de 2007 a 2012. La pregunta es muy sencilla: ¿cómo puedes trabajar al lado de quien te robó tu casa?

La respuesta solo la conoce Jaime Morales.

CATORCE

El dinero no es lo más importante: Bill Gates, Richard Branson y Jorge Pérez

«Las decisiones que tomo no están basadas en mi visión del más allá. Aquí en la tierra hay muchas vidas que podemos mejorar. Y mi punto de vista siempre es positivo: estamos progresando». —BILL GATES

«Tener dudas es algo saludable y nos lleva a innovaciones. Solo a través de la exploración de lo desconocido podemos crecer y evolucionar». —RICHARD BRANSON

«No me propuse convertirme en multimillonario... Comencé con nada. O con casi nada. Era un muchacho inmigrante que llegó a Miami con dos dólares en el bolsillo. Hoy soy multimillonario». —JORGE PÉREZ

LOS SUPER RICOS —y me refiero a los verdaderamente ricos, a los que no tienen que trabajar para vivir, a los que producen dinero mientras duermen, a los que han asegurado una suntuosa vida a varias generaciones venideras— son diferentes. Para ellos el dinero no es lo más importante.

Hay un momento en que logran hacer una pausa y, de pronto, dan marcha atrás. Deciden, unos dirían que por inspiración divina, que el objetivo de su vida ya no será hacer dinero sino regalarlo. En ese momento se convierten también en rebeldes.

Algo cambia en su mente. No es que crean que se han equivocado. Al contrario, saben que sobrepasaron todas las expectativas que ellos y otros tenían de su vida. Tienen asegurado su lugar en la historia o, al menos, entre quienes son importantes para ellos. Pero es un cambio radical.

En lugar de vivir para ellos han decidido vivir para los demás. Pero hagamos una aclaración. Esto no significa que han tenido la vida de un egoísta. No. Ellos hicieron dinero, mucho dinero, haciendo cosas que otros necesitaban: computadoras, aviones, edificios. Tampoco quiere decir que van a dejar de producir esos bienes. Lo distinto es que, en lugar de acumular, ha llegado el momento de repartir.

Es un proceso complicado, como desvestirse después de una larga caminata en una nevada y friísima noche de invierno. Estos super ricos se han pasado su existencia acumulando capital y propiedades. Y ahora se quieren deshacer de ellas. Pero no se trata de hacer regalos. Nada más lejano de la realidad.

Una característica de los super ricos es que cuando donan dinero lo hacen con la misma disciplina y cuidado que como lo hicieron. Se fijan un objetivo, tienen un plan, lo ejecutan con precisión y entonces, solo entonces, sueltan el billete. A veces ese proceso ocurre de un momento a otro, con urgencia, como si les quemara algo por dentro. Otras veces ocurre a regañadientes, presionados, poco a poco, de forma paulatina.

Al final, el resultado es enriquecedor. No he visto nunca triste o insatisfecho a un super rico que regala su dinero. Lo que pasa es que nos equivocamos al creer que el dinero es el objetivo de los verdaderamente ricos. No lo es.

El dinero es sencillamente la consecuencia de su éxito. Lo aprecian y lo cuidan porque les costó mucho trabajo. Es el símbolo del poder que tienen. Pero es liberador —rebelde— para ellos regalar aquello por lo que trabajaron toda la vida. Es lo más que se pueden acercar a esos monjes que tanto me impresionaron en la India, que regalan todas sus pertenencias y llevan consigo lo mínimo necesario: una túnica, sandalias y una pequeña bolsa. Eso es todo.

Pero pongamos las cosas en perspectiva. Cuando un super rico regala no se queda pobre. Cuando un super rico regala su dinero, sigue siendo super rico. Siempre hay un cálculo en la donación. Tiene que haber suficiente para vivir cómoda y lujosamente el resto de sus días; tiene que haber suficiente para los hijos y futuras generaciones; y tiene que haber suficiente para que su marca —después de todo los super ricos se han convertido en eso, en una marca— deje una huella en el planeta.

Cuando todo esto ocurre, el super rico se convierte en salvador. Sí, efectivamente. Quien estuvo acostumbrado a contar dólares ahora mide su esfuerzo por la cantidad de vidas que salva. Y eso, véase como se vea, deja mucha más riqueza. En otras palabras, los super ricos nunca dejarán de serlo.

A continuación tengo las entrevistas con tres super ricos —Bill Gates, Richard Branson y Jorge Pérez—, que en actos de verdadera rebeldía decidieron donar una buena parte de su fortuna. Puede ser que matemáticamente tengan hoy menos dinero en el banco que ayer. Pero no me queda duda que ahora son más ricos y rebeldes que antes.

BILL GATES: «SERÍA UNA GRATA SORPRESA QUE TERMINARA EN EL CIELO»

Bill, así, a secas. Así le llaman a uno de los hombres más ricos del mundo. La simplicidad de su apodo contrasta con la multiplicidad de sus intereses. Es uno de los arquitectos de la revolución que nos dio las computadoras personales. Eso lo hizo multimillonario. Hoy dedica la mayor parte de su tiempo a deshacerse de todo el dinero que acumuló.

Para muchos, entrar a Harvard es el objetivo de toda una vida. Un hijo en Harvard es el orgullo de toda una familia por varias generaciones. Pero Harvard le quedó chiquita a Gates y se fue, antes de graduarse, para crear un programa de operaciones para una de las primeras microcomputadoras. Así, en 1976, se funda Micro-Soft. (Poco después perdería el guión para ser, simplemente, Microsoft.)

La primera vez que conocí a Bill Gates me pareció tímido. Fue en una reunión junto con su esposa, Melinda Gates, y ella desde un principio tomó el control de la conversación. Pero algo delataba que Bill Gates estaba fuera de lugar. Su traje, de la mejor calidad, parecía ligeramente grande, quizás media talla más, y se resbalaba hacia un lado; el nudo de la corbata no era perfecto; se notaba incómodo dentro de él. Exacto. No era un hombre a gusto en su piel. O, por lo menos, no en esa piel.

Melinda, entendiendo a la perfección las excentricidades intelectuales de su marido, nos contaba que Bill puede emocionarse al discutir un nuevo tipo de semillas —más resistente— para la agricultura o un innovador sistema de drenaje. Su talento radica, claramente, en saber cómo funcionan las cosas. No es el que las vende sino el que las echa a andar. Es el poder de los introvertidos.

Por eso, yéndonos atrás un par de décadas, hay dos grandes genios de nuestra era digital: Steve Jobs quien se imaginó un nuevo mundo de computadoras, celulares, iPads y iPods, y Bill Gates, quien creó los programas con que funcionan la mayoría de los ordenadores del planeta. Ying y Yang. Extrovertido e introvertido. Los dos urgentemente necesarios en la revolución digital.

Ambos tienen en común el haber fracasado varias veces y en tener, en ellos mismos, a su principal crítico. Así lo dijo Steve Jobs —en el libro sobre su vida de Brent Schlender y Rick Tetzeli— al explicar por qué regresó a trabajar a la empresa Apple, la cual había sido obligado a dejar unos años antes: «Si ves a los verdaderos artistas, a aquellos que realmente son buenos en algo, podrían dedicarse a eso el resto de su vida y ser muy exitosos para el mundo, pero no para ellos. Ese es el momento en que un artista decide quién es... No me importa, esto es lo que realmente quiero hacer. Si hago mi máximo esfuerzo y fallo, bueno, al menos lo intenté».

Jobs y Gates cambiaron mi vida. A mis hijos les cuesta creer que tuve una infancia sin teléfonos celulares y computadoras portátiles. Todavía recuerdo los años de espera para que a casa llegara una línea de teléfono. El salto tecnológico fue, en parte, gracias a cerebros como el de Gates.

Hay un momento, distinto para cada multimillonario, en que lo que consumía su vida deja de tener la importancia inicial. Ese momento le llegó a Gates alrededor del año 2006. Es entonces cuando empieza a dividir su tiempo entre Microsoft y las obras de su fundación (creada en 2000). Esa doble vida solo duró ocho años.

Tuve la oportunidad de entrevistarlo en enero de 2014. Un mes después renunciaría como *chairman* de Microsoft y se quedaría simplemente como asesor. Por difícil que parezca, la empresa que había sido la obsesión de toda su vida había pasado a un segundo plano. Salvar al mundo era su nueva obsesión. Pero no es que se quiera ir al cielo. Es agnóstico. Llegar al cielo, para él, «sería una grata sorpresa». Lo suyo es hacer el bien aquí en la tierra.

De hecho, durante una entrevista en una friísima mañana neoyorquina, él tenía dos buenas noticias: una, el mundo está mucho mejor que antes y, dos, no, no está tirando su dinero.

Empecé con lo más obvio. ¿Cuánto dinero tiene? Contestó sin problemas: son más de 70 000 millones de dólares. Pero luego hizo una aclaración:

«Ciertamente no importa si estamos hablando de consumo personal —me dijo—. Pero si consideramos que ese dinero se usa para los que más lo necesitan, para inventar nuevas vacunas, nuevas semillas, para ayudar en la educación, entonces sí es importante. Estamos muy emocionados con esto. Y por eso queremos poner no solo nuestro dinero sino también nuestro tiempo y nuestro trabajo».

El plan de Bill Gates es regalar casi todo su dinero. En el momento de la entrevista había regalado unos 28 000 millones de dólares. Tenía, todavía, mucho más que dar. Todo, salvo una parte muy pequeña, iría a su fundación, The Bill and Melinda Gates Foundation.

Luego me aclaró que él y su esposa serían generosos con sus hijos. Me aseguró que ellos han tenido una gran educación, pero que el dinero era, en realidad, «de la sociedad».

El Papa Francisco ha dicho que no compartir nuestra riqueza con los pobres es como robarles. Eso quizás tenga algún peso entre los católicos del mundo. Pero, como menciono unos párrafos arriba, Bill Gates es agnóstico. No tiene ninguna razón religiosa para donar su dinero. Las decisiones que tomo no están basadas en mi visión del más allá. Aquí en la Tierra hay muchas vidas que podemos mejorar. Y mi punto de vista siempre es positivo: estamos progresando».

Gates es un optimista. No basa sus juicios en los titulares mundiales sobre desastres naturales y protestas. Cree que cada vez hay más naciones progresando y su predicción es que en unos veinte años tendremos muy pocos países con ingresos muy bajos. Es decir, habrá muy pocas naciones verdaderamente pobres.

Gates es un hombre de números. Hace décadas vio el futuro y diseñó los programas de computación que hoy dominan el planeta. Así hizo su dinero. Y aunque todavía es miembro de la junta directiva de Microsoft, hace años que dedica la mayor parte de sus días a ver cómo regala su fortuna.

Su éxito no lo cuenta en billones de dólares sino en vidas salvadas. «El trabajo que hemos hecho ha salvado más de ocho millones de vidas, solo por nuestros donativos. Eso incluye inventar nuevas vacunas, comprar nuevas y ayudar a que se distribuyan a los niños más pobres».

Aproximadamente, la mitad del dinero que dona su fundación se concentra en vacunas. Un 20 por ciento se dedica a la educación en Estados Unidos. Pero también ha invertido, por ejemplo, 100 000 dólares en un proyecto para hacer condones más delgados y resistentes. Esta es una forma de ligar salud con los derechos de las mujeres.

«En general, si las mujeres quieren anticonceptivos, nosotros creemos que deben tener acceso a ellos —me explicó—. Si quieren familias más pequeñas para que puedan alimentar y educar a sus hijos, creemos que es bueno para ellos y creemos que es bueno para el mundo. Invertimos mucho en innovaciones en esa área».

A pesar de esto, sus críticos sugieren que, algunas veces, Bill y Melinda Gates tiran su dinero ayudando a países donde no hay sistemas democráticos, donde hay corrupción y donde no hay ninguna garantía de estabilidad económica a mediano plazo. Y así se lo dije: «Muchos creen que usted es un hombre bueno pero que está desperdiciando su fortuna». No estuvo de acuerdo.

«Bueno, lo que diría es que dono mi dinero con absoluta libertad en cualquier lugar donde yo quiera —me dijo—. Creo mucho en los análisis cuantitativos y en las medidas. He visto lo que pueden hacer los programas de salud y de agricultura y he decidido que es un dinero bien gastado. Esto, a pesar de que un pequeño porcentaje, quizás el 2 por ciento, a veces hasta el 5 por ciento, se pierde por corrupción. Por eso hay que escoger algo que tenga tanto impacto y ayude tanto (y que la corrupción no sea tan alta) como lo es el salvar vidas de niños. Y estamos salvando a millones que, de otra manera, habrían muerto».

Pero para este hombre que lo puede tener todo, ¿hay algo que el dinero no pueda comprar? Aparentemente lo hay, cuando se trata de sus hijos Jennifer, Rory y Phoebe.

«Siempre tienes muchas esperanzas puestas en tus hijos, que encuentren una carrera que les satisfaga mucho, que tengan una gran pareja. Pero no te puedes preocupar mucho por eso. Basta con tratar de darles un buen ejemplo. Siempre hay un elemento del destino en todo esto».

LA LECCIÓN DE BILL GATES

Bill Gates es un hombre muy pragmático. Su rebeldía radica en cuestionarlo todo y en proponer nuevas maneras de hacer las cosas. Me quedé con la impresión de que él es quien maneja su dinero, no su dinero a él.

Desde luego, hay muchas cosas más importantes en la vida que el dinero. Pero él no solo lo dice sino que es coherente con esa forma de pensar. Trata su dinero como si no fuera suyo. De hecho, así me lo dijo: el dinero es de la sociedad.

Bill Gates no se preocupa por las cosas que no puede cambiar. Pero me llamó la atención que terminara nuestra conversación hablando del destino (*fate*, en inglés). Nunca lo hubiera esperado de él. El destino, por definición, pone un poco de nuestras vidas en manos de otros. Por eso me pareció tan importante que lo dijera. Alguien que ha controlado casi todo en su vida reconoce que hay muchos ámbitos, especialmente cuando se trata de nuestros hijos, donde nuestra influencia está limitada.

A mí me dio un cierto sentimiento de tranquilidad. Si Bill Gates no puede controlarlo todo ¿qué podemos esperar el resto de los mortales?

EL ESPACIO NO ES EL LÍMITE
PARA RICHARD BRANSON

Sir Richard Branson es un rebelde con título nobiliario, que quiere ir al espacio. Pero no quiere ir solo. Quiere llevarse en una nave espacial a los aventureros más ricos del mundo... y regresarlos sanos y salvos a tierra. Digamos que su objetivo es hacer normal lo que hoy parece extraordinario.

El negocio de Branson es materializar lo que se imagina. En Twitter una vez escribió: «Tener dudas es algo saludable y nos lleva a innovaciones. Solo a través de la exploración de lo desconocido podemos crecer y evolucionar. Ir al espacio es importante para el futuro de la transportación, del comercio, de la ciencia y la imaginación —inspira a negociantes, inventores y a las nuevas industrias—. Así como mi generación fue inspirada por la llegada del hombre a la luna, así nuevas generaciones serán inspiradas por vuelos comerciales al espacio».

Para Branson todo comenzó en la Tierra. Su primer negocio —una revista llamada *Student*— lo creó a los dieciséis años de edad. Pero no había grandes expectativas para este estudiante con dislexia. El director de su escuela, el último día de clases, le dijo, según *The Times* de Londres, que terminaría en la cárcel o sería millonario.

El nombre de su corporación, Virgin Group, viene de su primer negocio de venta de discos. Todos los que formaban parte de él, incluyendo Branson, eran nuevos. Tras vender discos en 1971 en la calle Oxford de Londres, creó su propia compañía disquera —Virgin Records— un año después, y en 1984 se fue el cielo con el despegue de su aerolínea Virgin Atlantic Airways.

Pero Branson quería ir más alto. En 2004 creó la primera empresa de turismo espacial llamada Virgin Galactic. Esto no debe sorprender a nadie que conozca de su trayectoria. Toda su vida se la ha pasado tratando de romper récords: igual cruzando el océano Atlántico en bote en dos horas menos que cualquier otro grupo de navegantes, que volando sobre el océano Pacífico, de Japón a Canadá.

Cuando hablé con él a principios de 2014, además de poner a los primeros turistas en el espacio, tenía un nuevo reto: terminar la guerra contra las drogas. Él ve el problema como un empresario. Si por décadas hay resultados negativos, entonces hay que buscar una solución distinta.

Pero, por supuesto, empezamos hablando de dinero. Su fortuna estaba calculada en casi cinco mil millones de dólares. Y, al igual que Gates, estaba concentrado en esa forma de rebeldía que es el regalarlo casi todo.

«Si tienes la fortuna de ser exitoso, el éxito puede venir con dinero y algunas veces es demasiado dinero para una sola familia —me dijo—. Por eso es muy importante que uses tu dinero para abordar los asuntos que pueden lograr un cambio en el mundo. Como crear organizaciones que enfrenten problemas mundiales y, al final, cuando mueras, asegurarte —si te quedó todavía algo de dinero— que un alto porcentaje se vaya a causas benéficas. Soy parte del proyecto de Bill Gates conocido como Giving Pledge. Creo que fue admirable que lo haya establecido. Yo sigo sus pasos y trato de ver cuál es mi rol en el mundo».

Branson ha creado más de 400 compañías en el mundo. Algunas más exitosas que otras. Sin embargo, cuando conversamos tenía una nueva pasión: terminar con la guerra contra las drogas. La razón era muy sencilla: no ha funcionado.

«Bueno, me concentro en algunas de las injusticias que hay en el mundo», me explicó. «Y la guerra contra las drogas es una de las principales injusticias del mundo. Lleva rondando más de sesenta años. Como empresario, si tuviera un negocio al que le hubiera ido cada vez peor durante sesenta años, lo habría cerrado hace cincuenta y nueve años».

Siguió: «No funciona y lo que pasa es que millones de personas en todo el mundo están sufriendo por eso. Muchos jóvenes han sido acusado de delitos graves o han sido puestos en prisión. Hace tres años, el expresidente [Fernando Henrique] Cardoso, quien fue presidente de Brasil [1995–2003], creó una comisión mundial contra las drogas y me pidió que fuera uno de los miembros de esa comisión. Analizamos ahí la guerra contra las drogas y nos preguntamos si hay una mejor manera de enfrentar el problema que criminalizando a la gente y poniéndola en la cárcel».

—¿Cree usted, como el presidente Obama, que la mariguana no es más peligrosa que el alcohol? —le pregunté.

—Coincido con el presidente Obama 100 por ciento. Ahora bien, el 5 por ciento de la gente que toma alcohol, puede abusar del alcohol. También, el 5 por ciento de la gente que fuma mariguana puede abusar de ella...

»Si yo quiero fumarme un pitillo de mariguana, puedo salir a la calle y en menos de cinco minutos puedo comprar mariguana en cualquier lugar. Sería mucho mejor si estuviera regulada, si pudiera comprobar su calidad y que su venta generara impuestos. Literalmente, 1.8 millones de personas están en las cárceles de Estados Unidos por problemas vinculados a las drogas, y muchos de ellos —la vasta mayoría— son hispanos y negros».

—Pero si legalizamos la mariguana, ¿no estamos exponiendo más a nuestros hijos; a los míos y a los suyos?

—Nuestros hijos ya están expuestos a la mariguana, nos guste o no. Los países que la legalizan no han visto un aumento de la gente que la usa. Se ha mantenido casi sin crecer. Lo que ha pasado en esos países es que el dinero que se dedicaba para poner a la gente en prisión ahora se dedica a clínicas de salud.

—¿Le importa si le pregunto si usted, alguna vez, ha fumado mariguana?

—He fumado uno o dos pitillos de mariguana en mi vida. Pero no me gusta; me hace sentir cansado. Y tengo tantas cosas que hacer en mi vida que prefiero tener una mente clara. Creo que es mejor meterse de lleno en estar saludable y sano.

De ahí nos fuimos al espacio. Su proyecto de Virgin Galactic —para llevar turistas en una órbita espacial— no acababa de despegar. Me dijo que el proyecto estaría listo para el verano de 2014 y que para septiembre de ese año «mi familia y yo podremos ir al espacio. Estoy 90 por ciento convencido de que va a ocurrir».

Bueno, no ocurrió.

Después de la entrevista, la nave de Sir Richard Branson no llegó al espacio. De hecho, explotó en pleno vuelo. La nave SpaceShipTwo se desintegró a cuarenta y cinco mil pies de altura en octubre de 2014. Tuvo graves problemas técnicos al separarse de la nave madre White-KnightTwo. Uno de los dos pilotos de la nave experimental murió en el accidente y otro sobrevivió gracias a que pudo activar su paracaídas.

Si algo ha aprendido Branson en la vida es a tomar responsabilidad de todas las cosas que hace. Así, fue inmediatamente al lugar del accidente, en el desierto de Mojave en California, y dio la cara ante los medios de comunicación unos días después del accidente.

«Ayer nos quedamos cortos —reconoció Branson ante los periodistas. Y luego, puso en duda la continuación de su sueño espacial—. Vamos a analizar qué pasó, aprender de eso y seguir adelante. Pero no lo haremos ciegamente».

Richard Branson no hace nada ciegamente. Pero toda su vida ha estado dispuesto a poner su máximo esfuerzo para tocar las cosas que ha imaginado. No, para él ni siquiera el espacio es el límite. Contrario a la mayoría de las personas, aprendió a vivir —alegremente— sin límites.

LA LECCIÓN DE RICHARD BRANSON

Hay gente que tiene un optimismo contagioso. Richard Branson es uno de ellos. Esa es la única manera de explicar cómo unas 700 personas han pagado hasta 250 000 dólares para ser de los primeros turistas espaciales en una de las naves de Virgin Galactic.

Por ahora, tendrán que seguir esperando. Pero lo interesante es que, desde un principio, creyeron en el proyecto de Branson y pagaron por él.

Branson, toda su vida, ha ido a contracorriente. Su rebeldía lo ha llevado a hacer las cosas de una manera distinta, igual en el mundo de la música que en el espacio sideral. Su éxito, creo, radica en evitar convertirse en su principal enemigo. Es decir, él nunca se autoimpone límites. Se imagina cosas y, luego, busca la manera de hacerlas.

El dinero le ha dado la libertad para imaginar. Pero es su entusiasmo por probar lo nuevo (y hasta peligroso) lo que lo ha hecho despegar.

LA CIUDAD DE JORGE PÉREZ

Conozco el clóset de Jorge Pérez. Por eso entiendo por qué decidió crear su propio museo, el modernísimo Pérez Art Museum Miami.

La casa de Pérez en Miami da, por supuesto, al mar. Está en una bellísima y exclusiva zona costera del sur de la Florida. Una noche tuve la suerte de ser invitado a su casa, con un pequeño grupo, y sentí esa agradable sensación de estar llegando a un hogar. Sí, la casa de Pérez no es una obra de arte; es una casa para ser vivida, para disfrutar, para estar en familia.

Pero hasta ahí terminan las pretensiones de normalidad. Pérez es uno de los empresarios más ricos de Estados Unidos y un reconocido coleccionista de arte. Poco después de llegar a su casa, nos dio un pequeño tour. Había obras de pintores famosos por todos lados. Literalmente.

Luego de recorrer la sala y los pasillos de la casa, nos metió a su cuarto y a su clóset. No tenía ninguna intención de presumir. Al contrario, era un hombre que abría su casa y su corazón a sus amigos. Ahí, casi escondida entre sus pantalones y sus zapatos, había una obra de arte valorada en varios millones de dólares. No podía dejar de imaginarme que todas las mañanas, cuando Pérez salía de la regadera y tenía que escoger qué camisa ponerse, se encontraba con esa maravilla.

La verdad es que en esa casa sobraba el arte. Había pinturas, unas sobre otras, saltando de un siglo a otro, de un continente a otro, del impresionismo a lo impresionante. A donde voltearas había algo que llamaba poderosamente la atención. Algunas obras tenían título y autor, otras solo estaban ahí, mudas, reconocibles solo para los expertos.

Conocí el clóset de Jorge Pérez varios años antes de que anunciara la creación de su museo de arte en un terreno incomparable camino a Miami Beach. Pero cuando lo supe, no me sorprendió. Recuerdo perfectamente que cuando salí aquella noche de su casa, lo primero que pensé fue: Jorge tiene que poner todo ese arte en un museo.

Se me ocurrió que podía prestar sus obras a cualquiera de los grandes museos del mundo. Pero ese pensamiento solo demostraba lo poco que lo conocía. ¿Por qué iba a darle sus obras a otros? No. En lugar de donar y prestar las obras que había coleccionado toda su vida, Pérez pensó de la única manera que sabe: hacerlo por sí mismo. Había que crearle un museo a las pinturas que durante años colgaron en pasillos y en su closet. Así surgió el Pérez Art Museum Miami.

En realidad, Pérez siempre ha pensado en grande. En su libro *Sueños en concreto* —cuya introducción fue hecha por Donald Trump— se puede leer el gran salto que ha sido su vida: «No me propuse convertirme en multimillonario. No era mi intención llegar a estar entre los primeros 200 de la lista de los 400 estadounidenses más ricos, según la revista Forbes. Pero lo hice... Comencé con nada. O con casi nada. Era un muchacho inmigrante que llegó a Miami con dos dólares en el bolsillo. Hoy soy multimillonario».

Este inmigrante nacido en Argentina fue, alguna vez, un funcionario de desarrollo económico de la ciudad de Miami. ¿Cómo un burócrata se puede convertir en multimillonario? Invirtiendo en bienes raíces y asegurándose de, siempre, tener una utilidad. Su filosofía ha sido muy clara: negocio que no da ganancias no es un buen negocio. En 1979 crea The Related Group y empieza a construir su propia leyenda urbana. Pero pierde una buena parte de su fortuna durante la crisis económica de 2008. Lo que nunca perdió fue su buen ojo para los negocios. Y cuando la economía —y el mercado de bienes raíces de la Florida— se recuperó, Pérez resurgió como el mejor surfista.

Hoy Miami es reflejo de todas sus construcciones. Hay un Miami antes y otro después de Jorge Pérez. En 2014 me describió lo que sentía al manejar por el *downtown* de Miami.

«Lo que más me gusta es cuando voy en el auto con mi hijo de diez años de edad y le dice a sus amigos: "Papi, ese es tuyo. Papi, ese es tuyo". Y te das cuenta del gran orgullo que siente —me contó—. Antes solo teníamos un montón de edificios. Ahora todo tiene un sentido, hay un plan: centros comerciales, oficinas, cultura. Por fin ya no estamos hablando de una gran ciudad sino que estamos haciendo una gran ciudad».

Cuando alguien es rico, tan rico como Jorge Pérez, es difícil imaginárselo pasando problemas. Uno tiende a creer que el presente fue, también, el pasado. Pero comenzar no fue fácil. Los dos primeros edificios que construyó en el *downtown* de Miami a principios de los años ochenta tuvieron que ser financiados por un banco en Brooklyn, Nueva York, porque en la Florida nadie quería correr el riesgo.

Le pregunté de cuántos edificios era dueño. Pero la pregunta estaba mal planteada. Estos grandes empresarios de los bienes raíces no piensan en edificios sino en unidades. «Construimos más de 80 000 unidades. Una vez que las vendes, ya no son tuyas. Pero, en el fondo, sí son tuyas. Siempre serán tus edificios».

Durante la crisis económica de 2008 surgió el mito de que había perdido mil millones de dólares. Me parecía algo imposible. Pero no a él.

—Perdí más de mil millones de dólares —me dijo.

—¿Cómo se puede perder más de mil millones de dólares? —le pregunté.

—Porque me comprometí a sobrevivir y a mantener la compañía.

—¿Así que después de ser multimillonario te convertiste en pobre?

—No. Antes que nada, gracias a la mentalidad de exilio que uno tiene, siempre ahorras dinero en tu cuenta personal. Mis padres eran cubanos. Ellos lo perdieron todo y siempre te queda eso en la mente, esa vocecita que te dice: «Esto no me va a volver a pasar». Gracias a eso, puse mucho de mi dinero personal en la compañía, para rescatarla.

Jorge Pérez ya se recuperó. Pero el dinero, aunque sea difícil de creer, nunca ha sido su principal preocupación. «Tu legado nunca tiene que ver con el dinero. El legado tiene que ver con lo que dejas, con lo que hagas por los demás, con los edificios que construiste, con lo que contribuyes».

Por eso era importante que llevara su nombre el museo de arte moderno que construyó en Miami. «Sí, es importante. A lo mejor tiene algo que ver con el ego, pero es importante. Tan importante como lo fue para los Guggenheim, y los Whitney, y los Smithsonian, y los Tate de Londres. Uno quiere ser recordado por las cosas buenas que ha hecho... Y ahora quiero hacer las cosas que me gustan, no solo las que la gente espera de mí. Me siento con mucha más libertad para hacer lo que yo quiero».

LA LECCIÓN DE JORGE PÉREZ

Los super ricos se pueden dar el lujo de divagar, de imaginarse cosas y, luego, de construirlas. Sería fácil —y un error— suponer que Jorge Pérez está pensando en sus negocios todo el tiempo. Más bien, da la impresión de que el dinero le ha dado la libertad de pensar en otras cosas.

Cuando lo entrevisté en un estudio de televisión en Miami, le preocupaban los casos de *bullying* en el equipo de futbol de los Dolphins, del cual es accionista. Y también la campaña presidencial de 2016. Él ayudó a recaudar fondos para Hillary Clinton en 2008, pero no fue suficiente.

El dinero no siempre gana. «Nosotros recaudamos más dinero que Obama y los Republicanos recaudaron dos veces más que Hillary y

Obama», me contó. Esa lección la tiene bien aprendida. No todo es dinero en la vida.

Al final de cuentas, Jorge Pérez, Richard Branson y Bill Gates han entendido lo que otros super ricos nunca entendieron: que no se trata de morirse rico sino de repartirlo (casi) todo antes de morir y, sobre todo, de no quedarse con las ganas de nada.

Es solo una vida, para ricos y para pobres.

QUINCE

No dejes que te discriminen: Sonia Sotomayor

«Hay mucha gente que cree que el latino no tiene la capacidad de hacer las cosas bien [...] No me dejé discriminar».

—SONIA SOTOMAYOR

LOS JUECES DE la Corte Suprema de Justicia de Estados Unidos no hablan. O, más bien, solo hablan públicamente en la corte y luego se quedan callados. La razón es sencilla: no quieren que sus opiniones puedan afectar o contaminar los casos que escuchan en la principal corte de justicia del país.

Pero Sonia Sotomayor no es una jueza común y corriente. Sonia Sotomayor habla, sin miedo, dentro y fuera de la corte. Rehúsa, como es normal, dar opiniones que pudieran afectar un juicio en el futuro. Aún así, es extraordinariamente cándida. Pocas veces se ha escuchado tanto de un juez o jueza.

Varias encuestas la colocan como la hispana más influyente de Estados Unidos. Y no es para menos.

El mejor ejemplo de que el sueño americano es una realidad —y no ha muerto por las crisis económicas y la discriminación— se llama Sonia Sotomayor. Nacida en el Bronx, Nueva York, en 1954, Sotomayor lo tenía todo en su contra: pobreza, enfermedad y la muerte de su padre por alcoholismo luego de que ella cumplió nueve años. Y a pesar de todo, se convirtió en la primera latina en la Corte Suprema de Justicia de Estados Unidos. El presidente Obama la nominó el 26 de mayo de 2009 y fue confirmada en el puesto el 8 de agosto del mismo año. Eso es hacer historia.

Otros, en las mismas circunstancias, fracasaron y hasta murieron, como su primo Nelson. Pero Sonia no. Hablé con ella en su oficina de la Corte Suprema en Washington en enero de 2013 con motivo de la publicación de su libro *Mi mundo adorado*.

«Hay mucha gente que cree que el latino no tiene la capacidad de hacer las cosas bien —me dijo—. No me dejé discriminar».

De niña le decían «Ají» por revoltosa y por una inagotable energía. Pero en su libro confiesa que algunos hombres, con quienes ha trabajado, la calificaron de bruja o *tough bitch,* en inglés. ¿Por qué la insultaban?

Reflexiona y me da su primera lección de rebeldía. «Tengo un carácter fuerte. A mí, *you don't push me around*. No me permito que la gente piense que no tengo valor. Y cuando uno tiene valor, hay mucha gente que piensa que es una cosa mala si eres mujer, porque las mujeres no deben decir mucho o quejarse mucho o demandar mucho».

Sonia Sotomayor es lo más cercano que tenemos en la comunidad latina a una verdadera heroína. Muchos niños y niñas, latinos y no latinos, quieren ser como ella. Pero su vida no fue fácil ni perfecta.

Pero ¿por qué expone sus secretos en su libro? «Porque es la familia de todos nosotros. Yo no conozco una familia en este mundo que sea perfecta. No conozco a una persona que sea perfecta. Y quería que la gente que leyera este libro conociera a Sonia como Sonia es de verdad. No como este modelo en el cielo. Como un ser humano que tiene muchos *strengths* y que también tiene sus limitaciones».

Sotomayor dice que quería envejecer sin encanecer, recordando a su abuela. Y cambió. De ser una persona poco abierta con la gente, que casi nunca se acercaba a darle un beso a una persona, pasó a ser mucho más cariñosa y a regalar abrazos.

La infancia de Sotomayor no fue fácil. Luego de un desmayo a los siete años de edad, Sonia fue diagnosticada con diabetes y pronto aprendió ella misma a ponerse las inyecciones de insulina, ante la incapacidad o ausencia de sus padres.

«Lo que yo entendía a los siete años fue que mi vida iba a cambiar y que iba a perder mi independencia —me dijo—. Ahora, el miedo a morir me hizo a mí entender que yo no sabía cuánto tiempo tenía en esta vida y que quería hacer lo más que podía cada día de mi vida. Ahora yo he perdido el miedo a morir [...] Tengo la determinación de vivir mi vida completamente».

Su madre Celina le repetía constantemente esta frase: «Tienes que obtener una educación. Es la única manera de salir adelante en el mundo». Y ella entendió que esa era la única manera de tener éxito.

Ese deseo de aprender y de vivir al máximo la llevó a devorarse, de niña, la *Enciclopedia Británica* y cualquier libro que se cruzara a su paso. Sus padres hablaban español pero, desde chica, aprendió a dominar el inglés. Iba a ser la clave de su éxito. Además, se identificó plenamente como latina.

Durante su confirmación como jueza de la Corte Suprema hubo un problema. Algunos políticos conservadores la criticaron por un discurso que dio en la escuela de leyes de la universidad de Berkeley, en California, en 2001. En ese discurso dijo: «Espero que una latina sabia, con la riqueza de sus experiencias, pueda llegar a mejores conclusiones que un hombre blanco que no haya vivido esa vida».

La frase sugería a algunos que el origen étnico podría influir en la toma de decisiones en una corte. Pero al final, Sotomayor aclaró el asunto al decir que, independientemente de su origen y de sus experiencias de vida, un juez tiene que seguir la ley. Punto. «Yo pienso como jueza de los Estados Unidos, de la Corte Suprema —me dijo sobre esta controversia—. Y estoy pensando en nuestra Constitución, en nuestros presidentes y en nuestro sistema de gobierno».

Sin embargo, Sotomayor nunca ha tenido ningún problema en reconocer que su identidad de latina la ha marcado.

«El ser latina es parte de cada partícula de esta piel. Es tanto parte de mí que no hay cómo separar las dos cosas —me contó—. No hay una Sonia si no es latina. Y la Sonia latina a mí me gusta».

Sotomayor ha reconocido públicamente que los programas de acción afirmativa le «abrieron puertas» en Princeton, donde estudió historia, y luego en la escuela de leyes de Yale, donde se graduó *summa cum laude*. «Esa fue una ayuda tremenda. Pero lo que yo hice, lo hice cuando entré. Y esa es la actitud que trato de enseñar. Uno no puede pensar en cómo yo llegué a este momento; lo que tienes que pensar es qué voy a hacer con este momento».

Tras recibirse como abogada, Sotomayor —quien reconoce haber sido influenciada por la serie de televisión *Perry Mason*— es nombrada fiscal en Nueva York, trabaja después en una importante firma de abogados y en 1991 es nominada como jueza federal en su estado. En 1997 llega a la Corte Federal de Apelaciones y en mayo de 2009, en una decisión sin precedentes, el presidente Barack Obama la escoge para una de las nueve posiciones en la Corte Suprema de Justicia. Este será su último trabajo en la vida.

Sotomayor es muy neoyorquina: es fan del equipo de beisbol de los Yanquis, no espera para cruzar las calles en las esquinas y le gusta que su comida llegue en menos de quince minutos, como reconoció al diario *The New York Times*.

Sotomayor, contrario a otros jueces de la Corte Suprema, estuvo dispuesta a hablar de su vida personal en público. En su libro habló ampliamente de su esposo, Kevin Noonan, de quien ahora ya está divorciada. Se conocieron cuando tenían apenas dieciséis años de edad y estuvieron juntos hasta dos años después de la escuela de derecho.

Pero cuando se separaron, él escribió una frase durísima. Dijo: «Yo sabía que me querías. Pero sentía que no me necesitabas».

¿Es cierto? ¿Qué la hizo ser tan independiente? «Pienso que sí. Siempre he dado esa impresión [...] Fueron esas palabras de él que me ayudaron a entender que hay una diferencia entre ser independiente y darle a otros la oportunidad de ayudarnos. La necesidad no es una cosa que va contra la independencia. La ayuda la necesitamos todos. El amor lo necesitamos todos».

La principal virtud (y quizás también el principal defecto) de Soto-mayor es lo que ella ha llamado «independencia existencial». Ella aprendió desde pequeña que no podía depender de los adultos y así ha vivido siempre.

Tras la entrevista, me quedé con la impresión de que nada ni nadie va a detener a Sonia la del Bronx. Vive, verdaderamente, con un entu-siasmo contagioso. Su hermano Junior tenía razón. Él dijo alguna vez: «Sonia vive su vida al máximo. Si muere mañana, morirá feliz».

Unos días antes de la entrevista, una de las productoras, Evelyn Baker, sugirió que le pidiéramos a la jueza que bailara. Sí, era un pe-dido un poco extraño. Pero luego se nos ocurrió algo distinto.

¿Qué tal si al final de la entrevista, de pronto, poníamos música de salsa en unas bocinas y veíamos qué pasaba? Sonaba muy bien y eso es exactamente lo que hicimos. Trajimos un sistema de sonido a la Corte Suprema y, tan pronto terminó la entrevista, los sonidos de Puerto Rico estaban sonando a todo lo que daba en esos amplios corredores del poder.

Pero lo que ocurrió al final me sorprendió. Fue ella quien me pidió que bailáramos. «Si tú te paras a bailar —me dijo—, yo bailo contigo». Y bailamos, solo por unos momentos, salsa en la Corte Suprema de Justicia, como si nada más en el mundo importara.

LA LECCIÓN DE SONIA SOTOMAYOR

Sonia Sotomayor me dijo que, como latina, ha tenido que demostrar su valor doblemente. Muchos dudaban de ella por su origen étnico y por su género. Pero rompió todos los estereotipos hasta llegar a la Corte Suprema de Justicia.

Sotomayor, no hay duda, es una rebelde. Aprendió a vivir con su enfermedad. Ante la falta de un padre y con una madre que trabajaba, aprendió a ser independiente. Y luego aprendió el camino para llegar hasta arriba: los estudios.

Pero la principal lección de Sotomayor es no dejar que te discriminen. Nunca dejar que otros te definan. La obediencia y el seguir al pie de la letra las reglas del juego no son, necesariamente, la ruta más directa al éxito y al poder.

No dejarse.

Ese es el secreto de una vida digna y, quizás, también de una larga vida en la Corte Suprema de Justicia.

Ahora bien, una vida en que no permitas que nadie te discrimine sugeriría una seriedad y vigilancia constantes. Después de todo, la vida nunca ha sido fácil para las latinas en Estados Unidos.

DIECISÉIS

Alza tu voz:
Spike Lee

«Creo que es muy bueno para el público que cualquier persona con un teléfono se pueda convertir en un reportero investigativo».
—SPIKE LEE

ESTADOS UNIDOS NO es solo Apple, Google, Hollywood y Disneylandia. También es Baltimore, Ferguson, Staten Island y muchas otras ciudades donde algunos policías, en lugar de cuidar y proteger, maltratan y matan.

Vengo de un país donde la gente le tiene miedo a la policía. En México muchos saben que hay cuerpos de policías que están vinculados con los criminales y que no se puede confiar en ellos. En Estados Unidos también hay personas que desconfían de su policía local, aunque por razones distintas.

El problema se llama brutalidad policial. ¿Las víctimas? Afroamericanos, hispanos, inmigrantes y miembros de minorías.

Los abusos de la policía en Estados Unidos forman parte de una larga lista. Por ejemplo, febrero de 2015 fue terrible para los inmigrantes. En Pasco, estado de Washington, la policía mató a un inmigrante que les tiraba piedras; en Grapevine, Texas, murió un mexicano tras una persecución policial; y en Santa Anna, California, otro mexicano (con cuatro hijos y dos trabajos) perdió la vida a manos de la policía. Todas las víctimas iban desarmadas.

Estos casos, prácticamente, pasaron desapercibidos para los medios en inglés. Pero sí reflejan la tensión entre las autoridades y la comunidad latina en el país. Escucho frecuentemente quejas de que policías detuvieron a un inmigrante o a un hispano solo por el color de su piel o por su acento. Así, una simple infracción de tránsito se puede convertir en la pérdida de un auto, en una orden de deportación o en el fin de una vida.

Los afroamericanos, sin embargo, han sufrido desproporcionadamente el abuso de los cuerpos policíacos. Hay casos muy dramáticos y cargados de publicidad, como el de la muerte del joven de dieciocho años Michael Brown en Ferguson, Misuri, a manos de un policía blanco o el de la misteriosa muerte del joven de veinticinco años, Freddie Gray, el 19 de abril de 2015, siete días después de haber sido arrestado por la policía de Baltimore. Gray estaba desarmado y murió por las lesiones que sufrió durante la custodia policial.

Baltimore es una ciudad dividida racial y económicamente —la zona norte es mucho más rica y segura que la del oeste— y ni siquiera el hecho de que su alcaldesa y su comisionado de policía sean afroamericanos la ha hecho más hospitalaria para esta minoría. Una investigación del diario *The Baltimore Sun* encontró que desde 2011 más de 100 personas han demandado y ganado al ayuntamiento por acusaciones de brutalidad policial y por violaciones a sus derechos civiles. El ayuntamiento ha tenido que desembolsar casi doce millones de dólares en pagos a víctimas y en gastos legales.

No es fácil ser afroamericano o hispano en las calles de Baltimore. El pastor Ángel Núñez, quien lleva más de dos décadas ayudando a inmigrantes en la ciudad, me dijo en una entrevista que «muchos latinos han sido maltratados, han terminado en la cárcel; ha habido muchos abusos y de eso no se reporta casi nada». Tiene razón.

La impunidad policíaca es un grave problema. Los policías que matan injustamente pocas veces acaban en la cárcel. De los miles de casos de agentes que han matado a alguien durante un operativo policial a nivel nacional desde 2005 a la fecha, solo cincuenta y cuatro han sido acusados formalmente, según una investigación del periódico *The Washington Post*. Y luego la mayoría de esos policías han sido declarados inocentes o se les han retirado los cargos.

La elección en 2008 del primer presidente afroamericano —Barack Obama— no significó la llegada de una sociedad postracial. Claro, existen avances incuestionables. Pero todavía hay enormes e hirientes diferencias raciales y un claro abuso de poder. Para comprobar eso basta conocer la historia de Eric Garner.

Eric Garner casi nunca pasaba desapercibido. Medía seis pies y dos pulgadas, pesaba unas 395 libras y ya había tenido problemas con la policía de Staten Island en Nueva York. Vendía, aparentemente, cigarrillos de manera ilegal. Pero sus problemas con las autoridades nunca fueron graves. Sin embargo, el 17 de julio de 2015 todo cambió.

Garner fue cuestionado por dos agentes y, a los pocos minutos, tras la llegada de otros policías, intentaron detenerlo. Uno de los agentes, Daniel Pantaleo, se le acercó por la espalda, le puso el brazo bajo el cuello y ambos cayeron al piso. En once ocasiones se escucha decir a Garner: «No puedo respirar».

Todo quedó grabado en el celular de Ramsey Orta, de veintidós años de edad, un amigo de Garner.

El diario *The New York Times*, tras una larga investigación, publicó lo siguiente: «El video se utilizó en el reporte de la autopsia como uno de los factores que le permitieron concluir al doctor investigador del ayuntamiento que el estrangulamiento, y la presión a su pecho, causaron la muerte del señor Garner. Sin el video, muchos en el Departamento de Policía habrían creído que su muerte se explicaba solo por sus problemas de salud: obesidad, asma y alta tensión».

El video de Orta es impresionante. Además de mostrar claramente el estrangulamiento, se ve cómo varios agentes de la policía de Nueva York someten a Garner en el piso y luego lo esposan. Garner deja de moverse. Cuando llegan los paramédicos y el equipo médico, le toman el pulso en el cuello pero no le administran oxígeno. Es llevado en una camilla a la ambulancia y a las 3:44 de la tarde los médicos reportan, camino al hospital, que está sufriendo un ataque cardíaco. El reporte de *The New York Times* indica que a las 4:34 de la tarde fue declarado muerto en el Richmond University Medical Center.

El video también impresionó al cineasta Spike Lee. Tanto así que decidió hacer un documental llamado *I Can't Breath* (No puedo respirar) basado en el video del celular de Orta y en una extensa entrevista con él.

Orta: camarógrafo, reportero, biógrafo, testigo de una injusticia. En esta época cualquier persona puede convertirse en un periodista. Ni siquiera los mejores corresponsales del mundo pueden conseguir mejor material que una persona grabando con su teléfono celular en el lugar donde ocurre una noticia. Esa es la realidad.

El periodismo se ha transformado en dos grandes maneras: una, por la manera en que la gente se informa, es decir, cada vez más a través de las redes sociales en sus celulares y no por los medios de comunicación tradicionales; y dos, por la manera en que se recaba la información, tanto por parte de periodistas profesionales como por medio de videos, blogs, notas, fotografías y reportes en la internet, Facebook, Twitter, Instagram y otras redes sociales.

El caso de Garner refleja precisamente el momento en que las nuevas tecnologías se utilizan para denunciar un caso de abuso policíaco. Sin un celular esto hubiera sido imposible. Aquí se juntan un terrible caso de abuso policial y una nueva manera de reportar la vida. La combinación, en el mejor de los casos, genera denuncia y justicia. En el peor, al menos, queda registrada la evidencia de un abuso.

Cuando Spike Lee vio el video de Orta pensó en una escena de su extraordinaria película, *Do the Right Thing* (1989), en la que uno de sus protagonistas, Radio Raheem, muere ahorcado en manos de la policía. Veinticinco años después, la ficción y la realidad se vuelven a cruzar. No, nada ha cambiado.

«Cuando vi el video de Ramsey [Orta] todo me pareció muy extraño —me dijo Spike Lee, durante una entrevista que tuvimos en Filadelfia en el otoño de 2014—. Y yo no fui el único que dijo que esto se parecía a [la muerte] de Radio Raheem. Así que llamé a mi editor Barry Brown (que ha editado muchas de mis películas, un gran editor, también fue el editor de Do The Right Thing) y le dije: tenemos que editar estas dos cosas juntas».

Y lo hizo. En su documental hay violentos cortes de las escenas de la película *Do the Right Thing* con el video del estrangulamiento de Eric Garner. En la secuencia editada por Spike Lee y Barry Brown es fácil confundirse; hay momentos en que uno no sabe si las imágenes son de ficción o un pedazo, terrible, de esa tarde en Staten Island.

«El gran cambio que está ocurriendo es con las cámaras de videos [en los celulares] —me dijo Spike Lee—. Antes, la única vez que había ocurrido esto fue con Rodney King». Esa era una referencia obligada. El caso de Rodney King precede al de Eric Brown.

En el verano de 1991 el conductor afroamericano, Rodney King, es detenido en el valle de San Fernando por la patrulla de caminos de California y por agentes de la policía de Los Ángeles. Al bajarse de su camión, King es golpeado brutalmente y recibe múltiple fracturas. Lo que los agentes no sabían es que, cerca de ahí, George Holliday se había despertado por las sirenas de las patrullas, había sacado su cámara nueva y lo estaba filmando todo. Los doce minutos de video se convirtieron en la prueba de los maltratos que durante tantos años había denunciado la comunidad afroamericana contra la policía de Los Ángeles. Cuando los cuatro agentes involucrados en la golpiza a King fueron absueltos en abril de 1992 por un jurado, compuesto mayoritariamente por personas blancas, hubo violentas protestas en la ciudad de Los Ángeles. Pero, tras los disturbios, se realizaron importantes cambios en la estructura del Departamento de Policía para evitar que algo así volviera a ocurrir.

Hoy no es necesario comprar una cámara de video para denunciar una injusticia; todos la llevamos en nuestro teléfono celular. «Creo que es muy bueno para el público que cualquier persona con un teléfono se pueda convertir en un reportero investigativo —reflexionó Spike Lee—. La gente está publicando [videos], como lo hizo Ramsey, y le está mostrando al mundo lo que está ocurriendo».

Cuando conversé con Spike Lee a finales de 2014 había protestas masivas en México, Brasil, Venezuela y Ucrania organizadas, exclusivamente, a través de los celulares y las redes sociales. Los jóvenes estaban evadiendo la censura de sus gobiernos a través de Facebook y Twitter. «¿Cómo haces para juntar a 250 000 personas en contra del gobierno? Lo tienes que hacer a través de la internet —me dijo Spike Lee—. Y eso no va a desaparecer. En muchos lugares (aunque no en Estados Unidos) están tratando de controlar esta manera de comunicarse porque es muy poderosa. Es poder».

Durante décadas, Spike Lee ha levantado su voz para denunciar el racismo y la discriminación en Estados Unidos. Sus películas son un testimonio de una sociedad que se resiste, todavía, a tratar a todos con igualdad. Y no quería irme sin preguntarle sobre su experiencia personal. ¿Están hoy mejor las cosas que hace veinticinco años? ¿Qué significa la muerte de Eric Garner?

En el momento de la entrevista, su hija Satchel tenía veinte años y su hijo Jackson diecisiete. «¿Qué les dices a ellos sobre los problemas raciales en Estados Unidos?», le pregunté.

—No importa quién seas, si eres afroamericano en este país, sabes de lo que se trata —me dijo.

—¿De qué se trata? —le pregunté.

—El asunto es que eres negro.

—¿Qué significa eso para ti?

—Bueno, eso significa que eres negro. Y la gente que se mete en problemas es la que olvida que es negra. No puedes pensar: bueno, tengo éxito, he llegado a otro nivel y vivo en una sociedad ¿cuál es el término?

—Postracial.

—Sí, es *bullshit* creer que porque tenemos un presidente afroamericano la raza no importa. Hay veces, incluso para mí, en que es difícil conseguir un taxi en Nueva York.

—¿Para ti?

—Sí.

—¿Te sientes constantemente discriminado?

—Estás conciente de eso todo el tiempo. No me estoy quejando. Es algo con lo que creces.

—Hablabas de una sociedad postracial. ¿Estás diciendo que no existe?

—Mira, no puedo predecir el futuro. Pero hay mucha gente que creyó que cuando el presidente [Obama] puso su mano sobre la biblia de Abraham Lincoln y tomó posesión, así, como por arte de magia, ya vivíamos en un mundo postracial.

LAS LECCIONES DE SPIKE LEE

La primera lección de Spike Lee es que no nos podemos mentir. Hay que darse con la frente contra la pared. El racismo sigue existiendo en Estados Unidos y se nota, por igual, en la muerte de Eric Garner que cuando el cineasta trata, sin éxito, de tomar un taxi en la ciudad de Nueva York, donde vive.

No, no vivimos en una sociedad postrracial. Una vez, conversando con el presidente Barack Obama, le comenté sobre el término «postrracial» y él, con una sonrisa, me dijo que yo tampoco podía creer que con la elección del primer presidente afroamericano todo iba a cambiar. Tenía razón.

Estoy plenamente conciente de la discriminación que regularmente sufren otros hispanos y otros inmigrantes en Estados Unidos, como yo, por el simple hecho de hablar inglés con acento o por tener un color de piel un poco más oscura que la mayoría de la población. La discriminación no discrimina en Estados Unidos; la sufren, prácticamente, todas las minorías. Pero eso nos lleva a la segunda lección de Spike Lee: alza tu voz.

El hecho de que exista discriminación no significa que tenemos que aceptarla. Spike Lee tiene ya su lugar en los historia de la cinematografía y podría pasar el resto de sus días tranquilamente. Pero sigue peleando.

Cuando vio el video del estrangulamiento de Eric Garner y recordó las escenas, tan similares, de su película *Do the Right Thing*, lo que surgió de Spike Lee fue una orden: «Tenemos que editar estas dos cosas juntas».

Ahí radica su rebeldía: en no dejarse, en ver lo que otros no ven, en asegurarse de que otros vean lo que él está viendo y en mostrar las cosas tal y como son.

No hay nada más rebelde que decir la verdad.

También, no hay nada más rebelde que negarse a aceptar la discriminación y denunciarla en todas sus formas. Cuando escuchas hablar a Spike Lee, como tuve la oportunidad de hacerlo en un foro en Filadelfia, tienes la clara impresión de que se trata de un hombre con una misión. No se trata de una vida a la deriva. Es una vida con un propósito.

Me impactó profundamente que quien tantas veces ha denunciado el racismo contra la comunidad afroamericana en Estados Unidos, muchas veces no puede conseguir un taxi en la ciudad donde vive. Ese es precisamente el trato —*the deal*— que Spike Lee aprendió desde pequeño y que se ha pasado toda su vida intentando cambiar.

Pero su lección es clara:

Alza tu voz aunque creas que no te oyen.

Alza tu voz hasta que te escuchen.

Alza tu voz porque hay un proceso de liberación cuando te escuchas rebelarte.

Por eso, alza tu voz.

DIECISIETE

Haz tu tarea: Barbara Walters, Elena Poniatowska y Oriana Fallaci

«Ese es mi legado: todas estas mujeres jóvenes que hay en las noticias. Cuando yo comencé había muy pocas... El hecho de que pude abrir algunas puertas, inspirar, es un legado maravilloso».
—BARBARA WALTERS

L A REBELDÍA NO se improvisa. La rebeldía se prepara, se planea y se ejecuta cuidando todos los detalles. En el caso de la periodista Barbara Walters, la rebeldía viene vestida de elegancia y perfectamente iluminada.

¡Las luces! Sí. Las luces que utiliza Barbara Walters en sus entrevistas son maravillosas. Sus entrevistados se ven diez, veinte años más jóvenes y ella fresca, llena de vitalidad y de una edad indeterminada. Esto es importante. Nadie, nunca, piensa en la edad de Barbara Walters. Nosotros los periodistas hablamos de sus preguntas —cortas, directas, sin ninguna posibilidad de confusión, de cómo logra hablar con las personas que todos quieren hablar y de lo bien que siempre se ve—. Pero no de su edad. Eso no importa.

Barbara Walters es una mujer en control. Controla la forma en que se ve. Controla las luces que la iluminan. Controla al entrevistado con sus preguntas. Nada parece estar al azar.

Al final de su carrera, todo parecía tener sentido, como si la lógica y la igualdad de género se hubieran impuesto. Pero el principio no fue fácil.

Barbara Walters es la pionera. Rompió con el molde del machismo en televisión. Nunca dejó que la usaran como decoración. Empezó escribiendo e investigando para otros. Luego se dio a conocer por sus reportajes y preguntas. Y a pesar de la enorme resistencia en el estudio donde trabajaba, la cadena NBC no tuvo más remedio que nombrarla en 1974 copresentadora del *Today Show*, el programa matutino más popular en ese momento. (Aunque eso solo pudo ocurrir tras la muerte del presentador Frank McGee).

Así, hizo historia en la mañana. Poco después haría lo mismo en las noches.

Barbara pasó a la cadena ABC y en 1976 fue nombrada copresentadora del noticiero *ABC Evening News*. Fue, otra vez, la primera mujer en lograrlo. Y, otra vez, lo logró pese al enojo y rechazo de un periodista —Harry Reasoner—, quien no quería compartir el principal programa de noticias de la cadena.

Barbara hizo el noticiero únicamente por dos años pero su reputación como fiera y tenaz entrevistadora estaba ya consolidada. En programas especiales de la cadena ABC y en el programa *20/20* entrevistó a los que había que entrevistar, igual a artistas que a políticos: a todos los presidentes estadounidenses y a sus esposas, Vladimir Putin, Fidel Castro, Margaret Thatcher, el Sha de Irán, Hugo Chávez, Muammar al-Gaddafi, Anwar al-Sadat y Menachem Begin, entre cientos más. Sus programas con las diez personas «más fascinantes» del año, antes de la entrega de los Óscares, se convirtieron en una tradición. Nunca faltaron los principales artistas de Hollywood, desde Katharine Hepburn y Laurence Olivier hasta George Clooney, Al Pacino, Robert De Niro, Denzel Washington, Clint Eastwood, Dustin Hoffman, Morgan Freeman, Meryl Streep, Julia Roberts y Sandra Bullock, entre montones más.

Ella hablaba con quien había que hablar. Tenía un talento sin igual para leer el interés de la gente y de su audiencia, para identificar a los personajes del momento y luego, ya capturados, hacerlos llorar.

Sí, Barbara Walters hace llorar a la gente. Ella es un detective de nuestras vulnerabilidades y debilidades. Es decir, sabe encontrar dónde se rompen las personas y, tras buscar un momento oportuno durante la entrevista, ataca inmisericorde. Eso requiere mucho valor. Conozco a muchos periodistas que no se atreven a hacer la pregunta más difícil de la entrevista. Por pena o por temor se la guardan. Ese nunca fue el caso de Barbara Walter.

Ese instante en que uno no se puede despegar de la pantalla es lo que muchos ejecutivos y productores llaman un "momento televisivo." Barbara Walters fue la maestra de esos momentos. Para eso se requiere mucho más que periodismo. Para encontrar el punto más débil de una persona se requiere un título en sicología o una sensibilidad muy especial para detectar las fragilidades humanas, como lo tenía ella.

Luego de que algo importante ocurría en el país, la expectativa era que el protagonista de esa noticia tenía que hablar con Barbara Walters y no con nadie más. Hablar con ella luego de un gran evento era el equivalente a los ganadores del Super Bowl diciendo que se iban a Disneylandia después de su victoria. El problema es que Barbara era experta en preguntar sobre victorias pero, también, sobre derrotas.

Barbara, muchas veces, se convirtió en la principal terapista de Estados Unidos. Sus grandes hombres y mujeres iban con ella a confesar sus pecados, a hablar de sus adicciones y a explicar sus conductas. Pero también a pedir perdón.

Estados Unidos es un país sumamente generoso. Te da siempre una segunda oportunidad y, a veces, hasta una tercera y cuarta. Pero antes de darte esa otra oportunidad, tienes que reconocer tus errores públicamente y, preferiblemente, pedir perdón. Barbara era la sacerdotisa que exorcizaba esos demonios a cambio de diez, quince o veinte minutos de irresistible televisión. Muchos aceptaron el pacto: honestidad y fama por perdón y sufrimiento. El resultado era inigualable. Si querían hablarle directamente a los estadounidenses había que pasar por la silla frente a la cual estaba Barbara Walters.

Monica Lewinsky lo sabía. Tras su breve y tormentoso *affaire* con el presidente Bill Clinton en la Casa Blanca, a Monica Lewinsky no se le ocurrió dar una conferencia de prensa o escribir una columna, donde explicara todo, para el diario *The New York Times*. No. Lo natural, lo normal, lo único posible era hablar con Barbara Walters. La entrevista en marzo de 1999 fue vista por setenta y cuatro millones de personas, más que cualquier otra en la historia de la televisión estadounidense.

Ese siempre fue el secreto de Barbara Walters: hacernos creer que ella era la única persona con la que se debía hacer una entrevista en un momento importante. Claro, Estados Unidos ha tenido y tiene a grandes entrevistadores. Pero ni en su mejor época pudieron competir contra ella.

Lo interesante es que Barbara Walters nunca ofrecía una entrevista fácil ni, mucho menos, adelantar las preguntas que iba a hacer. Y eso lo sabían sus entrevistados. Una entrevista con ella era una invitación a desnudar el alma, a hacer público lo privado, a hablar de lo que por tantos años se había escondido en celoso secreto.

Ver sus entrevistas por televisión era un acto de premonición, casi mágico. Ella sabía lo que la gente quería preguntar, como si nos hubiera robado las preguntas de nuestro inconsciente colectivo. Tantas veces frente al televisor me quedé diciendo: «Eso es precisamente lo que yo quería preguntar».

Luego de la catarsis venía la complicidad. ¿Viste la entrevista de anoche con Barbara Walters? No verla era como estar en otro planeta. En una época en que las redes sociales no existían todavía, Barbara Walters creaba *trending topics* mundiales.

Barbara Walters fue una rebelde de la televisión norteamericana: hizo lo que nadie nunca antes pudo y, además, marcó un estilo y una época. Nadie, hombre o mujer, la superaba. Rompió las barreras de género —cuando hacerlo no era moda— realizando trabajos que antes solo ocupaban hombres y ganando mucho más dinero que ellos. Sí, el éxito es la mejor venganza.

Hay muchas cosas en televisión que prefiero no ver. Pero nunca pude dejar de ver una entrevista con Barbara Walters.

OTRAS DOS GRANDES periodistas marcaron mi carrera: la mexicana Elena Poniatowska y la italiana Oriana Fallaci. Las dos han sido extraordinariamente valientes.

Me sigue pareciendo increíble cómo una pequeña mujer con una grabadora portátil pudo rescatar los detalles más importantes de la peor masacre en la historia moderna de México el 2 de octubre de 1968. Pero Elena lo hizo. Y lo hizo ante la férrea censura gubernamental y, sin duda, arriesgando su propia vida.

Su libro *La noche de Tlatelolco* es una de las mejores y más dolorosas obras del periodismo mexicano. El ejército mexicano, bajo las órdenes del presidente Gustavo Díaz Ordaz, asesinó a decenas, quizás cientos, de estudiantes en la Plaza de las Tres Culturas en la Ciudad de México, apenas unos días antes de la realización de los Juegos Olímpicos de 1968.

«¿Quién ordenó esto? ¿Quién pudo ordenar esto? Esto es un crimen», se lee en la página 238.

La televisión se quedó callada. Los principales medios de comunicación justificaron la acción del gobierno y culparon a los estudiantes de su propia muerte. La enorme e imponente plaza quedó manchada de rojo con la sangre de los estudiantes, y trabajadores de la ciudad tuvieron la grotesca tarea de lavarla y limpiarla a la mañana siguiente para dejarla como si no hubiera pasado nada.

Pero pasó mucho. Esa noche México cambió.

Página 180: «Dos o tres sollozos de algún compañero o compañera se escucharon y recuerdo haber oído —o tal vez me lo imaginé—: "No llores, este momento no es para llorar, no es para lágrimas: es para grabárselo a fuego en lo más profundo del corazón y recordarlo para los momentos en que tenga que pagarlo quien deba pagarlo"».

Elena, en su libro, recoge todas las voces de la masacre: las de los estudiantes caídos, las de las madres y padres que perdieron a sus hijos y las de los apologistas de un gobierno que asesina a sus jóvenes. La mayor parte de los testimonios que recoge —nos recuerda Elena— se hicieron uno o dos meses después de la tragedia. Otros, de los estudiantes que estaban presos, en los dos años posteriores.

Elena sabe que estaba buscando donde era casi imposible hallar algo. «El dolor —dice— es un acto absolutamente solitario. Hablar de él resulta casi intolerable; indagar, horadar, tiene sabor de insolencia». Es cierto. Pero a veces es preciso ser insolente para conocer la verdad.

Aunque la mayor parte del libro está lleno de otras voces, este es un libro con un punto de vista. Es un libro lleno de indignación y en contra del gobierno en turno. El principio básico del periodismo se sostiene: están todos los datos pero, también, la denuncia. Frente a violaciones a los derechos humanos no podemos ser neutrales.

Elena, sin saberlo, ha sido mi maestra. La he entrevistado en varias ocasiones en su bella casa del sur de la Ciudad de México. Y no deja de sorprenderme cómo detrás de su enorme amabilidad y permanente sonrisa hay un guerrera que no se deja, que no dejó que el tiempo borrara los testimonios de una de las peores matanzas en la historia de México.

Tengo aquí, junto a mí, una vieja copia de su libro *La noche de Tlatelolco*. Es una edición que me envió mi hermana Lourdes hace muchos años con una notita que aún guardo. Está tan leída que los bordes de las páginas se sienten lisitos y sus puntas se disparan hacia el cielo. Hay páginas que doblo un poquito en las esquinas para acordarme de que ahí hay algo que me gustó, algo que me dolió o algo que nunca debo olvidar. Pero lo que más me impresiona es que hay páginas que parecen haberse mojado, como si alguien hubiera llorado mucho sobre ellas.

Elena Poniatowska y Oriana Fallaci cubrieron, las dos, esa masacre. De hecho, en la páginas 230 y 231 aparece el testimonio de Oriana después de haber sido herida de bala: «Me han disparado, me han robado mi reloj, me dejaron desangrarme ahí en el suelo, me negaron el derecho a llamar a mi embajada... El mundo entero se va a enterar de lo que pasa en México, de la clase de democracia que impera en este país, el mundo entero. ¡Qué salvajada!... Yo estaba tirada boca abajo en el suelo y cuando quise cubrir mi cabeza con mi bolsa para protegerme de las esquirlas, un policía apuntó el cañón de su pistola a unos centímetros de mi cabeza: "No se mueva". Yo veía las balas incrustarse en el piso de la terraza a mi alrededor... Vi a muchos heridos, mucha sangre, hasta que me hirieron a mí y permanecí tirada en un charco de mi propia sangre durante cuarenta y cinco minutos... Me asombran también las noticias de sus periódicos ¡Qué malos son sus periódicos, que timoratos, que poca capacidad de indignación!».

Precisamente, esa capacidad de indignación es lo que hizo de Oriana Fallaci una entrevistadora incomparable. Era una fiera entrevistando. Ella concebía la entrevista como una guerra en la que a veces ganaba el entrevistado y a veces el entrevistador. Pero, fuera como fuera el resultado, ella siempre parecía ganar porque tenía una gran entrevista que publicar.

Antes de que Barbara Walters se hiciera famosa entrevistando a los más importantes del mundo por televisión, Oriana Fallaci lo hizo en periódicos y revistas. Era la época en que el papel dominaba. Lo serio se escribía, no se decía por televisión.

En su libro, *Entrevista con la Historia*, Fallaci se enfrenta —no hay otra palabra— con los grandes líderes de su época y no deja uno solo en pie. Recuerdo la emoción que sentí cuando leí esas entrevistas por primera vez. Fallaci no era una simple grabadora que aceptaba todo lo que le decían. No. Cuestionaba, discutía, peleaba, se arriesgaba, llevaba la entrevista a tal extremo que siempre rondaba la posibilidad de que el entrevistado se parara y se fuera.

«Yo no siento, ni lograré jamás sentirme, un frío registrador de lo que escucho y veo —escribió en el prólogo—. Sobre toda experiencia profesional dejo tirones del alma, participo con aquel a quien escucho y veo como si la cosa me afectase personalmente o hubiese de tomar posición (y, en efecto, la tomo, siempre, a base de una precisa selección moral)».

Así, tomando postura, se lanza a entrevistar a veintiséis personajes, incluyendo a Henry Kissinger, Golda Meir, Indira Gandhi, el Sha de Irán (Mohamed Reza Pahlevi) y Yasser Arafat.

Pero la entrevista más difícil para ella, sin duda, fue la que realizó con su pareja, Alejandro Panagulis, uno de los líderes de la resistencia a la dictadura militar en Grecia a principios de los años setenta.

Panagulis, en 1973, la llevó a una colina del Peloponeso a ver tres letras escritas en la tierra, entre los árboles. Las letras eran OXI (que en griego significa «NO»). Cuenta cómo a pesar del viento y la lluvia, y del intento de los generales por desaparecerla con cal, las tres palabras reaparecían tercamente.

Bueno, cuando pienso en Fallaci pienso en la palabra «NO». Hay, desde luego, todo tipo de periodistas. Hay algunos que reportan y lo hacen con maestría y cuidando cada detalle. Hay otros que se venden, que regalan sus preguntas y que son simples altavoces del poder. Esos son vergonzosos. Y luego hay periodistas como Oriana Fallaci cuya misión es enfrentarse con los poderosos. Esos son los periodistas indispensables.

Sus dudas sobre los poderosos eran parte de su naturaleza. «No consigo aceptarlo —escribió—. No consigo prescindir de la idea de que nuestra existencia dependa de unos pocos, de los hermosos sueños o de los caprichos de unos pocos, de la iniciativa o de la arbitrariedad de unos pocos. —En el fondo, Fallaci era un feminista, una mujer que comprendía que todos los seres humanos somos iguales—. No comprendo el poder, el mecanismo por el cual un hombre o mujer se sienten investidos o se ven investidos del derecho de mandar sobre los demás y de castigarlos si no obedecen».

¡Imagínense tener que enfrentar una entrevista con una periodista que piensa eso! Claro, los líderes que tenían algo que ocultar —como Kissinger—, quedaban desnudados y destrozados.

Pero más que las entrevistas que hacía Fallaci —murió en 2006—, me gustaba lo que escribía antes de llevarlas a cabo. Sus descripciones de los poderosos son fascinantes. Además, contrario a lo que enseñaban en muchas de las escuelas de periodismo, sus escritos estaban cargados de opiniones, juicios y prejuicios. Esa transparencia te permitía, como lector, saber quién te estaba hablando. Esos prejuicios quedaron al descubierto al final de su vida cuando atacó continua e injustificadamente a la comunidad musulmana.

Fallaci era una mujer fuerte y se presentaba ante el mundo como una mujer fuerte. Punto.

Tanto así que intimidaba. Una vez —una sola— conocí a Fallaci... desde lejos. Ambos estábamos cubriendo la Guerra del Golfo Pérsico, tras la invasión de Irak a Kuwait, y coincidimos en febrero de 1991 en el lobby de un hotel en Dahrán en Arabia Saudita, cerca de la frontera kuwaití. La guerra estaba llegando a su fin, había mucho movimiento y ella era parte de un grupo de corresponsales que estaba a punto de irse hacia Kuwait.

Su figura me imponía. Recuerdo haberla visto desde un balcón y tratar de encontrar el valor suficiente para acercarme y decirle: «Por ti me convertí en periodista». Estuve practicando en voz baja lo que le iba a decir pero, antes del bajar del balcón y decírselo, llamaron al grupo de corresponsales y desapareció por una puerta. Nunca más la volví a ver.

Por supuesto, quedé defraudado por mi falta de determinación. Perdí la única oportunidad en mi vida de conocer a una de las mujeres que más influyó en mi decisión de convertirme en periodista. Fallaci, pensé, se hubiera atrevido a hacer cualquier cosa. Así que, en ese mismo momento, me prometí no repetir mi error y, en honor a Fallaci, nunca he dejado de acercarme a alguien que me interesa o de preguntar lo que tengo que preguntar.

Esa es otra de las lecciones de Oriana. Mi nuevo mantra fue: no hay una segunda oportunidad.

A Barbara Walters la conocí unos meses antes de su retiro de la televisión en mayo de 2014. Sus productores me habían invitado para el programa *The View* —que ella había creado en 1997— y no podía desaprovechar la oportunidad de estar en la misma mesa de discusión con Barbara Walters, particularmente porque todos sabíamos que estaba a punto de retirarse.

The View es un programa donde se discute de todo. Como invitado, aunque conoces de antemano lo temas a discutir, la conversación te lleva muchas veces a momentos imposibles de prever y constantemente hay que improvisar. En la mañana de mi participación todas las integrantes del programa llevaban sus notas, como apoyo. Pero me sorprendió descubrir que Barbara llevaba perfectamente escritas en tarjetas todas sus preguntas y los comentarios que pensaba expresar. No había dejado nada al azar.

Antes de llegar al programa había pensado, equivocadamente, que una periodista de la talla de Barbara no necesitaba ya de ninguna nota o apoyo para aparecer en televisión. Al revisar el programa al día siguiente, el resultado fue evidente: los comentarios de Barbara eran precisos y al punto, sus preguntas directas y sin titubeos. Barbara había memorizado lo que iba a decir y, de vez en cuando, con mucha naturalidad, le echaba una ojeada a sus notas. En comparación, el resto de los panelistas parecíamos unos amateurs o, en el mejor de los casos, no tan preparados como Barbara. Quedaba muy claro que la estrella era ella.

Durante los comerciales, Barbara volvía a revisar sus tarjetas. Pero aproveché un momento, cuando levantó la cabeza, para comentarle que me llamaba mucho la atención que en sus entrevistas ella siempre parecía estar en control. «No —me contestó—, eso no es lo importante. Lo importante es tener verdadera curiosidad por lo que te están diciendo. El poder no importa». Luego, volvió a bajar la mirada y siguió estudiando.

Unos días antes de su retiro, la gran entrevistadora decidió conceder unas entrevistas y yo tuve la suerte de conseguir una. Pero la haríamos bajo sus propios términos: en su estudio de televisión en Nueva York y la iluminación y la filmación la tendría que hacer uno de los mismos equipos que la habían acompañado durante décadas en sus entrevistas.

Cuando llegué al lugar de la entrevista fue como entrar al mundo mágico de Barbara Walters, al lugar de las confesiones y los secretos. El cuarto estaba en penumbras y en el centro había dos sillas y dos enormes luces, rectangulares, sobre cada una de ellas. (Las luces eran marca Diva). Las luces casi rozaban mi cabeza pero no se veían a través de las cámaras. Alrededor, otra fiesta de luces rellenaba cualquier hueco. Así era imposible verse mal.

Ese halo de luz en un cuarto oscuro es donde Barbara metía a sus entrevistados y, por unos minutos, los separaba de su cotidianeidad. Era, lo pensé, el confesionario, y Barbara la sacerdotisa. Arropado por esas luces era casi imposible ver lo que había detrás de las cámaras. Lo único posible era la introspección. Hablar con Barbara en esa atmósfera era como estar alejado del resto del mundo y el calor de las luces, en un cuarto infinitamente frío, provocaba un maternal deseo de acurrucarse, de confiar. Además, una vez que alguien entraba en esa burbuja ya no había salida. La única salida posible era hablar y hacer estallar la burbuja.

Así fue que entrevisté a la entrevistadora.

Barbara llegó un poco retrasada. Un grupo de compañeros le había hecho otra fiesta más de despedida —ella ya había perdido la cuenta de cuántas le habían hecho—. Pero una vez que se sentó en su silla, noté en sus ojos la serenidad y seguridad de quien llega a casa. Sí, Barbara parecía sentirse mucho más a gusto frente a las cámaras de televisión que fuera de ellas. Esta vez, sin embargo, era yo quien haría las preguntas.

RAMOS: Estoy muy contento de ser yo el que hace las preguntas.

WALTERS: Bueno, yo no. Estoy tan acostumbrada a hacer preguntas que es extraño cuando las tengo que contestar.

RAMOS: ¿Es una cuestión de control o de poder?

WALTERS: Soy controladora. Soy poderosa. Soy autoritaria. —Hace una pausa y sonríe—. Se trata solo de que me siento más a gusto haciendo las preguntas porque lo he hecho por tanto tiempo.

RAMOS: Leí que no le gusta dar entrevistas.

WALTERS: Bueno, esta es la última. Me gusta hacer preguntas muy personales, pero no me gusta contestar preguntas muy personales.

Estaba, quizás, ante la periodista más famosa del mundo. Llevaba más de cinco décadas entrevistando a los personajes que hacen historia y a las celebridades que hacen noticia. Por eso era tan extraño escucharla decir que se retiraba del periodismo.

Pero, la verdad, una periodista nunca deja de serlo. «Ya no voy a regresar cada semana a hacer una entrevista —me dijo—. Pero si el Papa me da una entrevista, seguro que regreso». Lo mismo haría si pudiera conversar con la reina Isabel II. Y posiblemente también si Monica Lewinsky decidiera hablar, una vez más, con ella.

«Todavía estoy en contacto con Monica —me confió, sin juzgar—. Es una mujer inteligente y una mujer buena».

Había mil anécdotas. Pasó diez días con Fidel Castro pero «no me acerco mucho a nadie», me contó. Y hasta pudo haber sido la señora de Clint Eastwood, me confesó. «Me gustaba mucho [el actor] Clint Eastwood y, después de la entrevista, me invitó a cenar. Pero yo le dije "no, no, no"».

Barbara le abrió el camino a muchas mujeres, dentro y fuera de Estados Unidos. «Ese es mi legado —reflexionó—, todas estas mujeres jóvenes que hay en las noticias. Cuando yo comencé había muy pocas [...] El hecho de que pude abrir algunas puertas, inspirar, es un legado maravilloso».

Pero a sus ochenta y cuatro años Barbara no lo tenía todo. «No creo que las mujeres lo puedan tener todo —me dijo—. Ni los hombres lo pueden tener todo tampoco [...] Es muy difícil balancear [...] tu vida profesional con tu vida privada, y cada vez más las mujeres tienen que enfrentar esto».

Saltamos al periodismo. Quería aprender más de Barbara Walters. Le dije que sus preguntas eran cortas y maravillosamente claras, como cuchillo. No había duda de lo que quería preguntar. Su mantra: no hay pregunta prohibida.

¿Cuál es su secreto? «Hago mucha tarea —me dijo, como si apenas empezara su carrera—. Creo que es muy importante. Algunas veces yo sé más de la persona que lo que la persona sabe de sí misma». De pronto, lo comprendí. El secreto era que no había secreto sino mucho trabajo.

Terminé la entrevista con dos preguntas que ella, frecuentemente, le hace a sus entrevistados:

—¿Hay alguna idea falsa sobre usted? —pregunté.

—La más importante idea falsa sobre mí es que soy muy seria y autoritaria por el tipo de entrevistas que hago.

—¿Cómo quiere ser recordada?

—Como una buena periodista, una buena madre y una buena persona.

Se acababa mi tiempo con ella y el honor de hacerle preguntas a la campeona de las preguntas. Era mediodía, pero aún tenía un montón de cosas pendientes. Barbara Walters no daba ninguna muestra de que estuviera a punto de retirarse.

—¿Qué va a hacer el día después de su retiro? —alcancé a soplar al final.

—Dormir. Voy a dormir. Y el día siguiente también.

Pero me quedé con la impresión de que, cuando Barbara se despertara, volvería a hacer preguntas. Muchas preguntas.

LAS LECCIONES DE BARBARA WALTERS

Cuando le pregunté cuál era su secreto, no sé por qué esperaba una respuesta mágica, fuera de este mundo. La contestación fue absolutamente terrenal: hago mucha tarea. Punto.

Barbara Walters abrió el camino para muchas mujeres, hizo las entrevistas que todos querían hacer y conoció a las personas que cambiaron su mundo. ¿Cómo lo hizo? Hizo su tarea mejor que nadie. Eso es todo.

Lo noté cuando la acompañé en su programa, *The View*, y en todas las tarjetas que de pronto empecé a descubrir en los videos de sus viejas entrevistas. Ahí estaba el secreto, en esas tarjetas. Cientos de posibles preguntas preparadas durante días o semanas se transformaban en diez o veinte que entraban en una lista final y en dos o tres que, eventualmente, quedaban para la historia.

Algo que distingue a Barbara de otros entrevistadores son sus preguntas. Hay gente que se tarda tanto en preguntar que, al final, ya nadie sabe de qué esta hablando. Barbara no. Sus preguntas casi hieren, les quita el rollo y las suelta sin anestesia. Ese es un talento muy especial.

Además, sus entrevistas son sobre sus entrevistados, no sobre ella. Hay momentos en que, con tarjeta en mano, Barbara sabía más sobre ellos que lo que el entrevistado alcanzaba a recordar. Saber más del otro que él mismo requiere días de preparación.

Barbara no deja nada a la improvisación. La extensa descripción que hice de las luces que usa para sus entrevistas solo demuestra que comprende el negocio como pocas personas. La inteligencia no basta. En un medio visual es importante que lo que se ve sea atractivo.

Otra lección importante es que Barbara Walters constantemente estaba promoviendo sus entrevistas y programas especiales. A algunos, lo reconozco, podría parecerles una exageración. Pero al terminar la entrevista me lo explicó: «Si nadie ve lo que haces, de nada sirve».

La principal entrevistadora de la televisión en Estados Unidos no tuvo más remedio que contestar algunas de las mismas preguntas que ella hacía. Y en sus respuestas hay un montón de sabiduría.

RAMOS: Amor.

WALTERS: Amor. Es probablemente lo más importante que puedas tener aunque no sea, necesariamente, amor romántico.

RAMOS: Dinero.

WALTERS: Dinero. Es bueno tenerlo, pero no lo es todo. Puedes ser muy infeliz a pesar de tener dinero.

RAMOS: Poder.

WALTERS: Debes tener mucho cuidado de cómo usarlo.

RAMOS: Periodismo.

WALTERS: La mejor carrera que podrías tener.

DIECIOCHO

Dar la vida por un sueño: Hanan Ashrawi y Benjamín Netanyahu

«Como primer ministro estoy preocupado porque la historia no le va a dar al pueblo judío una segunda oportunidad».
—BENJAMÍN NETANYAHU, PRIMER MINISTRO DE ISRAEL

«Tengo esperanzas de que podremos lograr la paz. Pero tiene que ser una paz justa, una paz humana, una paz moral, una paz legal».
—HANAN ASHRAWI, LÍDER PALESTINA

NO CONOZCO UNA región del planeta más fascinante —ni más conflictiva— que la que comparten israelíes y palestinos. Aquí todo es complicado, todo tiene referencias de siglos y todo, también, tiene dos puntos de vista diametralmente opuestos.

Incluso, estoy seguro de que el hecho de poner en el mismo capítulo al primer ministro de Israel, Benjamín Netanyahu, y a la líder palestina, Hanan Ashrawi, le parecerá a varios muy controversial. ¿Por qué juntar a estos adversarios?

Lo hice, primero, para escuchar a algunas de las voces más representativas del eterno debate sobre el medio oriente y, dos, porque ambos tienen muchas cosas en común. Sí, efectivamente, Netanyahu y Ashrawi comparten la pasión por su causa y el hecho de que han dedicado su vida a ella. Ambos han dado la vida por un sueño. Además, es difícil encontrar a dos personas con puntos de vista tan distintos que estén tan convencidos de tener la razón. Esto implica, también, que creen que el otro está irremediablemente equivocado.

Esta es, de alguna manera, una entrevista a dos voces. A los dos les hago preguntas muy similares. Pero es en sus respuestas donde saltan a la vista las gigantescas diferencias.

Creo que no exagero al decir que Netanyahu y Ashrawi son enemigos. Pero creo, como muchos lo han dicho antes, que la paz solo se negocia con el enemigo. Ambos forman parte de una generación de líderes que han fracasado durante décadas en sus múltiples esfuerzos por lograr una solución al problema israelí-palestino. Esa generación aún está en el poder, no ha dado paso a los más jóvenes y, hasta el momento, no ha podido encontrar una fórmula para la paz.

Como periodista, adentrarse en este conflicto es como entrar en un campo minado. Una palabra equivocada, un gesto ambiguo, un movimiento en falso, cualquier cosa puede ser malinterpretada y ocasionar un conflicto internacional. Pero sería un error no intentarlo.

De hecho, mi idea original fue juntar a Netanyahu y a Ashrawi. Cuando eso resultó imposible, intenté reunir a sus embajadores o a sus representantes en Naciones Unidas. Tampoco pasamos del primer nivel. En ambos lados siempre había enormes resistencias. Así que, al final, no tuve más remedio que hablar con cada uno de ellos por separado.

Lo interesante de estas entrevistas es que, aunque yo sea el entrevistador, parecería que se están enviando mensajes uno al otro. Como verán, de verdad, tienen mucho que decirse.

NETANYAHU: VOZ SUAVE, PALABRAS FUERTES

Lo primero que sorprende del primer ministro de Israel, Benjamín Netanyahu, es su suave voz. A veces inaudible. Hay que acercarse para oírla. Pero eso contrasta con sus fuertes palabras y con sus posiciones políticas tan duras. No cede ni un solo argumento.

Venía de prisa. Hablé con él a principios de octubre de 2014 en Nueva York. Acababa de llegar de Washington, donde se había reunido con el presidente Barack Obama.

Nunca, con ningún líder mundial, he pasado tantas inspecciones de seguridad que con el primer ministro de Israel. Desde antes del entrar al hotel ya me habían parado. Ocurrió lo mismo en el lobby, en el elevador, en dos pisos del hotel y en la suite donde hicimos la entrevista. Es una seguridad redundante. Lo mismo que me preguntaron abajo, me lo preguntaron arriba. Tuve que mostrar varias veces mi identificación y buscar mi nombre en una lista tras otra. Cada movimiento estaba vigilado y nunca estuve lejos de los ojos de algún guardaespaldas o encargado de la seguridad. Nunca.

Netanyahu llegó de prisa pero de buenas. Y llegó acalorado. El sol aún no se había metido, pero el cuarto del hotel Palace, donde haríamos la entrevista, estaba bastante frío. Sin embargo, pidió que se bajara la temperatura del aire acondicionado en la suite. La bajamos y comenzó la entrevista.

«¿Es cierto que no se lleva bien con el presidente Barack Obama?», le pregunté. «Somos como una vieja pareja —me dijo. Se habían reunido más de una docena de veces—. Tenemos nuestras diferencias... [pero] estamos de acuerdo en muchas más cosas que en las que no concordamos».

Irán era uno de los temas en que Obama y Netanyahu no se ponían de acuerdo. A Israel le preocupaba que las negociaciones internacionales con seis países y lideradas por Estados Unidos le permitieran a Irán algún tipo de capacidad nuclear.

«Irán ha prometido destruir a Israel y quiere desarrollar bombas atómicas —me dijo—, naturalmente como primer ministro estoy preocupado porque la historia no le va a dar al pueblo judío una segunda oportunidad. Esto es todo. Estamos muy cerca, somos más pequeños y más vulnerables. No es suficiente quitarle [a Irán] la capacidad para construir armas atómicas; hay que quitarles también la posibilidad de construir armas nucleares en muy poco tiempo».

Netanyahu venía preparado a Nueva York para defenderse y, luego, para pasar a la ofensiva. El presidente palestino, Mahmud Abbas, había acusado a Israel en Naciones Unidas de «crímenes de guerra» y de «genocidio» por la reciente muerte de más de 2200 palestinos en Gaza, incluyendo civiles y niños.

«¿Lo tomó como un ataque personal?», le pregunté. «Eso es absurdo —me dijo—. Israel fue atacado por estos terroristas de Hamás, disparando miles de cohetes contra nuestras ciudades. Y no solo dispararon misiles contra [nuestros] ciudadanos sino que se escondieron detrás de sus propios civiles, usando niños como escudos humanos. Obviamente nos teníamos que defender».

Insistí. «Lo están acusando a usted de crímenes de guerra», le dije. «Los crímenes de guerra que se cometieron fueron realizados por Hamás», me respondió, pasando al contraataque y refiriéndose al grupo que controla la franja de Gaza y que busca la destrucción del estado de Israel.

Netanyahu llegó a la entrevista con una fotografía. Mostraba a un hombre encapuchado, identificado por él como un terrorista de Hamás, a punto de ejecutar a un palestino arrodillado. «ISIS decapita personas —me dijo, refiriéndose al grupo islámico que controla partes de Siria e Irak—. Y Hamás les pone una bala en la cabeza. Pero para las víctimas y sus familias el horror es el mismo. Así que [Hamás e ISIS] comparten métodos y objetivos. Ambos están de acuerdo en que debe existir un orden islámico mundial. Pero entre ellos no se ponen de acuerdo sobre quién debe estar al frente de ese orden».

Le comenté que escuché su discurso en Naciones Unidas y que me pareció carente de cualquier esperanza para la paz. «No tuvo ni un solo gesto o palabra para buscar nuevas negociaciones con los palestinos», le dije. «Al contrario —respondió—. Creo que debemos tener dos estados, uno para el pueblo judío y otro para el pueblo palestino... Debemos tener un mutuo reconocimiento pero también acuerdos de seguridad que eviten que grupos como Hamás o ISIS tomen control de las zonas que evacuemos en Cisjordania».

Netanyahu se quedó pensando un momento y luego, viéndome a los ojos, me dijo: «¿Usted pregunta si queremos la paz? Déjeme decirle algo. Yo he ido a guerras. Me hirieron en una operación para rescatar a civiles de un avión secuestrado por terroristas. Casi me ahogo en el canal de Suez en un conflicto con Egipto. Nadie quiere más la paz que Israel. Conocemos el horror de la guerra. Sabemos lo que se siente al perder a un ser querido. Yo perdí a un hermano. Nadie quiere más la paz que nosotros, pero una paz que dure».

Netanyahu, que en ese momento tenía sesenta y cuatro años, estaba cargado de anécdotas. Su padre —un historiador de la Edad Media en España— le dijo que debería aprender el castellano para leer a Miguel de Cervantes Saavedra —el autor de *Don Quijote de la Mancha*— en su lengua original. Pero no aprendió el español ni a usar las redes sociales. De hecho, cada viernes al atardecer, al celebrar el ritual del Shabbat, le prohíbe a sus hijos y familiares sentarse a la mesa con un celular en la mano.

Me quedaba tiempo para una pregunta más. Se acercaba el Yom Kipur, la conmemoración religiosa anual en que los judíos se arrepienten de sus pecados y piden perdón. «¿Qué ha hecho mal que necesite que lo perdonen?», pregunté. «Necesito muchos Yom Kipurs para eso», me dijo el hombre de la voz suave y las palabras fuertes, apenas esbozando una sonrisa.

ASHRAWI: LA PAZ NO ES RENDIRSE

Hanan Ashrawi no sabe lo que es vivir en paz. Toda su vida ha luchado por tener un país.

Nació en 1946 en Nablus, cuando esa ciudad todavía formaba parte del protectorado de Gran Bretaña. La Asamblea General de Naciones Unidas, un año después, aprobó una resolución para dividir el territorio conocido como Palestina en dos estados, uno israelí y otro árabe. Pero la guerra de 1948 —tras la creación del estado de Israel— obligó a su familia a establecerse en 1950 en Ramallah en Cisjordania, parte de los territorios ocupados por Israel.

Geografía es destino. Pero en el caso de Ashrawi, su destino, su misión en la vida, ha sido modificar la geografía del lugar en el que le tocó nacer y crecer. Ha sido historiadora, profesora universitaria, activista, legisladora y portavoz de un movimiento que, décadas después, aún no acaba de concretar su objetivo: la creación de un estado palestino independiente.

Para entrevistarla tuve que viajar en febrero de 2015 a Ramallah, desde donde opera el gobierno de la autoridad palestina. Y como todo en esta parte del mundo, no fue fácil. El chofer israelí que me acompañó en Jerusalén no podía entrar a Ramallah. Así que tuvimos que contratar a uno palestino para cruzar la frontera israelí y entrar a Cisjordania.

Su oficina queda en uno de los pisos superiores del edificio de la Organización para la Liberación de Palestina (OLP). Ella es miembro del comité ejecutivo de la OLP. La seguridad era mínima; solo había una persona en la recepción del lobby. Nos anunciaron y subimos sin ningún acompañante.

Mientras los camarógrafos acomodaban su equipo y sus luces en su amplia oficina, ella seguía trabajando en su escritorio, imperturbable, como si estuviera acostumbrada a trabajar con ruido, con problemas, con interrupciones.

Era la primera vez que la veía en persona. Pero durante años me acostumbré a su presencia en los magníficos programas de debate que realizaba el periodista Ted Koppel en el programa *Nightline* de la cadena ABC.

Ashrawi estaba lista y maquillada. Me saludó amable, me ayudó a pronunciar con suavidad la hache de su primer nombre —«soy maestra de lingüística»— y le preguntó al camarógrafo que estaba frente a ella el tipo de tiro de cámara que iba a usar. No, no quería un close-up muy cerrado. «Eso es demasiado invasivo», nos dijo. El camarógrafo abrió el tiro para mostrar sus brazos y su traje sastre hasta la cintura, y comenzamos.

Le comenté que había seguido su carrera desde 1991, cuando ella fue portavoz de la delegación palestina que participaba en una conferencia de paz en Madrid, España. «¿Por qué ha sido tan difícil durante todos estos años conseguir la paz con los israelíes?», le pregunté.

ASHRAWI: Muy sencillo. Primero, porque esta no es una disputa fronteriza entre dos iguales. Esta es una situación de un invasor y un ocupado, una ocupación militar que tiene el total y ciego apoyo de Estados Unidos, el país más poderoso del mundo... Por el otro lado, tienes a los palestinos bajo una ocupación y sin ningún tipo de derechos. Hay gente asesinada todos los días. Los palestinos son asesinados por los israelíes y no hay ningún tipo de responsabilidad. Israel destruye nuestras casas, Israel roba nuestra tierra, Israel construye muros de apartheid. Israel construye más asentamientos. Israel se anexa Jerusalén... La asimetría del poder es la base; somos el único pueblo del planeta que tiene que pedirle permiso a su ocupador para ser libre.

RAMOS: ¿Eso significa que la solución de dos estados —uno israelí y otro palestino— no se podrá alcanzar?

ASHRAWI: La posibilidad de dos estados está siendo destruida deliberadamente por las políticas de Israel... A menos de que haya una inmediata, rápida y decisiva intervención —basada en las leyes internacionales y los imperativos de la justicia—, la idea de los dos estados va a desaparecer.

RAMOS: Entonces, ¿cuál podría ser la solución? ¿Sería un solo estado —Israel— con una gran población palestina y árabe en la franja de Gaza y en Cisjordania? ¿Es ese el futuro?

ASHRAWI: Si Israel persiste en su intento de imponer la idea del gran Israel sobre la Palestina histórica, entonces habría dos consecuencias. Una, los palestinos van a pelear por la Palestina histórica; y no la solución de dos estados en que dimos el 78 por ciento de la Palestina histórica y aceptamos construir nuestro estado en el 22 por ciento de la Palestina histórica... [Y dos], si continúan con esta política peligrosa e irresponsable, van a destruir la posibilidad de una solución con dos estados y a tener, de hecho, una solución con un solo estado. Esa sería una solución muy dolorosa: los palestinos seguirían en un estado de cautiverio, esclavizados por Israel, sin derechos, sin libertades, sin nada.

RAMOS: Como le había dicho, hablé también con el primer ministro de Israel, Benjamín Netanyahu. Él me dijo que estaría dispuesto a aceptar un estado palestino. Pero primero, me dijo, el grupo Hamás tiene que reconocer el derecho de Israel a existir. ¿Es eso posible? Netanyahu está equiparando a Hamás con [el grupo terrorista] ISIS.

ASHRAWI: Eso es ridículo. Hamás es nuestra oposición política, pero ellos no tienen nada que ver con ISIS.

RAMOS: [Netanyahu] dice que ISIS decapita a la gente y que Hamás les pone un balazo en la cabeza. Es lo que él me dijo.

ASHRAWI: Mire, eso es ridículo. Las balas que hemos visto son de los militares de Israel. Buscar un chivo expiatorio y poner toda la culpa en Hamás no exonera a Israel por su total responsabilidad en la ocupación militar. No. Hamás es solo una parte de una enorme realidad, política y plural, en Palestina. ¿Quiere ir con cada palestino, con cada organización y con cada partido para que repitan la misma cosa? No, no somos una nación de ovejas.

RAMOS: Usted es una cristiana trabajando junto a palestinos y judíos. ¿Está todo aquí basado en la religión?

ASHRAWI: Para nada. Para nosotros, el hecho de ser cristianos es una señal de autenticidad... Somos los representantes de la más antigua tradición cristiana del mundo. Aquí es donde nació Jesús. Aquí es donde él vivió... Desafortunadamente, se ha abusado de la religión. [Pero] no creo que estemos hablando aquí de un conflicto religioso.

RAMOS: ¿Me pudiera describir lo que es ser una mujer palestina viviendo en Cisjordania?

ASHRAWI: Ser una mujer palestina viviendo en cualquier lugar es muy difícil.

RAMOS: ¿Por qué?

ASHRAWI: Porque te encuadran con nociones preconcebidas y naces ya con un peso histórico, ¿sabes? Nosotras estamos tratando de trabajar constantemente contra los estereotipos y las preconcepciones.

RAMOS: ¿Cuáles son?

ASHRAWI: Bueno, dicen que los palestinos son violentos o terroristas... Pero me rehúso a ponerme a la defensiva para probar mi humanidad.

RAMOS: Para terminar, tengo la impresión de que usted no tiene muchas esperanzas sobre las posibilidades de paz. Me pregunto si sus hijas, Amal y Zeina, vivirán algún día en paz.

ASHRAWI: Cuando comenzamos el proceso de paz en 1991, una de mis hijas dijo: «Les estoy prestando a mi mamá para el proceso de paz para que ella pueda regresar a casa, pasar más tiempo con nosotros y tener un futuro en paz».

RAMOS: Eso fue hace veinticinco años.

ASHRAWI: Ya pasaron veinticinco años. Hemos perdido muchas vidas y mucho territorio. Mis hijas ahora son madres también. A ellas les quitaron su identificación [israelí] y no pueden regresar a casa para vivir conmigo.

RAMOS: ¿No puede ver a sus hijas regularmente?

ASHRAWI: Solo si vienen con una visa porque Israel les quitó sus identificaciones. Así que no puedo tener a mis hijas y a mis nietos viviendo conmigo. No pueden heredar las tierras de mi familia ni nuestra casa... Puedo saber quiénes fueron mis ancestros durante siglos. Pero mis hijas solo pueden venir con una visa como visitantes, mientras que cualquier israelí puede venir aquí y tener una ciudadanía instantáneamente.

RAMOS: ¿Cree que sus hijas verán la paz algún día?

ASHRAWI: Eso espero. La cosa es no darse por vencido. No nos vamos a rendir. La paz no es rendirse. Requiere valentía, requiere fuerza el seguir peleando por la paz a pesar de todos los pronósticos en tu contra.

RAMOS: ¿Usted no ha renunciado a la paz?

ASHRAWI: Tengo esperanzas de que podremos lograr la paz. Pero tiene que ser una paz justa, una paz humana, una paz moral, una paz legal.

LAS LECCIONES DE ASHRAWI Y NETANYAHU

Es difícil pensar en dos personajes más desiguales que Hanan Ashrawi y Benjamín Netanyahu. De hecho, viven a solo unas millas de distancia. Pero sus visiones del mundo están separadas por siglos de diferencias y conflictos.

Lo admirable de ambos es que han dedicado su vida a una causa mucho más grande que ellos mismos. Ambos han sufrido enormes pérdidas a nivel personal y, sin duda, han sacrificado su bienestar familiar para dedicarse a sus luchas políticas.

Ashrawi y Netanyahu han dado la vida por un sueño. Son, sin duda, sueños distintos, incompatibles. Pero lo dos, en el fondo, quieren lo mismo: un país seguro, independiente y soberano dónde vivir. El problema es cuando el sueño de uno se monta sobre el del otro.

Me fascina ir a reportear al Medio Oriente. Es una región del mundo donde siempre tienes la impresión de que estás cubriendo algo importante, que tiene consecuencias, que es de vida o muerte. La intensidad de los discursos de sus políticos es sorprendente. La historia tiene un peso inusitado y la conflictiva realidad es un constante golpe en la cara.

Salvo en contadas ocasiones, los reporteros siempre vamos a aceptar nueuos retos. Y esta vez no fue la excepción. Me fui de mi último viaje a Israel y a Cisjordania con la sensación de que estaba dejando un polvorín, uno de esos conflictos de imposible solución.

Quizás es una cuestión generacional. Quizás los actuales líderes israelíes y palestinos están demasiado atorados en el pasado como para poder imaginarse un futuro sin conflicto. El peso de la política ahoga todo lo demás. Pero no siempre tiene que ser así.

Antes de irme hice dos visitas que me llenaron de esperanza. Tanto en Ramallah como en Tel Aviv visité unos centros tecnológicos donde jóvenes se reúnen para crear *apps* o nuevas aplicaciones para celulares y computadoras. Son decenas de estudiantes y emprendedores que se pasan el día explorando nuevas ideas. Su trabajo está totalmente despolitizado. Dependen, sí, de electricidad, de un buen sistema telefónico y de acceso rápido a la internet. Pero, más allá de eso, no piensan en política. En ese sentido son muy distintos a sus líderes.

Uno de ellos me dijo una frase que se me quedó grabada: «El conflicto es una pérdida de tiempo». Me explicaba que todo el tiempo y todos los recursos dedicados por israelíes y palestinos para pelear podrían utilizarse de una manera más productiva en muchísimas industrias que no tienen nada que ver con la guerra.

Sí, efectivamente, la guerra es una pérdida de tiempo. Pero cuando estás en guerra no puedes ver nada más. Netanyahu y Ashrawi lo saben. La guerra es un hoyo negro, lo chupa todo; hasta los sueños.

DIECINUEVE

Saber que vas a ganar: Desmond Tutu

«El gran regalo es recordar que eres un líder por el bien de aquellos que lideras. No eres un líder para engrandecerte o enriquecerte. Estás ahí por el bien de los que dicen que tú eres nuestro líder».
—DESMOND TUTU

V ISITÉ SUDÁFRICA POR primera vez en enero de 1996, casi dos años después de que Nelson Mandela tomara posesión como presidente. En ese entonces todavía resultaba increíble pensar que un prisionero, que había pasado veintisiete años en la cárcel por oponerse a la minoría blanca, estaba al frente del gobierno.

Los negros sudafricanos todavía exploraban con sorpresa y cautela las barreras que iban cayendo, una por una, en su país. No, el racismo y la discriminación no habían terminado con la elección de Mandela. Pero el sistema de apartheid se estaba desmantelando poco a poco.

Una de las primeras cosas que hice al llegar a Johannesburgo fue buscar a alguien que me llevara a Soweto —que es la contracción de South West Townships— para conocer la casa donde había vivido Nelson Mandela. No fue difícil. En la puerta de mi hotel, Al Mambuto se ofreció a hacerlo por el equivalente a veintitrés dólares.

Unos años atrás, Al hubiera terminado en la cárcel —o peor— por transitar sin un permiso especial por la carretera que separa a Johannesburgo de Soweto. Los veinte minutos de trayecto fueron de primera.

«Este es el primer cine para negros —me contaba Al—. Este es el primer supermercado para gente de color; este es el primer hospital de Soweto; este es el primer hospicio para ancianos». Todo parecía haber pasado por primera vez en Soweto.

El recorrido por Soweto era, en realidad, una clase de historia. Ahí estaban las casas de Nelson Mandela y la del arzobispo Desmond Tutu. La calle Vilazakasi, en la sección Orlando West de Soweto, es la única en el mundo donde han vivido dos Premio Nobel de la Paz. Cerca de ahí estaba también el monumento al niño Hector Peterson, asesinado por la policía sudafricana durante las protestas de 1976.

Durante todo el tiempo que pasé ahí no vi a una sola persona blanca.

Quedé igualmente sorprendido cuando una noche fui al centro comercial del Waterfront y prácticamente no vi a ninguna persona negra. El apartheid ya no existía como política oficial del gobierno sudafricano, pero las diferencias eran patentes.

Antes de ir a Sudáfrica había hecho mi tarea: los blancos (de origen holandés y británico) eran tan solo el 12 por ciento de la población pero recibían el 58 por ciento de los ingresos. En cambio, los negros que constituían el 77 por ciento de los habitantes solo tenían el 29 por ciento de los ingresos. Eso no cambió de golpe con la elección del primer presidente negro.

Los cambios, sin embargo, se empezaban a notar. Varias familias negras se estaban mudando al vecindario de Hillsborough, que antes de la elección de Mandela solo tenía residentes blancos. Y la casa de Mandela se había convertido en un museo. Estaban cobrando dos dólares por la entrada y por ocho dólares te podías llevar un poco de la tierra del jardín.

* * *

CATORCE AÑOS DESPUÉS de mi primera visita iba a regresar a Sudáfrica para cubrir la copa mundial de futbol. Pero antes tuve la suerte de encontrarme en Miami con el arzobispo Desmond Tutu.

Tutu fue obispo de Lesotho y de Johannesburgo, y arzobispo de Cape Town. (Ahora ya está retirado). Junto con Mandela fue una de las voces más firmes y temerarias en contra del apartheid. De hecho, estuvo a favor de un boicot en contra de su propio país cuando el expresidente estadounidense Ronald Reagan proponía su política de «contactos constructivos» (o *constructive engagement*) con el gobierno racista de Sudáfrica. Al menos, dijo Tutu justificando su decisión, sufriremos con un propósito.

«Si eres neutral respecto a la injusticia —dijo alguna vez Tutu—, estás escogiendo el lado del opresor. Si un elefante tiene su pata en la cola de un ratón y tú dices que eres neutral, el ratón no va a apreciar tu neutralidad».

Tutu recibió el premio Nobel de la paz en 1984 por su feroz lucha contra el racismo institucional en su país. Nelson Mandela, entendiendo su valor, se refirió así a Tutu: «Algunas veces es estridente, otros tierno, nunca tiene miedo y pocas veces olvida el humor».

Eso, el humor. Mi primer impresión de Desmond Tutu fue que siempre se estaba riendo. Era difícil esperar eso de un hombre que había visto tanto sufrimiento.

Hablé con Tutu unas semanas antes de que comenzara el mundial en Sudáfrica en el verano de 2010. México y Sudáfrica se enfrentarían en el partido inaugural de la copa mundial y, por supuesto, le haría una pregunta sobre futbol. Pero quería comenzar con otra cosa.

«¿Qué pueden aprender los inmigrantes latinos que luchan contra la discriminación en Estados Unidos de la lucha por los derechos humanos que se dio en Sudáfrica?», le pregunté. «Una muy importante es saber que vas a ganar —me dijo, en mi primera lección—. La injusticia no puede continuar para siempre. Cuando la gente es injusta y trata a los demás de una forma injusta, también sufre. Y más tarde descubrimos que es mucho mejor si nos aceptamos unos a otros como miembros de una familia».

Esa confianza de que ellos iban a ganar en su lucha contra el *apartheid* permitió, eventualmente, el fin de la dominación de la minoría blanca y la transformación de Sudáfrica en una nación con once idiomas oficiales. «Es una forma de celebrar nuestra diversidad —observó—. Por eso decimos que somos una nación arcoíris».

Sudáfrica, cierto, ya no tenía apartheid pero la discriminación y las señales de rechazo a la mayoría negra seguían presentes.

Eso toma tiempo, me dijo. Y luego me dio la segunda lección. «¿Recuerdas que [el líder de los derechos civiles en Estados Unidos] Martin Luther King decía que no se podía legislar para que la gente se amara pero que era importante legislar para que no hubiera linchamientos? Uno espera que la gente entienda que es mejor vivir en armonía que como enemigos».

A Tutu le gustaba hablar de «uvuntu». «¿Qué es eso?», pregunté. «Uvuntu es la esencia del ser humano —me explicó—. Yo soy una persona porque tú eres una persona». Mandela fue el líder político quien puso en práctica el concepto de «uvuntu» al proponer la reconciliación de todos los grupos étnicos del país.

«¿Qué deben aprender otros líderes de Nelson Mandela?», le pregunté a Tutu. «Creo que es un don que dios te da el que puedas ser un líder —me dijo Tutu en su tercera lección—. Y el gran regalo es recordar que tú eres un líder por el bien de aquellos que lideras. Tú no eres un líder para engrandecerte o enriquecerte. Tu estás ahí por el bien de los que dicen que tú eres nuestro líder».
Estábamos llegando al final de la entrevista y Tutu me había hecho sentir muy a gusto y sin el estrés típico de cualquier entrevista con alguien sabio y poderoso. Por eso me atreví a hacerle la pregunta más difícil.

«¿Qué equipo ganará el partido inicial en el mundial: México o

Sudáfrica? Soy de México», le empecé a decir y, de pronto, me interrumpió. «Mala suerte», me dijo y se echó a reír.

Las risas de Tutu retumbaron en las paredes del cuarto. No pudimos conversar más. Le di la mano, él la tomó entre las suyas, me vio a los ojos y me dijo: «Que dios te bendiga». Y siguió riendo. (México y Sudáfrica empataron a un gol).

LAS TRES LECCIONES DE DESMOND TUTU

La primera lección es fundamental: saber que vas a ganar. Tutu está convencido de que la injusticia no puede ser algo permanente. Esta convicción de que la justicia se puede alcanzar permitió a Mandela sobrevivir durante veintisiete años en la cárcel y, luego, salir a gobernar Sudáfrica. Este mismo principio se puede aplicar tanto a las dictaduras y gobiernos dictatoriales como a la situación de los inmigrantes en Estados Unidos y Europa.

La segunda lección es que, en la lucha por mayor justicia, hay que ser prácticos. Me recordó la frase de Martin Luther King de que es imposible pedirle a la gente que se ame. Pero sí es posible, deseable y necesario aprobar leyes que eviten los linchamientos y la violencia. Tarde o temprano, me aseguró Tutu, la gente preferirá vivir en armonía que en constantes peleas.

La tercera y última lección es que lo líderes nunca deben buscar el poder para conseguir sus objetivos personales. Deben hacerlo, siempre, para mejorar la vida de los otros. Así fue la vida de Mandela y así ha sido la de Tutu.

A nivel personal quedé impresionado de ver cómo un hombre que ha visto tanta violencia y rechazo en su vida puede mantener el optimismo, la esperanza y el sentido del humor. Sí, un día yo quisiera aprender a reír como Desmond Tutu.

VEINTE

El primer paso es perder el miedo: Los Dreamers

«Cuando yo empecé éramos un grupo de cinco. Nunca pensé que seríamos miles». —CRISTINA JIMENEZ

«Era la primera vez que hacíamos algo así. Pero ya no íbamos a tener más miedo». —GABY PACHECO

«Mi papá me había enseñado desde niña la firmeza de pensamiento. Tienes que ser coherente y tienes que avanzar». —LORELLA PRAELI

«Me gusta enfrentarlos con el dilema moral y que me digan cosas que no dirían en público... El primer paso siempre es perder el miedo». —ERIKA ANDIOLA

LOS DREAMERS SON mis héroes. O, más bien, mis heroínas. La mayoría de los líderes de este movimiento de estudiantes indocumentados en Estados Unidos son mujeres, valientes mujeres, jóvenes y sin miedo.

Bueno, no es que no tengan miedo sino que aprendieron a vencerlo.

Quienes más tenían que perder, lo arriesgaron todo —su familia, sus estudios, el lugar donde vivían, sus amigos, su país— y se pusieron

265

a pelear por otros como ellos. No fue fácil. Pero hasta el momento, van ganando.

No hay nada más difícil en Estados Unidos que ser un inmigrante indocumentado. Casi no tienes derechos, vives perseguido, escondido, con el riesgo constante de ser detenido, deportado y separado de tu familia, muchos políticos dicen que eres un «criminal» solo por haber entrado ilegalmente al país, y si la policía te mata, casi nunca pasa nada. Nada.

Desde la amnistía otorgada a más de tres millones de inmigrantes indocumentados por el presidente Republicano Ronald Reagan, en 1986, no ha habido otra ley que regularice la situación de los once millones de inmigrantes indocumentados que hay actualmente en Estados Unidos. A pesar de las conversaciones sobre un acuerdo migratorio entre México y Estados Unidos a principios de este siglo, los actos terroristas del 11 de septiembre de 2001 lo detuvieron todo. Todo.

El clima antiinmigrante que surgió tras la muerte de casi tres mil estadounidenses en las Torres Gemelas de Nueva York, en el Pentágono en Washington y en Pensilvania se vio reflejado en una serie de leyes punitivas contra los extranjeros en varios estados. Eso significó, en la práctica, que muchos inmigrantes no pudieran conseguir licencias de manejar, que la policía actuara como si fuera agente del servicio de inmigración y que los estudiantes no pudieran continuar sus estudios en la universidad.

La frustración era enorme. Imagínate a un joven cuyos padres lo trajeron ilegalmente a Estados Unidos cuando era bebé o muy pequeño, que habla más inglés que español, que se siente estadounidense y que, de pronto, le dicen que no puede ir a la universidad por no tener papeles. Como si eso fuera poco, por primera vez en su vida se da cuenta de que él o ella corren el riesgo de ser deportados a un país que ni siquiera conocen.

Ese es el dilema de los Dreamers.

Y es un problema grande. Estamos hablando de más de cuatro millones de jóvenes, menores de treinta años de edad, que estaban como indocumentados en Estados Unidos en 2012, según el centro de investigaciones Pew.

A los adultos indocumentados los podían culpar por haber venido voluntariamente a Estados Unidos a pesar de no tener un permiso o una visa para hacerlo. Pero no a sus hijos. Ellos eran demasiado pequeños cuando llegaron aquí. Ellos no tenían la culpa de estar aquí.

Por muchas décadas, desde la época de los líderes campesinos Cesar Chávez y Dolores Huerta, le había correspondido a los adultos latinos pelear por sus hijos. Esto era parte de una larga tradición histórica. Luego, conforme fue aumentando el número de hispanos en el Congreso de Estados Unidos, fueron los políticos quienes tomaron las posiciones de liderazgo dentro de la comunidad latina. Pero nunca antes se había visto que niños y jóvenes latinos rompieran con los líderes tradicionales, cuestionaran sus estrategias y se lanzaran a luchar con sus propios métodos por ellos mismos.

Fue un cambio de guardia. Los políticos tradicionales fuera, los Dreamers dentro.

Los Dreamers son unos rebeldes. No esperaron a ser adultos para pelear. No obedecieron a sus mayores. No escucharon las lecciones de paciencia y resignación. Y cuestionaron todo lo que los líderes latinos habían hecho antes. ¿Por qué? Por la sencilla razón de que esos líderes y esos métodos no habían dado ningún resultado —ninguno— para legalizarlos a ellos y a sus padres.

Había que tratar algo nuevo.

Cuando Gaby Pacheco, Carlos Roa, Juan Rodríguez y Felipe Matos decidieron caminar desde Miami hasta Washington para denunciar la situación de los estudiantes indocumentados, muchos creyeron que estaban cometiendo un grave error. Tres de los cuatro fueron traídos muy pequeños por sus padres a Estados Unidos y, por lo tanto, corrían el riesgo de ser deportados.

«Era la primera vez que hacíamos algo así —me dijo Gaby—. Pero ya no íbamos a tener más miedo».

Salieron el primero de enero de 2010 desde la llamada Torre de la Libertad en el centro de Miami y se prepararon para lo peor. «Nos preparamos para tres cosas: ser arrestados, ser deportados y hasta ser agredidos. Estudiamos el movimiento de los derechos civiles y las marchas (del líder campesino) César Chávez. Lo importante era reaccionar sin violencia».

Para su sorpresa y la de muchos otros, las autoridades migratorias dejaron llegar al grupo a Washington el primero de mayo. No pudieron ver al presidente Barack Obama, como pretendían, pero llamaron la atención del país ante un problema que afectaba a millones de estudiantes como ellos. Decenas de miles los empezaron a seguir en las redes sociales.

María Gabriela Pacheco nació en Guayaquil, Ecuador, y cuando tenía ocho años de edad sus padres la trajeron ilegalmente a Estados Unidos. «Cuando yo era chiquita, era la más parecida a mi papá. Tenía los factores indígenas, yo era la cholita», recordó.

Pero también recuerda una frase —«guayaquileño, madera de guerrero, con sangre huancavelica»— que le decía su padre y que fue muy importante para ella durante la marcha de 1500 millas a Washington. «Eso significaba para mí que yo podía hacer lo que quisiera —me contó— y que en mí tenía la sangre de muchos guerreros».

Necesitó ese espíritu de guerrera en 2001 para hablar en público por primera vez sobre su estatus migratorio. En 2005 se convirtió en líder estudiantil y empezó a defender a otros inmigrantes como ella. Pero las consecuencias se sintieron un año después.

Gaby no sabe exactamente quién la denunció al servicio de inmigración —ICE— pero en 2006 once agentes realizaron una redada en su casa de Miami, arrestando a sus dos hermanas y a sus papás. Ella estaba también en la casa, pero evitó ser detenida.

Esto, pensó, va a continuar. La próxima vez los podrían deportar a todos. Gaby, entonces, tuvo dos opciones: esconderse o rebelarse. Escogió rebelarse y luchar.

Como directora política de la organización United We Dream, su objetivo fue la aprobación en el congreso del Dream Act (que legalizaría a millones de estudiantes indocumentados como ella). Lograron llevarla a votación en el pleno del Senado en diciembre de 2010. Pero no consiguieron los votos necesarios.

Gaby estaba enojada y frustrada. Y así se lo hizo saber al líder del Senado, el Demócrata Harry Reid. «No es suficiente lo que hicieron —le dijo Gaby a Reid—. El presidente Obama puede parar las deportaciones y crear un programa de acción diferida [DACA] para nosotros».

Y luego, viendo directamente a Reid, le dijo: «A usted lo hacemos responsable». Gaby recuerda que Reid la hizo a un lado y se fue. «Lo reté», me dijo. El momento es excepcional: el líder del Senado de Estados Unidos estaba siendo retado y cuestionado por una estudiante indocumentada de apenas la tercera parte de su edad.

¿Cómo lo hizo? «Nunca he entendido por qué soy así pero me da adrenalina —me contó Gaby, quien ahora es directora del programa TheDream.US—. Al ver a la gente en el poder como un igual, pierdo el miedo y les hablo como otros seres humanos».

LA VÍA LEGISLATIVA había fracasado a finales de 2010. En el Senado, dominado por los Demócratas, no había los votos necesarios para el Dream Act y en la Cámara de Representantes, dominada por los Republicanos, no había ni siquiera la intención de debatirlo. Los Republicanos iban a bloquear cualquier esfuerzo para legalizar indocumentados, independientemente de su edad. Había que probar otra estrategia.

Obama. La nueva estrategia fue presionar al presidente Barack

Obama para que, sin el Congreso, detuviera las deportaciones y diera permisos de trabajo a millones de indocumentados. Pero había un serio problema: el propio presidente Obama.

En varias entrevistas y discursos, Obama había dicho que no tenía la autoridad constitucional para detener las deportaciones de un grupo en particular y que tenía que cumplir la ley. Pero los Dreamers —con el apoyo de varios abogados y organizaciones latinas— estaban convencidos de que el presidente, quien estudió leyes en la universidad de Harvard, estaba equivocado.

Lorella Praeli es una de las inmigrantes que obligó a Obama a cambiar de opinión. Lorella llegó a Estados Unidos en 1999 proveniente de Perú. Tenía solo diez años de edad. La trajeron para buscar un tratamiento médico que le permitiera caminar mejor.

Cuando Lorella tenía dos años de edad, un auto la empujó contra una pared y, como consecuencia, le tuvieron que amputar la pierna derecha. Además de consultar con otros doctores, sus padres esperaban que en Estados Unidos su hija no fuera definida por ese accidente. Tuvieron razón.

«Cuando yo me caía —me contó Lorella—, mi papá no me levantaba y no dejaba que nadie me levantara». La quería enseñar a valerse por sí misma. Pero la lección fue mucho más allá de las terapias físicas. «Mi papá me había enseñado desde niña la firmeza de pensamiento —recordó—. Tienes que ser coherente y tienes que avanzar».

Eso es exactamente lo que hicieron Lorella y un grupo de United We Dream cuando se reunieron en 2012 con las dos principales asesoras del presidente Obama para asuntos migratorios: Valerie Jarrett y Cecilia Muñoz. La reunión, curiosamente, se realizó en una iglesia de Washington, D.C. debido a que los indocumentados, en ese entonces, no podían entrar a la Casa Blanca.

Jarrett y Muñoz fueron muy claras. Los abogados de la Casa Blanca les habían dicho que el presidente no tenía la autoridad para suspender las deportaciones y darle una «acción diferida» (DACA o Deferred

Action for Childhood Arrivals) a los estudiantes indocumentados. Pero Lorella les dijo que estaban equivocados. «Es una decisión política—les aseguró y luego vino una advertencia—: Nos vamos a encargar de que la comunidad latina sepa la verdad».

El siguiente paso fue ejemplar. En lugar de discutir interminablemente, los Dreamers lograron reunir a sus abogados con los abogados de la Casa Blanca. Después de esa reunión quedó claro que Obama, a pesar de sus negativas anteriores, sí podía hacer algo por los Dreamers.

El 15 de junio de 2012, en una ceremonia en el jardín de las rosas en la Casa Blanca, el presidente Obama anunció la implementación del programa de acción afirmativa que podría ayudar 1.7 millones de estudiantes indocumentados, según el Pew Research Center.

La firmeza de pensamiento de Lorella había dado resultado.

Los Dreamers ya habían conseguido algo muy importante. Pero querían más, mucho más. Ellos ya podían trabajar y, en la mayoría de los estados, hasta conseguir licencias de manejar. Tampoco serían deportados. Pero sus padres sí corrían ese riesgo todos los días.

Después de dar el DACA a los Dreamers, la Casa Blanca se concentró en buscar una reforma migratoria en el Congreso de Estados Unidos. Iba a ser una dura batalla. El Senado aparentemente tenía los votos necesarios, incluyendo a varios Republicanos. Pero en la Cámara de Representantes la resistencia era enorme.

Todo eso sonaba muy bien para Cristina Jimenez, directora de United We Dream, la principal y más extensa organización de jóvenes indocumentados en Estados Unidos. Pero antes había que parar las deportaciones. Barack Obama estaba deportando a unos 400 000 indocumentados por año, más que cualquier otro presidente de Estados Unidos. La intención de Obama era demostrar que sí estaba cumpliendo las leyes migratorias y así presionar a los Republicanos para conseguir una reforma.

Sin embargo, el resultado a corto plazo eran miles de familias destruidas. La de Cristina podría ser la siguiente.

Cristina llegó a Estados Unidos proveniente de Ecuador cuando tenía apenas trece años de edad. «Crecí como indocumentada en Nueva York, queriendo ir a la universidad—me contó—. Recuerdo tener catorce años de edad e ir con mi papá a la lavandería de autos (el *car wash*) donde trabajaba. Me tocaba traducirle a mi papá con su jefe para que les pagaran. Esas experiencias tuvieron un impacto profundo en mí».

El padre de Cristina había sido sindicalista en Quito y ella quería ser abogada. A pesar de sus buenas calificaciones, una consejera escolar en *high school* le dio una de las peores noticias de su vida. «No puedes ir a la universidad», le dijo.

El golpe fue durísimo. «Yo había oído que este era el país de las oportunidades», recordó. Y ese rechazo «no era lo que yo había aprendido de este país. Y de repente me encuentro con esta contradicción y ahora todas las puertas están cerradas frente a mí».

Pero Cristina no se cruzó de brazos. A los dieciocho años empezó a organizar protestas con otros estudiantes en Nueva York. «Cuando yo empecé éramos un grupo de cinco. Nunca pensé que seríamos miles y obtener resultados como el DACA».

En 2013 hubo un cambio de política que permite, finalmente, que estudiantes indocumentados entren a la Casa Blanca. Cristina estuvo en ese primer grupo.

El presidente necesitaba el apoyo de los Dreamers para presionar a los Republicanos por una reforma migratoria. Los Dreamers dijeron que sí. Pero Cristina quería algo del presidente.

«Necesitamos que usted haga algo para detener las deportaciones—le dijo—. Las deportaciones van a seguir siendo un punto importante para nosotros. El dolor de las deportaciones es diario».

Si no iba a haber una reforma migratoria, Cristina quería que el presidente actuara con una acción ejecutiva para detener las deportaciones, incluyendo la de su padre.

El presidente estaba oyendo a Cristina. Al año siguiente—el 20 de noviembre de 2014— Obama anunció una orden ejecutiva para detener las deportaciones de más de cuatro millones de personas.

Cristina no pudo estudiar leyes. Pero sí terminó su carrera en ciencias políticas. Nunca aceptó el «no» que escuchó cuando quería ir a la universidad. Y en el camino cambió muchas vidas. «Hemos transformado a mucha gente, jóvenes y familias; gente que no se sentía respetada y que no se atrevía a hablar por sí misma—me dijo—. Hemos podido cambiar ese sentimiento de estar aislado y sin poder».

Los Dreamers no son congresistas ni diplomáticos. No les interesa caer bien. Lo que quieren son resultados. Si algo no les gusta, te lo dicen en tu cara. Si tienen un mensaje, te lo llevan en persona. Y si tienen miedo, se lo aguantan.

Los Dreamers empezaron a hacer cosas que nadie más se atrevía a hacer. No solo marchaban y protestaban, al igual que lo hicieron organizaciones campesinas hace décadas, sino que adaptaron su estrategia a las nuevas tecnologías del siglo XXI.

Pronto se dieron cuenta de que ya no necesitaban de la televisión y de los medios de comunicación tradicionales para dar a conocer su mensaje. Las redes sociales multiplicaban por millones sus videos y sus protestas. Pero luego decidieron hacer algo aún más radical.

Hicieron listas de las personas a quienes querían criticar por su falta de apoyo a una reforma migratoria, las iban a buscar y, cuando menos lo esperaban, les soltaban una pregunta. Todo, por supuesto, quedaba grabado en un teléfono celular y pronto estaría dando vueltas en la internet.

Así terminaron sentados en las oficinas de varios congresistas y senadores en Washington. Y no se iban hasta que los escucharan. El líder de la mayoría en la Cámara de Representantes, John Boehner, tuvo que enfrentar a una joven indocumentada mientras comía su desayuno en una cafetería de Washington. Y uno de los congresistas

Republicanos que más ha atacado a los inmigrantes indocumentados, Steve King, se las vio en Iowa con Erika Andiola, codirectora del Dream Action Coalition en Arizona.

Erika llegó a los once años de edad a Mesa, Arizona, junto con su madre y dos hermanos. Otros dos hermanos mayores habían llegado antes. Todos venían de Durango, México, donde su madre sufría de violencia doméstica, según me contó. «Ella es una mujer muy valiente—me dijo—. Dejó a mi papá y se vino sola, cuidando a cinco hijos. Fue un acto de valor».

Para Erika, su madre fue el ejemplo a seguir. «Le atribuyo mucho a ella mi forma de ser y de actuar—me contó—. Siempre cuestionaba mucho todo, preguntaba por todo». De ella aprendió su primera lección en rebeldía.

«El primer paso siempre es perder el miedo—me dijo—. Aceptar que estamos en este país no nos debe avergonzar».

Así, perdiendo el miedo—«yo estaba bastante enojada»— se le acercó al congresista Steve King en 2014 (quien se opuso al programa DACA otorgado por el presidente Obama) y lo confrontó. «Si usted no cree que debo estar aquí, rompa mi documento de DACA», le dijo Erika al congresista King, mientras le acercaba el papel. El congresista no se atrevió a tomar el documento—mucho menos a romperlo— y solo la felicitó por hablar el inglés tan bien. «Me gusta enfrentarlos con el dilema moral y que me digan cosas que no dirían en público».

Ese es el método de los Dreamers. Directo y en tu cara. Estoy seguro de que el congresista King, el líder Boehner y muchos otros nunca olvidarán sus encuentros con estos estudiantes.

La vida ha mejorado un poco para Erika. El permiso de DACA la protege temporalmente de una deportación. Sin embargo, en Arizona no puede obtener una licencia de conducir. Ella quisiera estudiar leyes y ser una joven normal. Pero no puede. Hay que seguir luchando.

«Me enorgullece darle poder a otros muchachos—reflexionó—, y enseñarles a perder el miedo».

LA LECCIÓN DE LOS DREAMERS

Los Dreamers, como todos los indocumentados en Estados Unidos, se han vuelto expertos en el arte de sobrevivir. Hay veces en la vida en que lo único importante es no morir. En el caso de los indocumentados, la prioridad es no ser deportados. Punto. Existe la esperanza de que, tarde o temprano, Estados Unidos vaya a hacer lo que siempre ha hecho y los proteja. Mientras tanto, hay que sobrevivir.

Algunas veces esto significa quedarse en silencio. Otras, esconderse. Y en muchas ocasiones hay que posponer los sueños. Esta es la realidad de once millones de personas en Estados Unidos.

Pero los Dreamers pasaron de la defensiva a la ofensiva. Sus padres se escondieron, ellos no. Sus mayores vivieron en las sombras, ellos buscaron la atención de los medios de comunicación. Sus líderes pidieron prudencia y negociación, ellos exigieron respeto y soluciones concretas. Los que los precedieron estaban dispuestos a esperar, ellos lo quieren todo ahora mismo. Los adultos les pidieron seguir las reglas del juego, ellos las rechazaron e impusieron las suyas. Los congresistas hispanos sugirieron seguir el proceso legislativo para conseguir una reforma migratoria, los Dreamers se dieron cuenta de que eso no llevaba a nada y le pidieron al presidente que los protegiera.

Una de las cosas más difíciles para cualquier inmigrante es decir públicamente que es indocumentado. Va en contra de todo lo que aprendió de niño. Pero los Dreamers han ganado fuerza de esa declaración pública. Han decidido no esconderse más, como sí lo hicieron sus padres y mayores. No les avergüenza decir que son indocumentados.

Por eso, para ellos, el primer paso es perder el miedo. El primer paso de todo rebelde es reconocerse a sí mismo y saber por qué está luchando.

VEINTIUNO

Lecciones finales:
Lo que aprendí de mis
entrevistas en treinta años

¿Qué tienen en común todos los hombres y mujeres que aparecen en este libro? Que se rebelaron contra algo: un país, un presidente, un sistema, una tradición, un mito, una injusticia e incluso una idea estúpida. O que ejercieron el poder, con fuerza y, nos guste o no, marcaron la historia.

Estas son algunas de las frases e intercambios de preguntas y respuestas con las que me quedo tras mis entrevistas:

«Hay mucha gente que cree que el latino no tiene la capacidad de hacer las cosas bien [...] No me dejé discriminar [...] Tengo un carácter fuerte. A mí, you don't push me around. No me permito que la gente piense que no tengo valor. Y cuando uno tiene valor, hay mucha gente que piensa que es una cosa mala si eres mujer, porque las mujeres no deben decir mucho o quejarse mucho o demandar mucho».

—Sonia Sotomayor, jueza de la Corte Suprema de Justicia.

———————

«El primer paso siempre es perder el miedo. Aceptar que estamos en este país no nos debe avergonzar».

> —ERIKA ANDIOLA, codirectora del Dream Action Coalition en Arizona, sobre la actitud de muchos Dreamers como ella.

———————

«Guayaquileño, madera de guerrero, con sangre huancavelica... Eso significaba para mí que yo podía hacer lo que quisiera y que en mí tenía la sangre de muchos guerreros».

> —GABY PACHECO, una Dreamer, directora de TheDream.US recuerda la frase que le decía su padre, y que fue muy importante para su marcha de 1500 millas de Miami a Washington:

———————

«Cuando yo me caía, mi papá no me levantaba y no dejaba que nadie me levantara. Mi papá me había enseñado desde niña la firmeza de pensamiento. Tienes que ser coherente y tienes que avanzar».

> —LORELLA PRAELI, Dreamer, quien perdió una pierna por un accidente cuando era niña, al acordarse de esta experiencia con su padre.

———————

«Hemos transformado a mucha gente, jóvenes y familias; gente que no se sentía respetada y que no se atrevía a hablar por sí misma. Hemos podido cambiar ese sentimiento de estar aislado y sin poder».

> —CRISTINA JIMÉNEZ, Dreamer, directora de United We Dream, no pudo estudiar leyes pero terminó su carrera en ciencias políticas y, en el camino, cambió las vidas de muchos otros Dreamers como ella.

————————

—*No importa quién seas, si eres afroamericano en este país, sabes de lo que se trata.*

—*¿De qué se trata?*

—*El asunto es que eres negro.*

—*¿Qué significa eso para ti?*

—*Bueno, eso significa que eres negro. Y la gente que se mete en problemas es la que olvida que es negra. No puedes pensar: bueno, tengo éxito, he llegado a otro nivel y vivo en una sociedad, ¿cuál es el término?*

—*Postracial*

—*Sí, es* bullshit *creer que porque tenemos un presidente afroamericano la raza no importa. Hay veces, incluso para mí, en que es difícil conseguir un taxi en Nueva York.*

—*¿Para ti?*

—*Sí.*

—*¿Te sientes constantemente discriminado?*

—*Estás conciente de eso todo el tiempo. No me estoy quejando. Es algo con lo que creces.*

—*Hablabas de una sociedad postracial. ¿Estás diciendo que no existe?*

—*Mira, no puedo predecir el futuro. Pero hay mucha gente que creyó que cuando el presidente [Obama] puso la mano sobre la biblia de Abraham Lincoln y tomó posesión, así, como por arte de magia, ya vivíamos en un mundo postrracial».*

—**SPIKE LEE**, cineasta.

————————

«*Hago mucha tarea. Creo que es muy importante. Algunas veces yo sé más de la persona que lo que ellos mismos saben».*

—**BARBARA WALTERS**, periodista, hablando sobre su «secreto» para hacer entrevistas.

————————

—Me levanto todos los días pensando que me voy a comportar como una ciudadana libre [...]
    —¿Puedes cambiar Cuba?
    —Yo sola no, pero somos multitud.

    —YOANI SÁNCHEZ, periodista, disidente cubana, bloguera.

————————

«Todas mis huelgas son al extremo. Conmigo no hay puntos medios. Yo asumo la huelga cuando el gobierno hace actos inhumanos. Es ahí cuando yo tomo medidas autodestructivas que pongan al gobierno contra la pared».

    —GUILLERMO FARIÑAS, disidente cubano.

————————

«Mire, temo por mi vida porque me pueden meter un balazo, me puede partir un rayo, me puede pasar uno de los carros—de esos de la seguridad que me persigue cuando voy en la calle en la bicicleta—. La vida y la muerte es parte de la existencia, vivimos y morimos en las manos de Dios. Y yo voy a regresar a Cuba para vivir o morir en las manos de Dios».

    —OSWALDO PAYÁ, disidente cubano quien murió en 2012 en un misterioso «accidente» automovilístico, según el gobierno cubano.

————————

—Estoy absolutamente convencida que no fue un accidente. Es una mentira total.
    —¿Lo mandaron matar?
    —Claro. Mandaron matar a Oswaldo Payá.
    —¿Quién lo mandó matar?
    —La seguridad del estado había amenazado durante muchí-

simos años a Osvaldo de muerte. Habían aflojado en varias oca-
siones las tuercas de la rueda del auto donde viajábamos. Muchas
veces nos dimos cuenta.

—¿Usted cree que Raúl Castro y Fidel Castro están detrás del
asesinato de [su esposo]?

—Mira, Cuba es un régimen totalitario donde el gobierno, la
cúpula del poder, decide cada minuto de la vida de los ciudadanos.
Nadie en Cuba se atreve a hacer eso, a hacer semejante barbari-
dad, si no tuviera el apoyo de los más altos niveles del gobierno
cubano.

—Ofelia Acevedo de Payá, esposa de Osvaldo Payá.

«Hoy quienes gobiernan Venezuela, han convertido al estado vene-
zolano en un estado delincuente, en un estado que se maneja alre-
dedor de negocios turbios, de corrupción, incluso de vinculación
con el narcotráfico».

—Leopoldo López, líder opositor en Venezuela, arrestado el 18
de febrero de 2014.

«Leopoldo es un preso de conciencia. Leopoldo está preso por sus
ideas, por sus palabras, por querer una mejor Venezuela. Entonces,
¿qué vamos a hacer? Denunciar. No vamos a parar de denunciar
[...] Yo me casé con Leopoldo y me casé con su compromiso de una
mejor Venezuela. No voy a parar. No voy a parar».

—Lilian Tintori, lideresa opositora en Venezuela, esposa de
Leopoldo López.

«Soy un sobreviviente. He sobrevivido más de una docena de
atentados. Soy sobreviviente por milagro. ¿Por qué no voy a seguir

interviniendo en la política de mi patria sin ambición personal? Mientras Dios me dé energía, claro que tengo que participar».

—ÁLVARO URIBE, expresidente de Colombia.

«Yo llevaba seis años, cinco meses, en que todos los días me dolía algo, todos los días físicamente estaba siendo picada por algún bicho, me rascaba en algún sitio, me dolía alguna parte de mi cuerpo; [es] ese horror de horrores, esa presencia hostil, de arbitrariedades, de crueldad diaria, de refinamiento de la maldad». (Dos semanas después de la liberación de su secuestro).

«Sí, me sigue sorprendiendo [la libertad]. Todos los días me sorprende y creo que no soy la única... Estamos todos como viviendo esa sensación de que es un sueño, pero es un sueño hermoso y a dios gracias es una realidad». (Seis meses después de haber sido liberada del secuestro).

—INGRID BETANCOURT, escritora, lideresa política colombiana, secuestrada por las guerrillas de las FARC.

—*¿Cuánto dinero tiene?»*

—Ciertamente no importa si estamos hablando de consumo personal. Pero si consideramos que ese dinero se usa para los que más lo necesitan, para inventar nuevas vacunas, nuevas semillas, para ayudar en la educación, entonces sí es importante. Estamos muy emocionados con esto. Y por eso queremos poner no solo nuestro dinero sino también nuestro tiempo y nuestro trabajo».

—BILL GATES, fundador de Microsoft.

«*Si tienes la fortuna de ser exitoso, el éxito puede venir con dinero y algunas veces es demasiado dinero para una sola familia. Por eso es muy importante que uses tu dinero para abordar los asuntos que pueden lograr un cambio en el mundo*».

—RICHARD BRANSON, fundador del Virgin Group.

«*Lo que más me gusta es cuando voy en el auto con mi hijo de diez años de edad y le dice a sus amigos: "Papi, ese es tuyo. Papi, ese es tuyo". Y te das cuenta el gran orgullo que siente. Antes [en Miami] solo teníamos un montón de edificios. Ahora todo tiene un sentido, hay un plan: centros comerciales, oficinas, cultura. Por fin ya no estamos hablando de una gran ciudad sino que estamos haciendo una gran ciudad*».

—JORGE PÉREZ, empresario de bienes raíces, creador del Related Group.

«*No puedo garantizar que lo voy a hacer en los primeros 100 días. Pero lo que sí puedo garantizar es que tendremos en el primer año una propuesta migratoria que yo pueda apoyar, que yo pueda promover, y que quiero hacerlo lo más rápido posible*».

—El candidato presidencial, BARACK OBAMA, el 28 de mayo de 2008 en una escuela de Denver, Colorado.

—*¿Por qué no se sienta con Sadam Husein a negociar una solución?*
  —*Se puede argumentar eso. Pero hay que ver toda la gente que lo ha intentado sin éxito. Él quiere presentar este conflicto como si*

fuera Irak contra Estados Unidos. Pero no lo es. Es Irak en contra del mundo.

—**George Herbert Bush**, presidente de Estados Unidos, el 20 de noviembre de 1990.

———————

—*¿Cree usted que ganó las elecciones presidenciales [de 2000] gracias al voto de los cubanoamericanos en la Florida?*

—*Sí. Creo que ellos tuvieron mucho que ver con mi triunfo. Estoy muy orgulloso y agradecido por su apoyo y, por eso, nunca voy a olvidarlos.*

—**George W. Bush**, presidente de Estados Unidos, el 16 de febrero del 2001

———————

«[El marxismo] es demasiado nuevo para ser pieza de museo, mientras que el capitalismo tiene tres mil años».

—**Fidel Castro**, dictador de Cuba, en 1991.

———————

—*Yo no soy un dictador.*

—*¿Usted está dispuesto a entregar el poder después de cinco años?*

—*Claro que estoy dispuesto a entregarlo [...] Yo he dicho que incluso antes [...] Si, por ejemplo, a los dos años resulta que soy un fiasco (un fracaso, o cometo un delito o un hecho de corrupción, o algo que justifique mi salida del poder [...]), yo estaría dispuesto a hacerlo.*

—**Hugo Chávez**, gobernante de Venezuela, un día antes de su elección en diciembre de 1998 (se quedó en el poder catorce años hasta su muerte en marzo de 2013).

———————

—*¿Por que no se quita ya la máscara? ¿Por qué no se la quita ahora, aquí mismo?*

—Porque se ha constituido en un símbolo; en la posibilidad de que los seres que hasta ahora estaban sin nombre, sin rostro, gente que no es importante, el común, pueden tomar una actitud decidida frente a la vida y frente al medio en el que están.

—¿Y hasta cuándo se va a quitar la máscara? [...]

—[...] Cuando podamos transformarnos en una fuerza política civil y pacífica, tanto las armas como los pasamontañas van a tener que desaparecer.

—SUBCOMANDANTE MARCOS, líder guerrillero en Chiapas, México.

———————

—¿Cuánto dinero tiene usted?

—Vamos, no tengo la cifra exacta de cuánto tengo en el banco. Pero declaré cuánto tengo en el banco y cuáles son mis propiedades.

—Desde 1990 usted solo ha tenido puestos públicos. Si yo le sumo sus salarios desde 1990 a 2009 ¿yo me voy a encontrar con lo que usted tiene en el banco?

—Sí.

—O sea, usted no es millonario.

—No, no lo soy.

—ENRIQUE PEÑA NIETO, presidente de México, en 2009 (tres años antes de su elección).

———————

—¿Usted es el villano favorito?

—Claro, ¿y por qué? Porque escondieron sus incompetencias para culpar a otros.

—La sugerencia es que usted y su familia se enriquecieron [durante su presidencia].

—Pero los hechos, finalmente, lo que están demostrando es que multitud de acusaciones y señalamientos fueron fabricados.

—*Pero usted siempre ha tenido puestos públicos. Ese es el punto. ¿Cómo puede vivir como millonario?*

—*¿Y por qué me califica usted de esa manera sin tener una sola evidencia?*

—*No. Le pregunto.*

—*No es una pregunta. Casi en la pregunta hay una afirmación [...] Todo el mundo tiene derecho a su reputación. Y cuando hay un debate sobre [mi reputación], también tiene uno el derecho a participar en el debate. Yo estoy en el debate, en la batalla de las ideas, y es en la que me propongo permanecer.*

—Carlos Salinas de Gortari, expresidente de México.

———————

—*¿Cuánto pagó usted por su casa?*

—*Bueno, yo pagué un valor por la casa de acuerdo a lo que se pagaba en ese entonces.*

—*¿Cuánto?*

—*Bueno, la verdad es que no tengo el dato exacto.*

—*Pero más o menos.*

—*Fue muy poco, pues, fue muy poco.*

—*¿30 000 dólares? ¿10 000 dólares?*

—*Sí, fue una suma pequeña porque en ese tiempo todo esto estaba subvaluado... Para mí es muy sencillo salir de la casa. Pero sería una señal mala para miles de nicaragüenses, que se sentirían indefensos si yo hago eso.*

—*¿O sea que su casa es un símbolo?*

—*Es un símbolo. Yo me he aferrado, a fin de cuentas, a la casa más por razón de un símbolo.*

—Daniel Ortega, presidente de Nicaragua, hablando sobre la casa en que vive y que fue confiscada a Jaime Morales en 1979.

«¿Usted pregunta si queremos la paz? Déjeme decirle algo. Yo he ido a guerras. Me hirieron en una operación para rescatar a civiles de un avión secuestrado por terroristas. Casi me ahogo en el canal de Suez en un conflicto con Egipto. Nadie quiere más la paz que Israel. Conocemos el horror de la guerra. Sabemos lo que se siente al perder un ser querido. Yo perdí a un hermano. Nadie quiere más la paz que nosotros, pero una paz que dure».

—Benjamín Netanyahu, primer ministro de Israel.

—Cuando comenzamos el proceso de paz en 1991 una de mis hijas dijo: «Les estoy prestando a mi mamá para el proceso de paz para que ella pueda regresar a casa, pasar más tiempo con nosotros y tener un futuro en paz».

—Eso fue hace veinticinco años.

—Ya pasaron veinticinco años. Hemos perdido muchas vidas y mucho territorio. Mis hijas ahora son madres también. A ellas les quitaron su identificación [israelí] y no pueden regresar a casa para vivir conmigo.

—¿Cree que sus hijas verán la paz algún día?

—Eso espero. La cosa es no darse por vencido. No nos vamos a rendir. La paz no es rendirse. Requiere valentía, requiere fuerza el seguir peleando por la paz a pesar de todos los pronósticos en tu contra.

— Hanan Ashrawi, lideresa palestina.

«Una [lección] muy importante es saber que vas a ganar. La injusticia no puede continuar para siempre. Cuando la gente es injusta y trata a los demás de una forma injusta, también sufre. Y más *tarde descubrimos que es mucho mejor si nos aceptamos unos a otros como miembros de una familia.»*

—DESMOND TUTU, Premio Nobel de la Paz.

Las entrevistas de televisión que aparecen en este libro las puedes ver en:

www.jorgeramos.com

AGRADECIMIENTOS

Este libro es de muchos, sobre todo, de los que aceptaron hablar conmigo. En toda entrevista—como en la guerra y el amor— se necesitan al menos dos. Gracias a todos los entrevistados que aceptaron sentarse conmigo para estos encuentros que, originalmente, salieron en televisión.

Después de la entrevista quizás algunos se arrepintieron de haber aceptado. Pero tienen todo mi agradecimiento por su tiempo, por su visión del mundo y por sus respuestas (aunque no siempre estuviéramos de acuerdo). De ustedes he aprendido muchísimo en mis tres décadas de carrera televisiva y son una de las razones por las que escogí esta profesión. Quería conversar con la gente que cambiaba el mundo y aquí están muchos de ellos.

Como habrán visto, este libro está dedicado a mi mamá, María de Lourdes Ávalos Blanco. Y pongo su nombre completo porque desde niña luchó muy duro para salir adelante y para ser como nadie más. Perdió a su madre a los quince años de edad y me tuvo apenas diez años después. Es la primera rebelde que conocí, en casa y en la escuela.

Les cuento uno de sus actos de rebeldía: de niña no le permitieron ir a la universidad—las niñas de su época y de su grupo se preparaban para casarse—, así que cuando yo fui a la universidad, ella también se inscribió. Era frecuente encontrármela en los pasillos de la Universidad Iberoamericana en la Ciudad de México. Esa es mi mamá. Hoy, a sus ochenta y tantos, sigue enseñándome en el arte de vivir.

Gracias a Chiqui por el tiempo que te robé. (Si es difícil coordinar varios trabajos, dos familias y una casa, imagínense el estrés que añade el ponerse a escribir un libro durante meses y llevar al límite casi todos los acuerdos para que funcione bien una relación). Gracias por los espacios que me diste para escribir y perdón por mis ausencias, sobre todo las mentales. Te amo. Fuiste la primera lectora de este libro—seguimos siendo cómplices—, y tus consejos y observaciones están todos aquí.

Nicolás y Paola, espero que a estas alturas de la vida entiendan que la mayoría de las cosas que hago es por ustedes. Lo que escribo es para que sepan más de mí y de esta maravillosa profesión de reportero. En este libro hay varias lecciones de rebeldía que he aprendido de ustedes. Ustedes son mis rebeldes favoritos. Cuando los veo rebelarse en casa, imponiendo sus decisiones y su personalidad, sé—en el fondo— que las cosas tienen que ser así, que ustedes están haciendo lo que yo hice a su edad y que su rebelión es necesaria para una vida sana e intensa. En este karma sí creo. Los quiero tanto.

Este libro es posible gracias a Univision y no exagero. Prácticamente todas las entrevistas que aparecen aquí salieron primero por televisión; sin el permiso y el apoyo de Univision este libro se hubiera quedado... en el aire. Univision ha sido mi casa fuera de casa; he pasado más tiempo en la cadena que el que viví junto a mis padres en México.

Gracias a Isaac Lee, Daniel Coronell y Randy Falco por el apoyo incondicional a mi trabajo como periodista en Univision y en Fusion. Ellos han permitido que tenga absoluta libertad de expresión—absoluta— en mi labor diaria. Además, no hay nada más rico que trabajar entre periodistas que entienden los dilemas morales a los que nos enfrentamos frecuentemente.

Isaac es un extraordinario jefe que casi siempre dice sí. Así, la responsabilidad cae en uno. Isaac, simultáneamente, te protege y te empuja a nuevos límites. Gracias, siempre, Isaac.

Gracias a Patsy Loris, Gabriela Tristán, Sabrina Zambrano y al extraordinario equipo con el que hago el programa *Al Punto*. Muchas de las entrevistas que aquí aparecen primero fueron pensadas, buscadas, producidas y editadas para *Al Punto*. Ese programa ha sido mi punto de partida.

Tengo que agradecer extensamente a Dax Tejera y a todo el equipo con el que hago el programa *America* en la cadena Fusion. Aunque todos son mucho más jóvenes que yo, son mis maestros y me han obligado a reinventarme en la televisión en inglés. Gracias *Americanos*.

Rene Alegria, mi amigo, mi colega y mi agente ha sido invaluable— como siempre— en la publicación de este libro y en la complicada toma de decisiones que ocurre antes de escribir la primera letra y luego de poner el punto final. Todos mis abrazos y respeto para ti, Rene.

Ezra Fitz es mi voz en inglés. Ha traducido la mayoría de mis libros. Si ustedes están leyendo este libro en inglés es porque Ezra se encargó de traducir e interpretar todas y cada una de mis palabras en español. A pesar de que llevo más de tres décadas en Estados Unidos, sigo prefiriendo escribir en español. Lo hago con más claridad y así salen más rápido las cosas del corazón. El trabajo más difícil viene después, cuando Ezra tiene que poner en papel—o en computadora— lo que yo realmente quería decir en otro idioma. Ezra es mi otro yo. Mi admiración a ti, Ezra.

Miriam Arias es la que (con una sonrisa) me coordina la vida, desde las noticias y los videos hasta los horarios y mis entrevistas. Siempre se asegura de que no pierda la cabeza, que no aparezca una mañana en el aeropuerto equivocado o que le cambie el nombre al invitado. Gracias por tu eficiencia e infinita paciencia.

Karim Fuentes es mi genio web. Maneja mi página www.jorgeramos.com pero, sobre todo, maneja la tecnología y el futuro. Las entrevistas de este libro las pueden ver gracias a él (y a este cibermago lo encuentran en K4rim.com).

Cada una de las entrevistas que aquí aparecen fueron coordinadas por un ejército de productores, camarógrafos y asistentes. La televisión es una de las industrias más disparejas del mundo porque solo unos pocos se llevan el crédito por un trabajo realizado por muchos. Para que yo me pueda sentar a conversar con un presidente o con un líder mundial, decenas de personas tienen que hacer un trabajo increíblemente difícil. En cada entrevista fue un grupo distinto, y ustedes saben quiénes son.

Lo dije en uno de los capítulos pero es necesario repetirlo: los Dreamers son mis héroes. Ellos, a pesar de tener todos los pronósticos en su contra, se han rebelado a las circunstancias en que crecieron y se han opuesto a los líderes que se rehúsan a integrarlos totalmente a Estados Unidos. Ellos nos han dado la mejor lección de lo que es rebelarse sin violencia. Gracias por su ejemplo.

Mil gracias a Ray García de Celebra, quien peleó tan duro para publicar este libro. Agradezco tanto tu enorme esfuerzo y solidaridad. Ian Jackman fue el talentoso e increíblemente eficiente editor de este libro. A él le debo la estructura final y la fluidez del manuscrito. Ambos vieron cosas que yo no podía ver.

Por último, una nota más personal. Este es el primer libro que escribo sin mi gata Lola. Lola estuvo a mis pies, a mi lado o frente a mí desde 1998 cuando escribí mi primer libro. Así lo hicimos once veces. Calculo que Lola tendría unos veinte años de edad—imposible de saber su cumpleaños— y murió lenta, triste, suavemente.

Sin embargo, de alguna forma, estuvo ahí escondida en un rincón junto a la ventana por donde buscaba el sol. Ya terminé este libro. Es hora de dejarla ir.

NOTAS

1   Truman Capote. *Portraits and Observations*. And preface to *The Dogs Bark*: «Journalism, however, can never be altogether pure... Personal perceptions, prejudices, one's sense of selectivity pollute the purity of germless truth.»

2   «If an elephant has its foot on the tail of a mouse and you say that you are neutral, the mouse will not appreciate your neutrality.» Disponible en: http://www.brainyquote.com/quotes/quotes/d/desmondtut106145.html#LiEhtdHHS mjgoErq.99

3   «Non-co-operation with evil is as much a duty as is co-operation with good.» Mahatma Gandhi, durante el Gran Juicio de 1922.

4   Los cargos fueron: «bringing or attempting to excite disaffection towards his Majesty's Government established by law in British India.»

5   CPJ (25 de noviembre de 2014):

«Me encanta ser periodista. Es la única profesión del mundo cuya descripción incluye el ser rebelde e irreverente. En otras palabras, el periodismo te mantiene siempre joven. Como decía el escritor colombiano [y Premio Nobel de Literatura], Gabriel García Márquez, esta es la mejor profesión del mundo. Pero podemos y debemos usar el periodismo como un arma para un propósito más alto: la justicia social.

»El mejor periodismo se hace cuando tomamos partido: cuando cuestionamos a los que tienen el poder, cuando confrontamos a los políticos que abusan de su autoridad, cuando denunciamos una injusticia. Lo mejor del periodismo ocurre cuando tomamos partido con las víctimas, con los más vulnerables, con los que no tienen derechos. El mejor periodismo se da cuando, a propósito, dejamos de pretender que somos neutrales y reconocemos que tenemos la obligación moral de cantar la verdad a los que están en el poder.

»Creo en los principios básicos del periodismo. No tengo nada en contra de la objetividad. Nuestra profesión está basada en encontrar datos, en reportar exactamente lo que pasa, en estar obsesionados con los detalles. No debemos equivocarnos. Debemos tener el nombre correcto, la cita correcta y las cifras correctas. Nuestra credibilidad depende de esto.

»No tengo nada en contra de ser balanceado. Cada historia tiene al menos dos puntos de vista y debemos reportar los dos. Esto tiene que ser como un reflejo. Si un Republicano dijo algo, estoy seguro de que un Demócrata tendrá una reacción y viceversa. Si un presidente propone una ley, la oposición siempre tendrá algo que decir. Esto tiene que ser como una reacción instintiva en nosotros. Pero tener todos los datos y presentar los dos puntos de vista no significa necesariamente que estamos contando toda la verdad. No es suficiente.

»Cuando lidiamos con los que tienen el poder, debemos tomar postura. Sí, tenemos que tomar una decisión ética y estar del lado de los que no tienen el poder. Si tenemos que decidir entre ser amigo o enemigo de un presidente, de un gobernador o de un dictador, la decisión debe ser fácil: soy un reportero y no quiero ser tu amigo.

»Sí, estoy argumentando a favor de practicar el periodismo con un punto de vista. Esto significa ser transparente y reconocerle a la audiencia, a nuestros lectores, que tenemos opiniones y, también, un código de ética. No vivimos en un vacío. Todo el tiempo tenemos que tomar decisiones morales antes de una entrevista, antes de una investigación y antes de una cobertura. Es perfectamente correcto no ser neutral y tomar una posición.

»Tenemos grandes ejemplos de valientes periodistas que decidieron tomar partido:

»-Edward R. Murrow confrontó al prejuiciado senador Joe McCarthy.

»-Walter Cronkite abiertamente criticó la guerra de Vietnam

»-Los reporteros del *Washington Post* lograron la renuncia de un presidente corrupto, Richard Nixon.

»-Christiane Amanpour denunció los cambios de política del presidente Clinton durante la guerra en Bosnia y lo hizo responsable de ello.

»-Y Anderson Cooper demostró la incompetencia del gobierno de George W. Bush después del huracán Katrina...

»Ahora, déjame decir lo que significa para mí ser, al mismo tiempo, un periodista y ser un inmigrante. Esto me define. Vine a Estados Unidos porque me trataron de censurar en México. Así que este país me dio las oportunidades que mi país de origen no me pudo dar. Y, por supuesto, en asuntos de inmigración siempre tomo partido.

»Como inmigrante, muchas veces me toca hablar por otros inmigrantes que no tienen una voz pública como la mía... Creo que esto es lo que requiere mi profesión. Como periodista, creo que parte de mi trabajo es hacer visibles a millones de inmigrantes que son invisibles para el resto de Estados Unidos.

»No creo en ser partidista. Estoy registrado para votar como independiente. Pero sí creo en tomar partido...

»Lo peor en nuestra profesión es cuando nos quedamos callados. Tristemente nos quedamos callados antes de la guerra de Irak y miles de soldados norteamericanos y decenas de miles de civiles murieron innecesariamente. Tenemos que aprender de eso. El silencio es el peor pecado en el periodismo. Pero lo mejor ocurre cuando el periodismo se convierte en una forma de hacer justicia y de confrontar a los poderosos».